21世纪高职高专财经类规划教材

21SHIJI GAOZHIGAOZHUAN CAIJINGLEI GUIHUA JIAOCAI

统计实用技术

Tongji shiyong jishu

胡宝珅 邓先娥 ◎ 主编

陈娟 王欢 王云变 ◎ 副主编　刘金波 ◎ 主审

人民邮电出版社

北京

21SHIJI GAOZHIGAOZHUAN CAIJINGLEI GUIHUA JIAOCAI

图书在版编目（CIP）数据

统计实用技术 / 胡宝珅，邓先娥主编. -- 北京 ：
人民邮电出版社，2010.9（2012.5 重印）
21世纪高职高专财经类规划教材
ISBN 978-7-115-23366-0

Ⅰ. ①统… Ⅱ. ①胡… ②邓… Ⅲ. ①统计学－高等
学校：技术学校－教材 Ⅳ. ①C8

中国版本图书馆CIP数据核字(2010)第151245号

内 容 提 要

本书分为 14 章，前两章主要介绍了基本概念和统计调查的内容，其中以统计记录为重点；第三至六章主要介绍了统计整理的内容；第七至十二章主要介绍了统计分析方法的内容；最后两章主要介绍了常用经济统计指标和统计分析报告。每章中均结合其内容介绍了 Excel 在统计中的应用。本书吸收了实际工作中的许多方法和内容，大幅增加了统计整理内容，压缩了统计分析内容。

本书配套的学习用书《统计实用技术实训》同期出版。其主要内容包括分章单项技能实训和综合技能实训两部分。

本书为省级精品课程配套教材，精品课程网站内提供授课计划、教学大纲、试卷样本、实训资料、电子教案等资料。

本书可作为高职高专院校、成人高校的经济管理专业和财经贸易专业的教材，也可供职业教育培训和从事统计工作的人员作为实战指导的工具书使用。

21 世纪高职高专财经类规划教材

统计实用技术

◆ 主　　编　胡宝珅　邓先娥
　副 主 编　陈　娟　王　欢　王云变
　主　　审　刘金波
　责任编辑　刘　琦
　执行编辑　万国清

◆ 人民邮电出版社出版发行　　北京市崇文区夕照寺街 14 号
　邮编　100061　　电子邮件　315@ptpress.com.cn
　网址　http://www.ptpress.com.cn
　北京铭成印刷有限公司印刷

◆ 开本：700×1000　1/16
　印张：15.5　　2010 年 9 月第 1 版
　字数：335 千字　　2012 年 5 月北京第 4 次印刷

ISBN 978-7-115-23366-0

定价：28.00 元

读者服务热线：(010)67170985　印装质量热线：(010)67129223
反盗版热线：(010)67171154
广告经营许可证：京崇工商广字第 0021 号

21世纪高职高专财经类规划教材·专业基础系列

编 委 会

丛书序

本丛书根据高职高专的教学需求设计并创作，涉及的书目包含财经专业基础课教材。

我们力图打造优秀教材，并认为教材质量的核心是内容质量，故而聘请了一批专家学者组建了本丛书编委会，为本套丛书审纲、审稿。在编委会专家细致的评审下，不仅筛选出一批优秀的作者，而且也帮助编辑和作者理顺了写作思路。可以说每种教材均凝结了众多编委会成员的心血。我们相信通过大家共同的努力，本套教材将有希望涌现出几种堪称优秀的、能适应高职高专教学需求的、高质量的立体化教材。

为满足社会对人才的需求，高职高专教学改革持续进行，不少教学改革已经取得令人瞩目的成果。当前，高校教师对教学改革配套教材的需求呼声很高，但我们考虑教材出版周期较长，只适合作为已成熟教改方案的载体，未经过较长时间检验的教学改革成果直接体现在教材上并不合适。

本丛书的教材无论是基于工作过程教学思路编写，还是基于模块化教学思路编写，均已经过作者多年的教学实践，从内容到形式上均已有一定的成熟度。

教材虽然是传播教学改革成果的最佳工具之一，但仅靠教材本身很难将教改思想贯彻到位，而教材所配套的教案及其他辅助资料则能有效地达到传播教学改革成果的目的。为此我们力图将本丛书打造成主教材与配套电子资料包相结合的立体化教材，提高教材的应用性和实用性。

每种教材所配的电子资料包均含作者精心制作的电子课件、电子教案、习题答案，有些教材还提供了案例分析、学习指导等更为丰富的教学素材或学习素材。配套电子资料包可参照教材所附的“配套资料索取说明”索取。

尽管我们力图为高校提供高质量的、立体化的、符合未来两三年教改趋势及教学需求的优秀教材，但正如一位国家级教学名师所说：“教材不是编出来的，是教出来的，来回反复修改，来回‘磨’出来的。”我们这套丛书还未经过“打磨”，再加上我们的水平有限，尚存在已知的和未知的一些不足，我们有决心持续地“打磨”这套教材，也希望读者给予反馈以资我们修正，使本套教材尽早达到“优秀”的水准（编委会联系方式 wanguoqingljw@163.com 或 goodbook2010@tom.com）。

丛书编委会

2010 年 6 月

前言

本书从统计实用技术方面来阐述统计的内容，这也是高职高专统计课的一次重大改革。教材是知识的载体，也是统计教育的基础设施，是统计人才培养目标得以实现的重要环节。为此本书在创作过程中努力打造以下特色。

第一，采取了模块的形式。本书打破了一般教材的学科体系结构，采取了以相对独立的统计实用技术为独立单元（即模块的形式），每一个模块都是一项独立的统计技术。它更能适合于高职高专教学的需要。

第二，体现了基层工作的内容。高职学生的工作层面在于“基层”，因而必须加大基层工作的内容，增加统计记录和统计整理的分量。本书对传统的统计原理进行了知识结构的调整，减少了统计分析的比重，总量指标分析以前的部分占到全书的40%左右。所以，本书不仅适用于高职高专院校作为教材使用，也更适用于实际工作岗位上的统计工作者。

第三，突出了技能操作性。本书在编写过程中，本着“理论知识够用、实践技能过硬”的原则，尽量减少理论性的阐述，回避了争议性的内容，强化了实际操作技术，以简明扼要、通俗易懂的形式表现各个能力点和技能点，让人一目了然。

第四，吸收了实际工作中的新成果。实践是理论的基础，实践上已普遍承认并使用的东西，教材上就应体现出来，否则就是落后于实践。如统计表的设计形式、传票法汇总、增长百分点的使用、统计编码、总量指标分析法等，在本书中都被吸收进来。另外，也有一些具有较强技能性的新内容，如定基增长速度 = Π(环比增长速度+1)–1，这都是在以往教材中所没有但实际中又非常有用的技能性公式。

本书由胡宝珅、邓先娥任主编，并进行总体策划、设计及最终定稿。由刘金波和李世辉负责审稿。编写人员的具体分工为：胡宝珅编写第一章、第二章、第三章，并负责全书的总纂；邓先娥编写第四章、第五章；陈娟编写第七章、第八章；王欢编写第十章、第十一章；王云变编写第十三章、第十四章；张立国编写第六章；李松柏编写第九章；肖文博编写第十二章。

本书是省级精品课程配套教材，精品课程网站（www.nyjj.net.cn，进入“精品课程网”，选择“统计实用技术”即可）内提供授课计划、教学大纲、试卷样本、实训资料、电子教案等，可直接下载使用，也可参照本书末页说明直接索取。

本书配套学习用书《统计实用技术实训》与本书同期出版。

本书在编写过程中，得到了黑龙江省牡丹江市统计局和宁安市统计局的大力支持，在此表示感谢。

由于时间仓促，加之编写水平有限，书中难免有不妥之处，敬请广大读者批评指正，请将您的建议发送至 hbs570214@163.com。

胡宝珅

2010 年 4 月 19 日

目录

第一章

统计实用基础

【学习目标】

通过本章的学习，应当掌握统计的基本概念，对统计工作及统计常识有个基本了解；理解统计的含义及统计的研究对象，统计人员的基本素质；掌握统计的特点，统计学中的几个基本概念；初步了解Excel软件等，为以后学好统计打下一定的基础。

【案例导入】

改革开放30年来，我国人民生活水平有哪些显著提高？这一问题，可以从不同的角度来说明，但效果却是不一样的。

角度一：改革开放30年，人民生活总体上达到了小康水平。这30年是我国城乡居民收入增长最快、得到实惠最多的时期。改革开放以来，全国城镇居民的收入增加很快，农民的收入水平也有较快的增长，城市和农村的住房面积也都有了一定的增加，各方面都很好，都比以前有了明显提高。改革开放前长期困扰我们的短缺经济状况已经从根本上得到改变。

角度二：改革开放30年，人民生活总体上达到了小康水平。这30年是我国城乡居民收入增长最快、得到实惠最多的时期。从1978年到2007年，全国城镇居民人均可支配收入由343元增加到13 786元，实际增长39倍；农民人均纯收入由134元增加到4 140元，实际增长30倍；农村贫困人口从2.5亿减少到1 400多万。城市人均住宅建筑面积和农村人均住房面积成倍增加。群众家庭财产普遍增多，吃穿住行用水平明显提高。改革开放前长期困扰我们的短缺经济状况已经从根本上得到改变。

（中国网络电视台，2008）

案例分析

“角度一”是普通报告的角度，也是口号式或定调的角度，是用“比较级”或“最高级”的语言来阐述这30年来的成绩。它能给人以振奋，但仔细推敲又总有一丝“不踏实”的感觉，让人说起话来总感觉“底气不足”。

“角度二”是统计报告的角度。它用脚踏实地、证据确凿、掷地有声的统计数据来说明情况。它以不容置疑的根据、精确无误的数据、恰如其分的结论，把改革开放30年来我国城乡人民生活水平的大幅度提高情况，实实在在地摆在了我们的面前，这时，“口号”的味道没有了，“以权定调”的感觉也没有了，它给人说话以底气，让人愿意接受、敢于传播。这就是统计的力量！可见，学好统计学，在日常学习、工作、生活中尽可能用准确的数据说话，也会有“可靠感”。

统计既是一门科学也是一种技能性的分析工具，应用极为广泛。无论从事科研、生产，还是经营、管理工作，都离不开具有统计意义的数字，即使机关单位或家庭也一样离不开，统计早已深入到我们工作和生活的方方面面。所以，不是为进统计局才学统计，也不是为从事统计工作才学统计，而是只要从事生产或生活就需要统计。

从不同的角度来研究，统计具有不同的性质。从学科的角度来研究，这就是统计学的范畴，它应侧重于理论的研究；从技能性工具的角度来研究，就应该是统计的实用技术，它应侧重于实际工作岗位上的技术操作。作为高职高专层面的新型高等教育来说，后者就更加适用。

第一节　统计的含义及对象

一、统计的含义

所谓统计，一般是指统计工作或统计科学。但在国际上许多关于“统计”一词的含义，还包括统计资料。这是因为在英文中统计一词是借用 statistics，而这一词汇最初就是“统计资料”的意思，所以在“统计学”形成之后，自然也就多了“统计资料”这一含义。而在我国则不同，如说某人是搞统计的，则是指他专门从事“统计实际工作”或专门从事“统计研究工作”。

（一）统计工作

统计工作是指统计的实践活动。从事统计工作的人员称为统计工作者，从事统计工作的部门则称为统计业务部门。

1. 统计工作的内容

统计工作的内容一般包括统计调查、统计整理、统计分析、统计预测等。

（1）统计调查。这是统计工作的第一阶段，它的成果是各种形式的调查资料，包括数字资料、统计图表和必要的文字说明。

（2）统计整理。这是统计工作的第二阶段，它的成果是各种形式的统计数字或统计图表。

（3）统计分析和统计预测。这是统计工作的第三阶段，它的成果是计算出来的各种分析指标和对这些指标的分析说明，也包括通过计算分析后所形成的统计分析报告。

以上三个阶段，常常是顺次进行的，所以，也可称之为统计工作的全过程或一般流程，如图 1.1 所示。

2. 统计工作的层次

统计工作按其不同的层次可分为基层统计和综合统计。不同层次的统计工作，包含不同的统计内容。

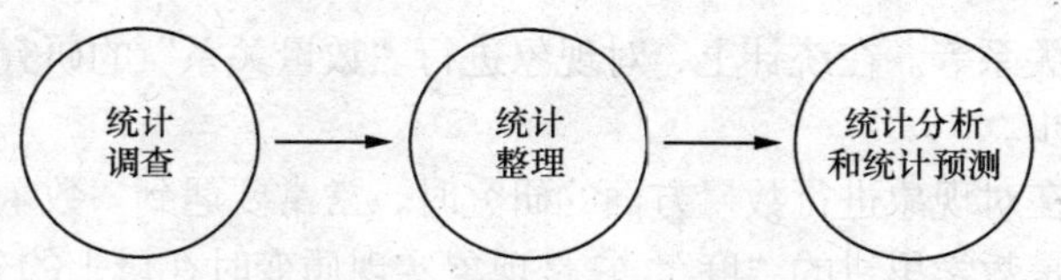

图 1.1　统计工作流程示意图

（1）基层统计。它是指企事业单位、机关、团体等基层单位的机构和个人所从事的统计工作。基层统计工作的重点是统计记录和简单的统计整理和分析。一般来说，基层统计的内容较少，工作也较简单，对其人员的技术性要求也不算太高。但对数字质量的要求是相当高的，这是因为基层统计工作的质量，直接决定着综合统计工作的质量。

（2）综合统计。它是指综合统计机构和个人所从事的统计工作，包括统计设计、统计调查、统计整理、统计分析、统计预测、统计执法、统计宣传等一切技术性和管理性的统计工作。一般来说，综合统计具有内容全面、工作复杂、技术性高、政策性强等特点。综合统计也属于高层统计，它对统计人员的要求较高，必须是理论和实践都比较过硬的人才。

（二）统计科学

统计科学是指系统阐述统计工作的理论与方法的科学。从事统计科学研究的人员称为统计研究人员。

（三）统计工作与统计科学的关系

统计工作与统计科学是相互联系的，二者有着理论与实践的辩证统一关系。统计科学是统计工作实践的理论概括与总结，但反过来它又指导统计工作的实践。

二、统计的研究对象

统计的研究对象是各种现象的数量方面，它包括现象的数量特征和数量关系。

1. 现象的数量特征

现象的数量特征即该现象在数量方面所具有的特征，如研究某企业生产的好坏时，统计上要用产量的多少、生产规模的大小、成本的高低、利润的多少、发展速度的快慢等数字来说明。这种用数量特征来研究现象的方法——统计方法，它与统计学产生之前那种“比较级”、“最高级”等思辨式的方法形成了质的区别。从人的思维发展上看，总是遵循“质—量—新的质”这样的认识规律，即是说，人们对现象“质”的认识到提高，中间是通过对“量”的认识而达到目的的，这也恰好说明了统计的重要性。

2. 现象的数量关系

对某一现象的认识，不能脱离它与其他现象之间的联系，唯物辩证法告诉我们必须在普遍联系中认识事物。这种现象之间的联系，在统计上就表现为各种各样的“数量关系”，因而，这种“数量关系”必然是统计的一种研究对象。如在研究企业的生产状况时，常常要研究产量与利润的关系、产量与成本的关系、成本与利润的关系、工人与产量的关系、固定资产与产量的关系等。在统计上，对现象进行“数量关系”的研究，比对“数量特征”的研究更深化了一步。

另外，统计上在对现象进行数量方面的研究时，常常要遇到“数量界限”的确定问题。这种数量界限，就是哲学里讲的“度”，它是现象实现质变时在量上的分界线，它是统计在现象质与量的辩证统一中研究量变状况的集中反映。因而，统计上确定“数量界限”非常重要，它是决定统计分组的重要因素，也是统计决策的关键。如在计划检查时，100%就是最关键的“数量界限”；考核学生成绩时，60 分也是最关键的“数量界限”；检验产品质量时，某一质量标准的最低数值，就是我们需要掌握的“数量界限”。

实际上，本书所研究的统计学是社会经济统计学。社会经济统计学是统计学的一个组成部分，即是统计学在社会经济领域中的一个分支。所以，社会经济统计学的研究对象是：社会经济现象的数量方面，它在社会经济现象质与量的辩证统一中，研究社会经济现象的数量特征和数量关系。

统计小常识

《政治算术》

17 世纪中叶，英国的威廉·配第（1623 ~ 1687 年）写了《政治算术》一书，它标志着统计学的诞生。这里的“政治”是指政治经济学，“算术”是指统计方法。在这本书里，运用了大量的实际统计资料，第一次用数字、重量和尺度来说话的方法，阐明了英、法、荷三国的国情国力，并得出了“英国的国际地位并不悲观”的结论。这一方法被广泛接受，形成了“政治算术学派”，这就是我们现在“经济统计”的主要方法内容。

用数字来说话的方法，就成了经济统计学中最实质性的特征。

三、统计的特点

了解统计的特点非常重要，它可以告诉我们在工作中应注意哪些问题，使我们在工作中少走弯路或少犯错误。一般来说，统计有以下 4 个特点。

1. 数量性

“数字是统计的语言”。统计的研究对象告诉我们，统计在认识事物和说明问题时，总是用数字作为自己的依据和出发点。因此，统计工作的直接目标是数字，统计的成果表现形式是数字（或绝大多数是数字），统计分析报告也是以数字为依据（它与一般的行政报告是截然不同的）。总之，没有数字，就不是统计。

2. 条件性

统计上的数字不同于数学上的数字，统计上的每一个数字都是反映某一现象在一定条件下所形成的结果，当任何一个条件发生变化时，其数字也会随之变化。统计上的数字也称之为指标数值，每一个指标数值的出现，都必须阐明它的限定条件：时间、地点、内容等。例如，2005 年某企业总产值 987 万元，这里的“2005 年”为时间条件，“某企业”为地点或空间条件，“总产值”为内容条件，“万元”为计量单位条件，这些条件的综合，使其指标数值表现为“987”这一数字，若其中任何一个条件发生变化，都可能使其数值不再表现为“987”，而可能为其他数值了。统计上的数字都是如此，它绝不像数学那样把所有的条件都抽象掉而孤零零地表现为一个抽象的数字。

没有任何条件的抽象数字，不是统计数字。

3. 总体性

与会计核算和业务核算相比，统计则不纯粹是对个别事物的记录，而是要通过这些记录来综合说明事物的发展水平、发展速度、总体构成和比例关系等，从而认识事物的本质和发展规律。因而，在统计上要特别强调“不能以偏概全”，越是高层统计越是如此。如研究人口规律或国民经济的发展趋势，就不能以个别单位或小范围的数字为依据，必须依据总体资料才能得出正确的结论。总体性则规定了统计必须以大量数据来体现规律。

但统计的总体性，并不排斥对具体的、个别事物的正确记录。这是因为个体是构成总体的基础，否定了个体也就否定了总体，歪曲了个体也就歪曲了总体。所以，统计上特别强调“从具体事物入手，从大量数据着眼”。从这一点出发，就产生了统计的特有方法——大量观察法。

4. 差异性

差异的存在具有客观性和普遍性。总体之间存在着差异，总体内部也存在着差异。统计上承认这种差异，也严格地反映这种差异，这也是统计的“具体性”。

从认识论的角度说，认识差异才能认识事物、区别不同的事物。差异是事物本质的一种体现，因而，统计上特别注重对差异的分析，从而也形成了统计上的另一种特有方法——差异分析法。

“没有差异就没有统计”。

四、统计人员的基本素质

统计是人们做到“心中有数”的手段，现在不能想象没有统计的部门或单位会是什么样。越是高层机关，越需要统计。然而，不论综合统计还是基层统计，都必须以统计人员为主体，因而，统计人员的素质就至关重要了。

1. 人格素质

人格素质是前提，缺乏人格素质的人，能力越强则破坏性越大，尤其在单位选人时就更要注意这一点。具体说来，统计人员应实事求是，坚持真理；不媚俗，不媚势；要有法制观念；要有爱人民，爱集体，爱祖国的精神；要有拼搏进取，不图名利和安逸的品格；要有强烈的责任感和责任心。

2. 业务素质

只具备人格素质而缺乏业务素质也无法干好统计工作。具体说来，统计人员应该精通统计业务；要懂得经济理论；数学知识要够用；社会心理学要了解；计算工具的使用也要熟练。

在调查指标的设计中，心理因素是不可忽略的内容，故而对社会心理学的学习是统计人员的功课之一。

计算工具是统计腾飞的翅膀，它包括计算器、计算机、网络、统计软件等。

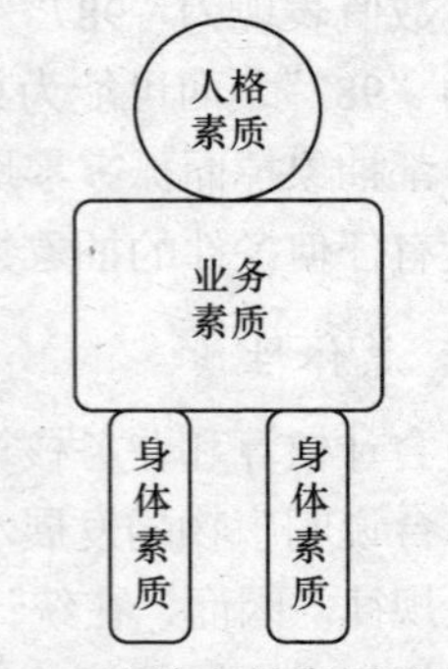

图 1.2 统计人员素质示意图

3. 身体素质

“身体是工作的本钱”，以皮毛相比，身体是“皮”，其他都是“毛”，皮之不存，毛将安附？单位选人时非常重视这一点，然而青年学生却常常有所忽视。

统计人员的素质，可形象地表示为如图 1.2 所示。

小常识

德智体什么都不能缺

没有人格素质的人谁都不敢用；没有业务素质的人想用也不好用；没有身体素质的人也许根本就没有人会用！年轻的学生，是不知道？还是不愿去想？或是不用去想？

第二节 统计学中的几个基本概念

一、总体与个体

（一）总体

总体是指统计研究对象的全体。它由客观存在的具有某种共同属性的各个基本单位所构成。

1. 总体的构成条件

作为一个统计总体，必须同时具备 3 个条件：同质性、大量性和差异性。尤其是同质性，是构成一个总体的最基本的条件。

2. 总体的分类

总体按所含基本单位数是否有限，可分为有限总体和无限总体。对有限总体既可进行全面调查也可进行非全面调查，对无限总体则只能进行非全面调查。

在实际中，有时为调查和计算等的方便，常常把很大的有限总体当做无限总体来处理，这样可以大大提高工作效率。如对全国人口进行抽样调查等。

（二）个体

个体就是指构成总体的基本单位，也可称为个体单位。如把全国的村办企业作为一个总体，则其中的每一个村办企业即为一个个体。个体是依总体的属性而存在的，所以，统计上也称这样的个体为总体单位。

二、数量标志与品质标志

标志，是说明个体单位特征的名称，在统计调查时也常称为调查项目。统计中的标志可分为数量标志和品质标志两种。

1. 数量标志

数量标志就是用来反映个体单位数量特征的标志，如产品产量、固定资产原值、牲畜头数等。数量标志的表现形式均为数字形式。

2. 品质标志

品质标志就是用来反映个体单位属性特征的标志，如人的性别、产品品种等，其标志的表现形式一般为文字形式。需要注意的是，有些事物的属性特征，为了便于或适应计算机汇总整理等需要则采用了代码的方式，如人口普查时，把男性赋值为 1，把女性赋值为 2，这时的“性别”仍为品质标志，因为，这里的“1”和“2”是代码而不是数值，它们是不能参与运算的。

把标志区分为数量标志与品质标志，便于安排它们的表格设计形式、调查时确定对方的回答形式等，亦可事先安排统计汇总整理和分析等形式。

三、指标与指标体系

指标是指反映总体数量特征的名称和具体数值。指标与标志不同，指标均能表现为具体的数字，而标志除数量标志表现为数字形式外，品质标志一般只能表现为文字的形式。

（一）指标的构成要素

一个完整的指标，必须体现出 6 个构成要素：指标名称（内容）、计量单位、计算方法（常以隐匿的形式出现）、时间范围、空间范围、指标数值。例如，某企业 2005 年的利润为 2 700 万元，这里的指标名称为“利润”，计量单位为“万元”，计算方法是“收入—支出—费用—税额”，时间范围为“2005 年”，空间范围为“某企业”，指标数值为“2 700”。这里任何一个要素的缺乏，都将使指标无法确定。

（二）指标的分类

统计上的指标多种多样，从不同角度划分则有不同的分类。

1. 绝对指标、相对指标和平均指标

这是按指标表现形式进行的分类。

（1）绝对指标。也叫总量指标，它是反映现象规模、水平、总量的指标。如工程技术人员的人数、总产值等。总量指标通常是通过汇总（加或减）而获得的。总量指标是最基本的统计指标，是人们认识事物的起点，也是计算相对指标和平均指标的基础。

（2）相对指标。即用来反映相关事物之间数量对比关系的指标。如工程技术人员占职工总人数的比重、计划完成百分比等。相对指标通常是通过两个指标的对比而获得的。

（3）平均指标。即用来反映事物在一定时空条件下一般水平的指标，如工程技术人员的平均年龄、职工平均工资、工人劳动生产率等。平均指标是平均分析法的结果，平均分析法见以后有关章节。

2. 数量指标和质量指标

这是按指标性质进行的分类。

（1）数量指标。它是用来说明总数量、总规模的指标，即用来说明数量多少的指标。一般表现为总量指标或绝对量的形式，如产品产量、利润总额、企业数等。

（2）质量指标。它是用来说明总体内部数量关系和单位水平的指标。一般表现为相对数和平均数的形式，如管理人员占全部职工的比重、劳动生产率等。质量指标是认识总体质量优劣的重要手段，其数值不依总体外延范围的变化而增减，而依总体内部结构的变化而变化。

质量指标与品质标志不同，前者表现为数字形式，而后者则表现为文字的形式。

（三）指标体系

指标体系是指由若干个具有一定联系的指标所组成的整体。一个指标常常只能说明一个方面的问题，要从多方面反映较为复杂的问题时就需要用指标体系。

构成指标体系的条件有二：①一系列的指标，一般需要 3 个以上的指标；②指标间要有一定的联系。这是最根本的条件，它要求所有的指标必须要从不同方面来综合说明同一个问题，否则，就不是指标体系或不是一个指标体系。

四、离散变量与连续变量

统计上的绝对量指标，按其取值的特点不同可分为离散变量与连续变量。

1. 离散变量

离散变量亦可叫离散指标，是指仅能表现为整数取值的指标，如人数、工厂数、机器数、总体单位数等。

2. 连续变量

连续变量亦可叫连续指标，是指可以出现小数的指标，如身高、体重、长度、产值、利润等。

一般来说，对连续指标进行统计时需规定精确程度；进行分组时要采取连续分组。

注意

判断一个标志或指标是离散的还是连续的，是与计量单位有直接关系的。如载重汽车，若用台来计量则为离散变量，若用千瓦来计量则为连续变量。

第三节　Excel 的基本操作（一）

Excel 是 Microsoft Office 的一个组成部分，是计算机中最常用的电子表格软件之一。它能够进行统计运算、统计整理和统计分析，完全能满足非统计专业人员从事统计工作的需要。其他计算机办公软件中也有类似软件，如 WPS Office 中的 WPS 表格，更为简单直观，功能与之类似。考虑软件的普及程度，为方便教学，本书选用 Excel 电子表格软件作为教学软件。

选用电子表格软件作为教学软件，是基于如下考虑。

（1）非专业性。Excel 对一般的统计工作均能处理，是一个小型的统计软件，它的功能虽与专业的大型统计软件（如 SAS、SPSS 等）相比还差得很远，但对于一般的非统计专业人员来说却足够用了。

（2）灵活方便。通常计算机上均安装有 Excel 或 WPS 表格之类的表格软件，它们的使用方法基本相同，使用起来远较专业统计软件灵活方便。

（3）应用广泛。尽管是非统计专业人员的统计软件，但其统计功能还是比较齐全的，它可以进行日常运算、统计制表、统计制图、统计分组、样式储存、统计汇总、统计计算、统计分析等工作。

（4）使用成本低。一是购买成本低，二是学习费用低。

下面以 Excel 2000（以 Windows 2000 为操作平台）为例，来说明 Excel 的基本操作。

一、建立工作簿

建立 Excel 工作簿的步骤如图 1.3 所示。在某一个文件夹下右击，就会出现一个备选框，把光标移到“新建”→单击 Microsoft Excel 工作表 后则会出现如图 1.4 所示的图标。

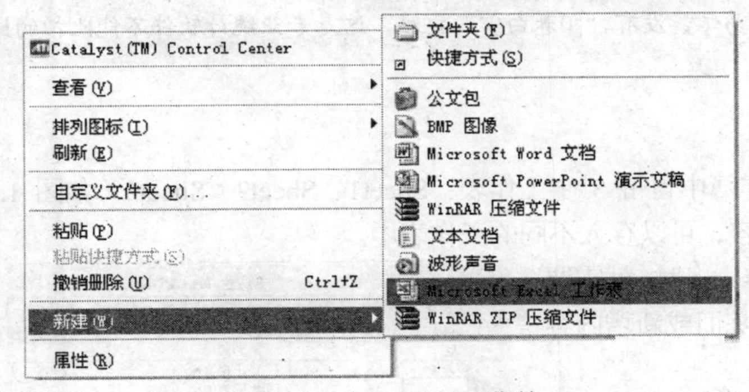

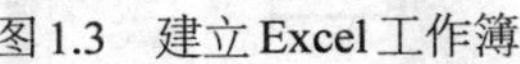
图 1.3　建立 Excel 工作簿

图 1.4　已建成的 Excel 工作簿

文件夹出现图 1.4 所示的图标，表明一个 Excel 工作簿已经建立。Excel 工作簿的级别相当于一个 Word 文件，也就是 Excel 文件。

双击该图标，便可打开这个工作簿，也就打开了一个工作表，如图 1.5 所示。

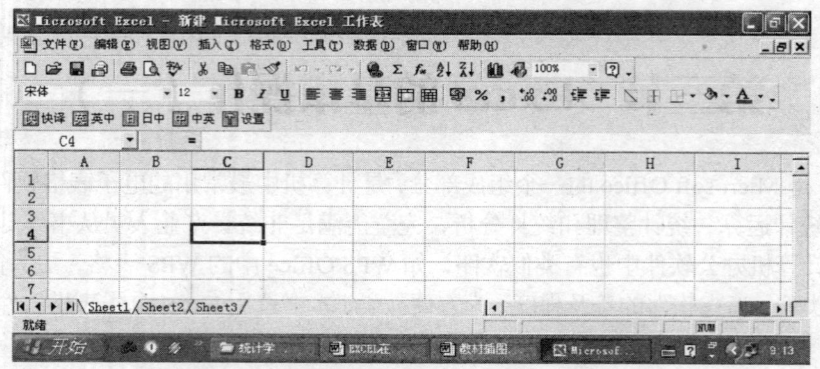

图 1.5 打开的工作表

工作表由许多小格子构成，这些小格子叫单元格，每一个单元格都是相对独立的。在每一个单元格中，可以输入文字，也可以输入数字；每一个单元格，既可以储存文字和数字，也可以进行数字间的各种运算，尤其数字运算的功能特别强大，这也正是 Excel 能够成为统计运算工具的所在。

在 Excel 工作表中，最左端的号码是行代码，用 1、2、3 等表示，如图 1.5 左侧所示；上端的字母是列代码，用 A、B、C 等表示，如图 1.5 上端所示。每一个单元格也可以用相应的代码表示，如 A2 表示第 A 列与第 2 行相交的单元格，B5 表示第 B 列与第 5 行相交的单元格等。

统计小常识

你知道吗？

在 Excel 工作表中，从某种意义上说，每一个单元格，都是一个功能强大的计算器！建立了一个 Excel 工作簿，就相当于拥有了无数个计算器！这些计算器不但可以进行数字运算，还可以进行各种函数运算、简单编程、储存或调用程序等，而且还能进行“分工协作”。

Excel 相对专业统计软件简单易学，没有“阳春白雪”之难，这是专业统计软件不能比拟的！

二、增减工作表

一般来说，一个 Excel 工作簿中自带 3 个工作表：Sheet1、Sheet2、Sheet3（如图 1.5 的左下角所示）。不同的操作内容，可以存入不同的工作表中。

当具有独立体系的操作内容太多时，就需要增加工作表；若原有的内容过于陈旧或新增内容有错时，又需要减少工作表。

（1）增加工作表。其具体操作步骤如下：单击如图 1.6 所示的工作簿菜单栏中的“插入”菜单项再将光标移动到“工作表”单击。此时，工作表的左下角就会出现一个 Sheet4，表明工作表

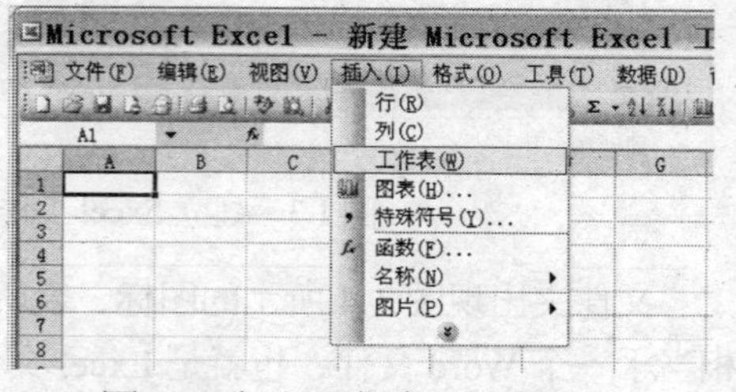

图 1.6 插入工作表的操作过程

Sheet4 已被插入，如图 1.7 所示。

（2）减少工作表。若要删除工作表 Sheet4，其具体操作步骤如下：将光标移动到工作表左下角的“Sheet4”→单击鼠标右键，则出现一个上拉菜单，单击“删除”即可，如图 1.8 所示。

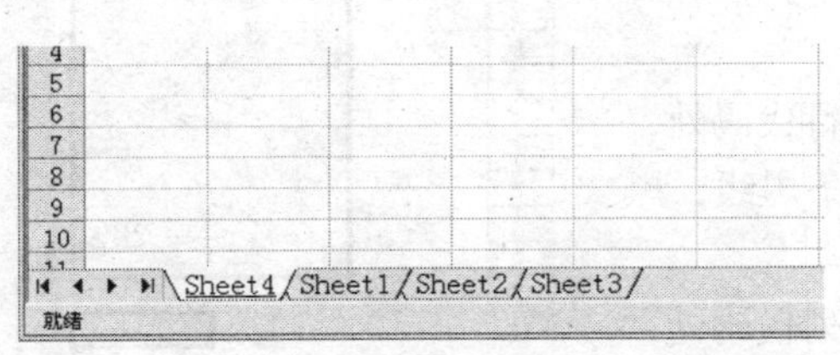

图 1.7　插入一个工作表（Sheet4）后的界面

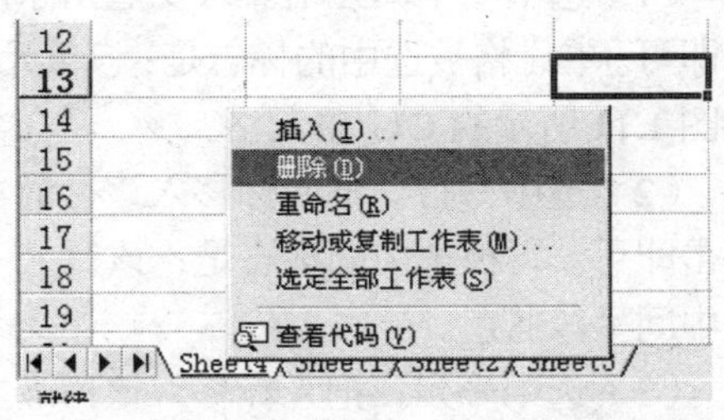

图 1.8　删除工作表 Sheet4 的操作过程

图 1.8 所示的菜单中，还可完成“重命名”、“移动或复制工作表”、“选定全部工作表”等任务；“插入”即增加工作表，较“(1)”中所述方式更为快捷。

三、资料录入

要利用 Excel 对资料进行操作，首先就要把资料录入到工作表中。录入资料的过程，就是建立原始数据库的过程。

（1）录入文字。如录入表格名称、指标名称、分组组别、必要的说明等，都需要有文字的录入。只要使用自己熟悉的输入法录入即可。其相关操作与 Word 文档基本相同。

（2）录入数字。一个独立的数字应该占用一个单元格，以便于将来的运算操作。每个单元格中的数字，可以选择不同的表现形式。常用的形式有常规、数值、货币、会计专用、日期、时间、百分比等。常规是指在单元格中直接录入的形式，如“235”；货币形式如“￥235”；百分比形式如“235%”。

单元格内的数字形式设置方法如图 1.9 所示，选中要设置的单元格→单击右键，出现备选菜单→单击“设置单元格格式”菜单项，出现“单元格格式”对话框（见图 1.10），在“数字”选项卡中进行相应的设置后，单击“确定”按钮即可。

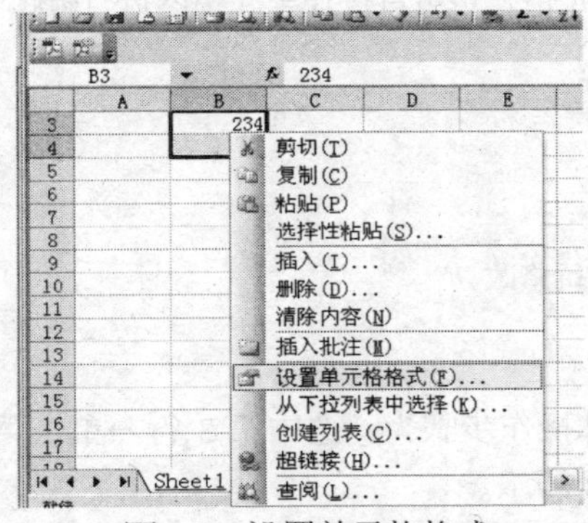

图 1.9　设置单元格格式

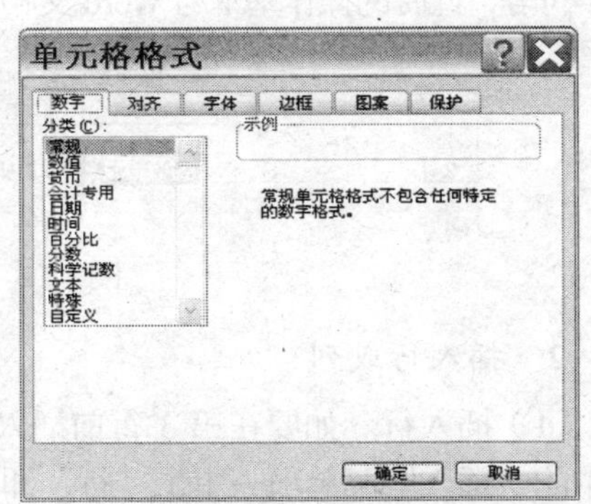

图 1.10　设置“常规”等数字形式

四、选中

要对文字或数字进行修改等操作，首先就要选中这些文字或数字。

（1）选中一个单元格。只要把光标移入该单元格并单击即可。单元格被选中的标志是：该单元格的四周有黑框，如图 1.11 所示的 C11 单元格。

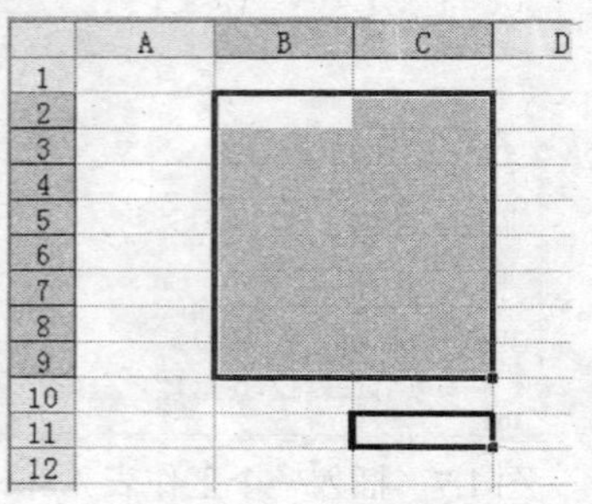

图 1.11　选中多个区域

（2）选中一行。把光标移入该行最左端的行代码处，单击即可。行被选中的标志是：该行上下有两条黑线，黑线中间呈浅蓝色。

（3）选中一列。把光标移入该列最上端的列代码处，单击即可。列被选中的标志是：该列左右有两条黑线，黑线中间呈浅蓝色。

（4）全选。即选中整个工作表。把光标移入该工作表的左上角（即第 1 行之上与第 A 列左侧的交叉点处），单击即可。整个工作表被选中的标志是：该工作表全部呈浅蓝色。

（5）选中一个区域。把光标移入该区域的左上角，按住鼠标往右、往下拖动，直至把整个区域选完后再放开鼠标。区域被选中的标志是：该区域四周有黑框，黑线中间呈浅蓝色，如图 1.11 所示的 B2:C9。

五、对工作表进行修改

1. 对单元格中的内容进行修改

（1）删除整个单元格的内容。选中要删除的单元格，按 Delete 键。

（2）替换整个单元格的内容。选中要替换的单元格，然后录入新的内容，录完后再单击其他单元格。

（3）修改单元格中的部分内容。选中要修改的单元格，此时，该单元格中的内容都会显示在工作表上端的"编辑栏"（即"="后面的空白行）中，单击编辑栏中要修改的部位，进行相应的修改操作即可。如删除 C2 单元格中多余的一个"中"字（见图 1.12），或插入一个其他的字符等，此时的操作基本与 Word 文档相同。双击单元格，也可直接在单元格内进行编辑。

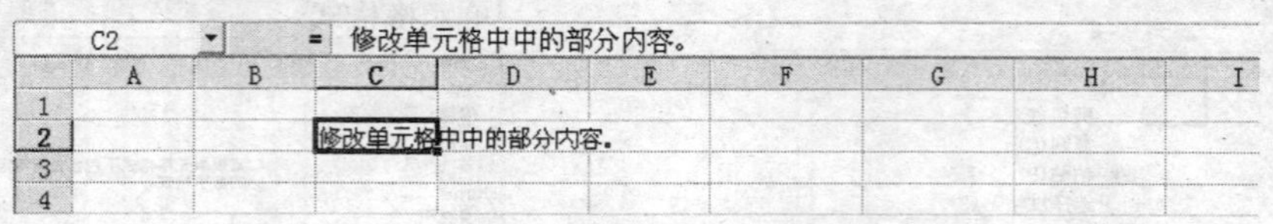

图 1.12　利用编辑栏进行修改

2. 插入行或列

（1）插入行。如要在第 3 行前插入一行，其具体操作步骤为：选中第 3 行→单击菜单栏中的"插入"菜单项→单击"行"即可，如图 1.13 所示。

（2）插入列。如要在第 C 列前插入一列，其操作步骤为：选中第 C 列→单击菜单栏中的“插入”菜单项→单击“列”即可。

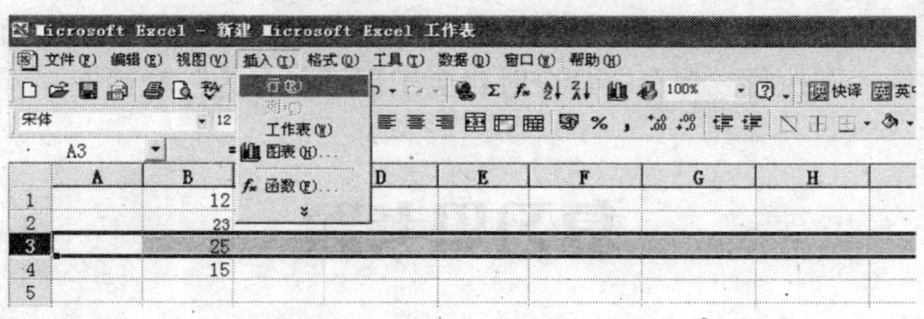

图 1.13　插入行的操作

3. 删除行或列

（1）删除行。如要删除第 2 行，则先选中第 2 行；单击菜单栏中的“编辑”；单击“删除”即可。

（2）删除列。如要删除第 B 列，则先选中第 B 列；单击菜单栏中的“编辑”；单击“删除”即可。

4. 给工作表命名

系统中默认的工作表名称为 Sheet1、Sheet2、Sheet3 等形式，但当工作表较多或较长时间不用时，各工作表中的内容就很难记得清楚，所以需要给工作表重新命名。如把 Sheet1 更名为“总产值情况”：右击工作表左下角的 Sheet1→在出现的菜单中单击“重命名”→录入“总产值情况”即可。

六、保存

以上的操作，如果不进行保存，若突然断电或有误操作时就会丢失，所以，我们要养成随时保存数据的好习惯。

（1）平时保存。单击工具栏中的“保存”按钮，或执行“Ctrl+S”命令即可对文件进行保存，菜单栏中也有“保存”命令。

（2）另存为。如拟将 Excel 文件另存为其他文件，则可单击菜单栏中“文件”→单击“另存为”，则出现图 1.14 所示的“另存为”对话框。在“保存位置”下拉列表框中确定存放的

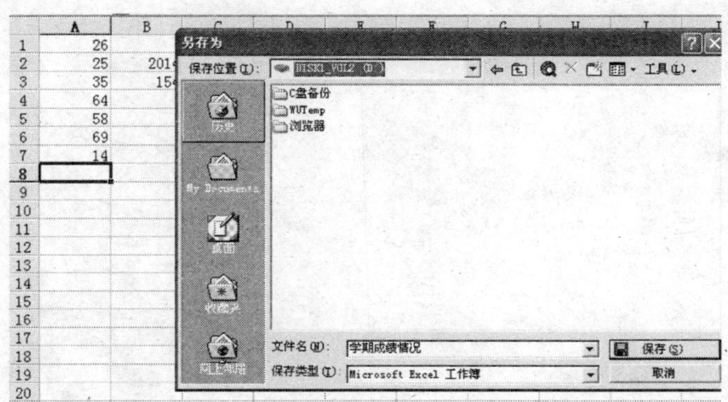

图 1.14　第一次保存和给工作簿命名

位置，如D盘；在“文件名”文本框中录入需要命名的工作簿名称。如录入“学期成绩情况”；按“保存”按钮即可。如未按本节所述步骤先建立Excel文件，而是直接从开始菜单中打开Excel软件，则执行“保存”命令时也会出现“另存为”对话框。

复习思考题

1. 如何理解统计工作的全过程？
2. 统计人员应具备哪些基本素质？
3. 如何判别数量标志和品质标志？
4. 构成指标的六要素是什么？为什么其中的“计算方法”也算做一个要素？统计表中的指标也都具备这六要素吗？
5. 如何判别数量指标和质量指标？
6. 如何建立Excel工作簿？如何增减工作表和给工作表命名？
7. 如何对工作表进行修改？如何对数据资料进行保存？

第二章

统计记录与统计调查

【学习目标】

通过本章学习应当掌握统计记录的原则和方法，能够正确地进行统计记录，并能正确运用统计记录的成果。掌握基本统计单位的条件和基本情况记录的内容，并会自行设计基本情况记录；熟练运用统计调查的各种方式和方法。并能利用 Excel 进行基本的操作。

【案例导入】

以下资料摘自某市某区一篇题为《××区统计人员现状分析》的报告。

在 2008 年年底，对全区统计人员的现状做了全面的调查，分析如下。

一、统计人员现状

（一）总体情况

（1）从文化程度看：全区共有统计人员 8 884 人，初中及以下 1 122 人，占总数的 12.6%；高中 3 239 人，占总数的 36.5%；大专 3 400 人，占总数的 38.3%；大学及以上 1 123 人，占总数的 12.6%。

（2）从任职情况看：专职统计人员 2 502 人，占总数的 28.2%；兼职统计人员 6 382 人，占总数的 71.8%。

（3）从统计从业资格证书持证率看，持有统计从业资格证书 4 558 人，占总数的 51.3%；未考取统计从业资格证书 4 326 人，占总数的 48.7%。

（4）从统计人员考取统计职称情况看，全区具有初级统计职称 904 人，占总数的 10.2 %；中级统计职称 114 人，占总数的 1.3 %；高级统计职称 3 人，仅占总数的 0.03 %；而没有统计职称的统计人员为 7 863 人，占总数的 88.5%。

……

启发思考

（1）从以上资料看，基层统计队伍的现状如何？它会保证基层数据的质量吗？

（2）基层数据的质量会影响全国统计数据的质量吗？

（3）基层的统计记录、统计整理及统计分析工作，什么样的人都能做好吗？

统计记录与统计调查，是统计工作的第一个阶段，不同层次的机构应有不同层次的内容。一般来说，基层单位常常从事的工作就是统计记录，而综合统计机关常常从事的工作则是统计调查。

第一节 统计记录

一、统计记录活动

统计记录活动，是指基层单位为反映经济活动的过程和成果而进行的资料积累工作，是对统计对象的数量描述和数量反映。

统计记录活动是基层统计工作的基本活动，也是主要活动。但统计工作绝不仅仅是统计记录。实际上，统计记录是最简单、最初级的统计工作，它不需要特别高深的统计理论，也不必非用特别高级的统计人员，但是，它对统计人员的人格素质要求特别高。

基层的统计记录活动，是一项非常琐碎、繁重，而又复杂的工作。然而这一工作特别重要，其主要原因在于以下两点。

（1）统计记录是统计工作的基础。没有统计记录，也就谈不上统计整理、分析、预测、信息服务等。

（2）统计记录是统计工作质量的保证。有真实、可靠、完整的基层统计记录，才会有正确、科学的结论，否则，无论统计整理、分析等方法多么科学，也不会得出正确的结论。

统计记录活动的前提条件是必须要有基本素质高的基层统计人员和好的统计工作基础。

二、原始统计记录

一般来说，统计记录的成果包括原始统计记录、统计台账和统计报表三种形式。这也是基层统计人员主要从事的工作内容。

原始统计记录，是指基层统计人员为反映经济活动的过程和成果而做的最初记载或简单的归类。原始统计记录是统计工作的基础，是填制统计台账和统计报表的最初依据，也是进行统计整理和统计分析、预测等工作的前提，是统计工作质量的最初保证。

（一）原始统计记录的特点

（1）形式比较灵活。它没有统一的格式，只要真实、可靠，能满足统计整理和分析的需要即可。

（2）内容无统一规定。记录的内容无所不包，也无法做出统一规定，只要能按着指标的六个要素记录清楚即可。

（3）没有严格的手续要求。它与会计不同，在原始统计记录上很少必须要求有领导人、审批人或经手人签名盖章等严格的手续。事实上，它是以统计人员的人格素质和信誉作保证，而在实际工作中也有相应的部门予以佐证。

（4）没有严格的归档要求。这也是与会计有着明显区别的地方，会计上的原始记录一般要保留十几年或几十年，但原始统计记录在把它整理出来以后，就具有与原始统计记录同等的作用。而作为记录基础的原始统计记录可以由会计部门或其他部门归档，有的原始统计记录也可以不归档。

（二）原始统计记录的依据

（1）经济活动的现场。原始统计记录通常都是直接根据经济活动的现场来做记录的，这是第一手资料，常常是最值得信赖的统计资料。

（2）各业务部门的原始记录。统计上的原始记录可以建立在会计核算和各部门的业务核算基础之上，如根据会计上的出库单整理成统计上的某种材料消耗记录等，这在会计上一般不能作为原始记录，而在统计上是可以的。

这里值得注意的是：有很多会计资料，当它分散在会计凭证或账簿中时仍然是会计资料，但它一旦被按照某一种标志系统地整理出来后就变为统计资料了。这些工作，即使是由会计人员来做的，实际上它也是统计工作。

（三）原始统计记录的形式

（1）现场记录的灵活形式。它是指在经济活动的现场，用各种不太规范的记录形式所作的最初记载。如土地丈量记录、市场调查记录等。

（2）系统化了的统计数据形式。它是指对大量同类经济活动所作的规范化记录或粗略整理后的数据形式。如设备维修情况记录、加班情况记录、使用原材料的分项记录等。

（3）灵活多样的统计表格形式。这是在实际中最常见的一种原始统计记录形式，如表2.1和表2.2所示。

表 2.1 ××企业 3 月份产品生产情况 （单位：件）

产品	一级品	二级品	三级品	合计
甲	×××	×××	×××	×××
乙	××	××	××	×××
丙	×××	×××	××	×××

表 2.2 ××企业 4 月份用工情况统计

车间	工时数
第一车间	××××
第二车间	××××
第三车间	×××××
合计	×××××

（四）建立健全原始统计记录的原则和要求

（1）要及时记录。及时才能准确。

（2）记录要真实、全面、系统。原始统计记录是一切后续统计工作的基础，所以，它要求基层统计人员必须具备良好的人格素质。

（3）记录的内容要能满足“指标六要素”的要求。

（4）要便于汇总整理和提供信息。原始统计记录不是统计的最终工作，因而，在进行原始统计记录时，必须要考虑便于汇总整理、便于提供信息的问题。

三、统计台账

统计台账，是根据统计报表和统计核算工作的需要，将分散的原始记录资料，按时间顺序进行系统登记的表册。它是介于原始统计记录和统计报表之间的一种汇总形式。

（一）统计台账的作用

（1）可弥补原始统计记录的丢失。

（2）可满足报表的需要，并提高报表的及时性。填报统计报表，常常需要对大量平时资料进行汇总，而这些大量的汇总工作均可利用统计台账的形式，在平时的闲暇时间将其处理完毕，从而大大缩短填报报表的时间。

（3）可满足领导了解情况的需要。

（4）有利于及时发现差错并更正，保证资料的准确性。统计台账是对日常资料的集中与汇总，因而便于比较分析，便于发现问题并进行更正。

（5）统计台账是重要的统计档案。从统计档案的要求来看，可以没有原始统计记录，但不能没有统计台账。

（二）统计台账的特点

（1）表册形式。统计台账是由若干张表格所形成的一个表册，这样便于保管和填写。

（2）内容系统、规范。

（3）按时间顺序连续记录。统计台账的记录周期，要小于报表的报送周期，并要求连续记录。

（4）具有一定的法律效力。统计台账与原始统计记录具有相同的法律效力。

（5）有严格的归档要求。因为统计台账与原始统计记录具有相同的法律效力，而且它又比原始统计记录全面系统，易于查找、易于管理，因而统计档案中不能缺少统计台账。

（三）统计台账的分类

统计台账按不同的标志可分为不同的种类，这里主要是从便于基层统计人员自设台账和记录台账的角度而进行的分类。

1. 按级别分类

企业台账可大体上分为班组统计台账、车间或部门统计台账、全厂或公司统计台账等。一般来说，规模小的企业或单位只有一级台账，对于规模大的单位，由于内部层次多，除设各级台账外还设有内部报表。

农村统计台账，基本上可分为两级：村级统计台账和乡级统计台账。

2. 按记录指标是否固定分类

企业台账可分为定指标台账和不定指标台账两类。

（1）定指标台账。指根据统计报表和统计主管部门的要求，必须按规定统一印制指标的台账，也可称为定长台账。定指标台账的样式如表 2.3 所示。

表 2.3 畜牧业统计台账（定长台账）

	单 位	一 季 度	二 季 度	三 季 度	四 季 度
（一）期末大牲畜存栏	头				
#马	〃				
黄牛	〃				
（二）期末生猪存栏	〃				
#能繁殖母猪	〃				
（三）期末山羊存栏	只				

（2）不定指标台账。指根据本单位的实际情况和需要，自行安排记录指标的台账，也可称为不定长台账。其特征是指标栏为空白栏。不定指标台账的样式如表 2.4 所示。

表 2.4 工业企业主要经济效益指标台账（不定长台账）

指 标 名 称	一 月	二 月		三 月		……	十 二 月	
	本月	本月	累计	本月	累计	……	本月	累计

3. 按是否反映指标计算过程分类

工业台账可分为指标记录台账和指标计算台账。

（1）指标记录台账。指标记录台账是指台账中所记录的指标数值，仅是现象表现出来的结果或经计算后所获得的结果，如表 2.5 所示。

表 2.5 农村基层组织、户数、人口及劳动力情况

	单 位	年末实有数
一、村民小组（原生产队）	个	
二、乡村总户数	户	
三、乡村总人口	人	
四、乡村实有劳动力	人	
1. 农林牧渔业劳动力	人	
2. 工业劳动力	人	
3. 建筑业劳动力	人	
五、乡村劳动力资源	人	

（2）指标计算台账。指标计算台账是指台账中所记录的指标数值之间，反映了一定的计算关系或计算过程。在指标计算台账中的指标，应是具有完整“因素体系”和“平衡体系”的指标体系；仅有“累计”数者，不是指标计算台账。

指标计算台账的明显特征是，表中或表下常常带有计算公式或用指标代码标注的运算关系式。指标计算台账的样式如表 2.6 所示。

表 2.6 工业产品生产、销售总值台账（指标计算台账） （单位：人）

指 标 名 称	代 码	一 月	……	十 二 月	
		本 月	……	本月	累计
工业总产值（不变价）	1				
工业总产值（现价）（3+7+10）	2				
1. 本年生产成品价值（4+5+6）	3				
#已销、预销成品半成品价值	4				
对内非工业部门提供成品价值	5				
自制设备价值	6				
2. 对外加工费收入（8+9）	7				
#对外承作的工业品加工	8				
对外承作的工业品修理	9				
3. 半成品在制品期末期初额	10				
工业产品销售产值（12+13）	11				
#销售成品价值	12				
对外加工费收入	13				

指标计算台账具有“附表”的作用，便于计算检查和发现问题。

（四）建立健全统计台账的原则和要求

（1）要及时记录。
（2）记录要真实、准确。
（3）台账的设计要反映出时间的渐移性。
（4）台账资料要满足报表的需要。
（5）台账资料要满足本企业领导了解情况及决策的需要。
（6）必要时，要反映某些重要的计算过程。
（7）台账的设计要体现精简的原则。
（8）要有专人记录、专人保管，并按时归档。

四、统计报表

统计报表，就是按照统计报表制度要求严格填报的统计表。实际工作中常常简称为“报表”。

（一）统计报表的填报依据

基层单位的统计报表，其主要填报依据有以下三种形式。
（1）原始统计记录。
（2）统计台账。这是最基本的填报依据。
（3）会计资料及其他业务部门的资料。这些资料与统计资料相比，都是基础资料，而统计资料则属于高层汇总资料。

（二）统计报表的格式结构

统计报表的表现形式就是统计表，但又不同于一般的统计表，它有自己的特殊格式。

（1）表名。即报表的名称。如表 2.7 的表名为“信息化情况主要指标”。

表 2.7　信息化情况主要指标

法人单位名称：　　　　　　　　　　　　　　表　　号：606 表
组织机构代码：　　　　　　　　　　　　　　制表机关：国家统计局
□□□□□□□□—□　　　　2008 年　　　　文　　号：国统字（2008）105 号

指标名称	计量单位	代码	本年实际
甲	乙	丙	1
1. 年末在用计算机数	台	01	
2. 年末拥有网站数	个	02	
3. 全年电子商务采购额	千元	03	
4. 全年电子商务销售额	千元	04	

单位负责人：　　　　统计负责人：　　　　填表人：　　　　报出日期：

（2）表衔。表衔是统计报表和普查表区别于一般统计表的部分。它包括表号、制表机关、文号等，如表 2.7 所示。

“表号：606 表”，即该表的代号，它的使用常常是专业人员的“专利”。

“制表机关：国家统计局”，用来反映制表机关的级别。

“文号：国统字（2008）105 号”，用来说明该报表的严肃性和出处。

（3）表体。即表的主体，包括格线、行标目、列标目（表额）。

（4）表注（表脚）。一般包括单位负责人、统计负责人、填表人、报出日期，或对表中某些指标的特殊说明和规定等。

（三）统计报表的分类

统计报表按所依据的标准不同可有不同的分类。

1. 按报表内容和实施范围分类

可分为国家统计报表、部门统计报表和地方统计报表。

国家统计报表，是最基本的统计报表。它的主要标志体现在表衔上。如国家统计报表的制表机关是“国家统计局”，文号是“国统字（××××年）×××号”。

部门统计报表，是对国家统计报表的重要补充。它的表衔形式为：制表机关一般为“××部统计司”、“××省××厅”等形式，文号也有相应改变。

地方统计报表，也是对国家统计报表的重要补充。其表衔形式一般表现为：制表机关为“××省统计局”等省级统计局的字样，文号也有相应改变。

2. 按报送周期分类

按报送周期可分为月报、季报、年报等。其中除年报外，其他报表均称为定期报表。

3. 按报送方式分类

按报送方式可分为网上直报和其他方式报送两大类。

（1）网上直报。即用统计部门统一规定使用的特殊软件和规定的级别与方式报送的报表。网上直报已成为目前统计报表的主要报送方式。它方便、快捷、实用。

（2）其他方式报送。包括使用电话、传真、电子邮件、寄送等方式报送的报表。具体的报送方式由各地市统计局或部门统计机构具体规定。

另外，把统计报表按其要求填报的范围分，又可分为全面统计报表和非全面统计报表两种。这也是实际工作中常用的一种分类。

（四）填报统计报表时应注意的问题

（1）要如实填报。统计资料的准确性，是对统计人员最基本的要求，也是统计法的最高要求。

（2）要注意报送时间。统计资料的及时性，是对统计人员全局观念的要求。

（3）要注意报送方式。尤其要注意特殊标出者，如“软盘”、“传输”等。

（4）要注意学好指标解释。千万不能凭自己的理解！否则，就失去了统计的“高度集中统一性”，使资料无法汇总和分析，使历尽辛苦而得来的资料变成毫无意义的垃圾。

对于指标解释应该理解并记熟，这是“业务能力”的体现。

（5）要注意表内和表间的指标关系。一般来说，只要认真填报、如实填报，一切关系都能满足！

统计小常识

报表制度与报表的关系

报表制度，是一种统计调查的方式，是要求以报表形式上报统计资料的严格制度规定。这一方式是具有“高度的集中统一性”的，包括表号、表名、报告期别、统计范围、报送日期、报送方式、表式、指标解释等，都有严格的规定。

报表，就是一种统计表，但它又不同于一般的统计表。它是完全符合报表制度的统计表。它与一般统计表的明显不同在于：它有表衔。报表的表衔包括：表号、制表机关、文号等。

不能把报表制度理解为报表。报表制度是指导统计报表填报的文件，报表只是不同于一般统计表的统计表。

五、统计记录的原则和方法

（一）统计记录的原则

（1）尽量获取“第一手资料”。统计人员应亲自记录，亲临现场数数、测量，尽量获取第一手资料，这是统计人员认真负责精神的体现。

（2）坚持工作原则，讲究工作艺术。工作原则是资料质量的保证，而工作艺术是开辟工作通途的重要手段。能保证资料质量的“工作艺术”可以称为工作艺术，也可称为坚持原则；但保证不了资料质量的“工作艺术”不可以称为工作艺术，只能称为放弃工作原则。

（3）要做到手勤、腿勤、眼勤、嘴勤、勤记、勤算。勤则及时，及时才能准确。懒则误时，追记容易出错。

（4）多制表，尽量形成台账。统计表是最方便、简捷的资料记录形式，统计台账则是保存资料的最好方法，自制台账也更能适合本单位的实际情况。

（5）如有缺漏数字，尽早用科学方法补记。不可弃之不管，也不可随便估算。

（6）边记边审。把工作做在平时，把误差减少到最低限度。

（7）静态记录求全，动态记录求连（续）。总的原则是以求资料的全面、系统。

（二）统计记录的方法

1. 连续记录的方法

连续记录即按时间的顺序，没有缺漏地进行记录。这种方法适用于对时期数的记录，它有以下要求。

（1）尽量缩短记录周期。一日一记，或几日一记。

（2）边记边累。累计数字是一个很大的工作量，平时把它做好了以免填表时忙乱出错。

2. 定期记录的方法

定期记录即每隔一定时间记录一次。这种方法适于对时点数的记录。运用定期记录的方法应当适当确定记录周期。实际中记录周期多为一个月。

3. 定期计算的方法

这种方法，一可帮助查错；二可帮助发现规律性的问题。需要注意的是：对于必要的计算过程也应记录下来。这对以后的检查、核实、发现问题等都有很大帮助。

4. 要心里装数

统计人员绝不能“兜里有数，心中无数”。心中有数可增加许多发现问题和规律的机会，因而它是工作能力或工作水平的最好体现。

第二节　基本统计单位与基本情况记录

统计记录是基层统计单位的主要工作，作为基本统计单位的基层单位，理应做好本单位的基本情况记录。

一、基本统计单位

基本统计单位包括单位法人和产业活动单位两大组成部分。

1. 单位法人

单位法人即具有法人资格的独立核算单位。

一般来说，单位法人包括：①企业法人；②事业法人；③机关法人；④社团法人；⑤其他法人，如居民委员会和村民委员会。作为单位法人必须同时具备以下条件。

（1）依法成立，有自己的名称、组织机构和场所，能够承担民事责任。

（2）独立拥有和使用资产，承担负债，有权与其他单位签订合同。

（3）独立核算盈亏，能够编制资产负债表。

2. 产业活动单位

产业活动单位也称附营业务活动单位，应同时具备以下条件。

（1）具有一个场所、从事一种或主要从事一种生产经营业务活动。

（2）单独组织生产、经营或业务活动。注意："单独"不同于"独立"。

（3）在企业（单位）内部单独核算收支。注意："单独核算"也不同于"独立核算"。

二、基本情况记录

基本情况记录是"落笔现在，着眼历史"的工作，基层单位必须做好这些工作。

1. 个人基本情况记录

企业的主体是职工，所以对个人基本情况记录是企业的一项重要记录。它对于领导了解情况、指挥生产、进行历史比较等都有很重要的作用。

个人基本情况的内容，可因基层单位具体情况而异，但大体项目如表 2.8 所示。对表中各项情况进行汇总、整理即可得到关于职工情况的各种有关资料，这对于反映企业规模、职工素质、人力资源、科研基础等都是非常难得的资料，统计人员必须做好这些工作。

表 2.8　×××单位职工基本情况表

姓　名		性　别		民　族	
职务/职称		出生日期		籍　贯	
学　历		学　位		工资级别	
家庭成员及经济情况					
主要社会关系					
有何业务专长和重大发明					
何时何地受过何种奖励					

当某些项目发生变动时，就应及时更新表格。

2. 单位基本情况记录

单位基本情况记录常常被人忽视，但时间一长、人员一换，就谁也说不清楚了。单位基本情况记录包括有关人、物、机构、生产条件等内容的记录。对于有关人员情况的记录，可以通过对个人基本情况的项目进行整理而获得；其他方面的单位基本情况，也可通过不同途径而获得。单位基本情况记录，可半年一填，或一年一填，如表 2.9 所示。

表 2.9 ××单位人员基本情况表 （单位：人）

	2006 年	2007 年	2008 年	2009 年	2010 年
一车间					
二车间					
三车间					
机修车间					
销售科					
财务科					
储运科					
技术科					
合 计					

表中还可根据具体情况进一步反映：工人人数（其中高级工人数）；工程技术人员（其中高职人数）；管理人员（其中本科以上学历人数）；厂龄不足 5 年的人数；55 岁以上的人数；等等。再如表 2.10 所示。

表 2.10 ×××单位生产基本情况

	计算单位	2006 年	2007 年	2008 年	2009 年	2010 年
生产品种数	个					
年内新投产品种数	个					
年内淘汰品种数	个					
上缴税金	万元					
年创利润	万元					
年工资总额	万元					
新增生产资金	万元					
贷款总额	万元					
年内新增贷款额	万元					
年内还贷数额	万元					

这些情况，只有把它们放在一起，连续反映、比较，才更有价值。值得注意的是：不要因为这些数字在会计账上都能找到"就不用记录了"，有很多数字不放在一起进行比较是看不出规律和本质的。这些数字不整理出来只能是会计数字，整理出来之后才是统计数字。在很多情况下，统计数字更加重要，尤其是基本情况统计数字越留越有价值。

第三节 统计调查

统计调查，是根据统计核算的要求，运用科学的方法有组织、有计划地搜集资料的过程。统计调查是开展一系列统计工作的前提。统计调查是高层统计机关所从事的工作，它与统计记录有着明显的不同。对于基层单位来说，虽然其主要工作是统计记录，但统计调查也应多少了解一点。

统计小常识

统计调查与统计记录的区别

统计调查，有“对下”的含义，其主体应是非基层单位的统计机构和人员，其工作性质应是“专题性”的。所以，对主体的业务素质要求也较高，应是具有一定研究能力的人员。

统计记录，有“对内”的含义，其主体应是基层单位的统计机构和人员，其工作性质应是“常规性”的。所以，对主体的业务素质要求也相对较低，只要人员素质好，工作认真负责，又能正确理解指标体系即可。

一、统计调查方式

统计调查的方式，也可称为统计调查的种类。《统计法》第十条中规定：统计调查应当以周期性普查为基础，以经常性抽样调查为主体，以必要的统计报表、重点调查、综合分析等为补充，搜集、整理基本统计资料。据此，我们把统计调查的方式分为五种：抽样调查、普查、重点调查、典型调查、统计报表制度。

（一）抽样调查

抽样调查，是在所要研究的总体中，按照随机原则抽取一部分单位作样本进行调查，并根据调查结果推算总体数量特征的一种调查方式。抽样调查是统计搜集的主体，也是国际上公认并普遍采用的一种调查方式。

抽样调查的基本特点就是遵循随机原则，所获得的指标可以从数量上推算总体，并且在推算总体时可事先控制误差。所以，抽样调查是既高效又经济的一种统计调查方式。

抽样调查的基本组织形式包括以下 5 种。

1. 简单随机抽样

简单随机抽样也叫纯随机抽样，它是依据总体的原始状态直接从总体中随机抽取样本单位来组成样本总体的抽样方式。

简单随机抽样又可具体分为直接抽选法、抽签法和随机数表法。

2. 分类抽样

分类抽样也叫分层抽样或类型抽样，即对总体中的所有个体单位先划类型（或层）后抽样的方法。比如在住户经济抽样调查中，按人均收入分为高、中、低三类，然后再在各类中分别抽选住户组成样本。分类抽样适用于个体单位标志差异比较大，以及个体单位数目较多的情况。其优点是能降低抽样误差，提高样本的代表性。

3. 等距抽样

等距抽样是把总体各单位按某一标志进行排队，然后依固定的顺序和间隔抽出样本单位的方法。等距抽样也称机械抽样、系统抽样。等距抽样适用于个体单位数量多，变异程度大，而实际工作中又不可选取更多的单位进行调查的总体。

目前比较常用的一种等距抽样法——随机起点对称等距抽样法，在城市住户调查和农产量抽样调查中都是最常用的抽样法。具体抽样方法如下。

（1）确定抽样距离 k。若总体容量为 N，样本容量为 n，则抽样距离 $k=N/n$。

（2）确定第一个样本单位 u_1。为了保证所有样本点的随机性，第一个样本点一定是随机的，若用 r 表示随机起点，则 $u_1=r$（$0<r<k$）。

（3）确定 $u_2 \sim u_n$ 的样本位次。样本位次的确定公式，如表 2.11 所示。

表 2.11　随机起点对称等距抽样公式表

样本位次	n 为偶数	n 为奇数								
		n=5	n=7	n=9	n=11	n=13	n=15	n=17	n=19	n=21
u_1	r	r	r	r	r	r	r	r	r	r
u_2	$2k-r$	$2k-r$	$2k-r$	$2k-r$	$2k-r$	$2k-r$	$2k-r$	$2k-r$	$2k-r$	$2k-r$
u_3	$2k+r$	$N/2$	$2k+r$	$2k+r$	$2k+r$	$2k+r$	$2k+r$	$2k+r$	$2k+r$	$2k+r$
u_4	$4k-r$	$3k+r$	$N/2$	$4k-r$	$4k-r$	$4k-r$	$4k-r$	$4k-r$	$4k-r$	$4k-r$
u_5	$4k+r$	$5k-r$	$5k-r$	$N/2$	$4k+r$	$4k+r$	$4k+r$	$4k+r$	$4k+r$	$4k+r$
u_6	$6k-r$		$5k+r$	$5k+r$	$N/2$	$6k-r$	$6k-r$	$6k-r$	$6k-r$	$6k-r$
u_7	$6k+r$		$7k-r$	$7k-r$	$7k-r$	$N/2$	$6k+r$	$6k+r$	$6k+r$	$6k+r$
u_8	$8k-r$			$7k+r$	$7k+r$	$7k+r$	$N/2$	$8k-r$	$8k-r$	$8k-r$
u_9	$8k+r$			$9k-r$	$9k-r$	$9k-r$	$9k-r$	$N/2$	$8k+r$	$8k+r$
u_{10}	$10k-r$				$9k+r$	$9k+r$	$9k+r$	$9k+r$	$N/2$	$10k-r$
u_{11}	$10k+r$				$11k-r$	$11k-r$	$11k-r$	$11k-r$	$11k-r$	$N/2$
u_{12}	$12k-r$					$11k+r$	$11k+r$	$11k+r$	$11k+r$	$11k+r$
u_{13}	$12k+r$					$13k-r$	$13k-r$	$13k-r$	$13k-r$	$13k-r$
u_{14}	$14k-r$						$13k+r$	$13k+r$	$13k+r$	$13k+r$
u_{15}	$14k+r$						$15k-r$	$15k-r$	$15k-r$	$15k-r$
u_{16}	$16k-r$							$15k+r$	$15k+r$	$15k+r$
u_{17}	$16k+r$							$17k-r$	$17k-r$	$17k-r$
u_{18}	$18k-r$								$17k+r$	$17k+r$
u_{19}	$18k+r$								$19k-r$	$19k-r$
u_{20}	$20k-r$									$19k+r$
u_{21}	$20k+r$									$21k-r$

查表方法：

1. n 为偶数时：n 为几就取前几项公式。如：n=4 时，就取 u_1、u_2、u_3、u_4 即可。
2. n 为奇数时：n 为几就取相应栏中的所有公式。

【案例】 某公司有 200 人，欲抽 5 人调查其家庭支出情况。请用随机起点对称等距抽样法确定被抽取职工的样本位次。

首先，计算抽样距离 $k=N/n=200/5=40$（人）；其次，确定随机起点，如用随机数表法或用随机器确定出 $r=30$；最后确定样本位次：从表 2.11 中可知，在“n 为奇数”各栏中查得与“$n=5$”一栏所对应的 u_i 的计算公式为

$$u_1=r=30$$

$$u_2=2k-r=2\times40-30=50$$

$$u_3=N/2=200/2=100$$

$$u_4=3k+r=3\times40+30=150$$

$$u_5=5k-r=5\times40-30=170$$

即第 30 号、50 号、100 号、150 号和 170 号为本次抽样调查的样本。

4. 整群抽样

整群抽样即对总体中所有个体单位“先分群后抽样”。它是把总体各单位划分为若干个内部结构相似的群组，然后以群组为单位进行抽选，对中选的群组进行全面调查，再推算总体的一种抽样组织方式。整群抽样适用于对各群内部的单位变异较大，而群间差异较小的总体进行抽样调查。比如，人口抽样调查中，统一以城市的街区为群进行抽样调查。

5. 多阶段抽样

多阶段抽样又叫分级抽样，它是把抽样的过程按一定级别分成若干个阶段，再按阶段从上到下一级一级地抽取样本。其中从最上一级抽取的样本叫初始样本，从初始样本中再抽取的样本叫二级样本，在多级抽样的最后一次抽取的样本叫最终样本。多阶段抽样适用于个体单位数量很大，分布甚广，难以直接从总体中直接抽取样本的总体。例如，为指导农业生产的农药供应，某农药厂对棉区的病虫害进行抽样预测，把某棉区划分为 20 个大区，每个大区再划分为 10 个小区，从 20 个大区中抽 40%的大区（20 × 40% = 8 个），再从中选的大区中抽 50%的小区（10 × 50% = 5 个），这就形成了“两阶段抽样”。

（二）普查

普查，是专门组织的一次性的全面调查，是统计调查体系中的一种“基础”方式。国内外的统计学界和统计机构对普查都很重视，这是因为，借助于普查，可以全面、系统地掌握社会经济现象的资料，这对于了解国情国力和“厂情厂力”，从实际出发制定国民经济计划与社会发展的长远规划，安排人民的物质和文化生活等，都具有重要的意义。

一般来说，普查具有一次性和全面性的特点。然而，现代普查与传统普查相比又具有一些新的特点：①法制化，如用法律形式规定人口普查逢“0”进行（即在年份的末位为 0 时进行普查）、第三产业普查逢“3”进行、工业普查逢“5”进行、农业普查逢“7”进行、基本统计单位普查逢“1、6”进行等；②周期化；③内容多样化；④安排协调化；⑤手段现代化。

普查的组织方式，按是否专门组织普查机构一般可分为两种。

1. 有专门机构的普查

有专门机构的普查即通过组织专门的机构和人员，对调查单位直接进行登记。如我国的人口普查，就是采用这种组织方式。

2. 无专门机构的普查

无专门机构的普查即利用现有的统计机构和人员，通过颁发一定的调查表格，由填报单位进行填报。如我国的物资库存普查、第二次工业普查、第三产业普查就是采用这种组织方式。

为能获得准确、及时、全面的普查资料，普查时必须注意做好以下几项工作：规定标准时点；规定普查登记的统一程序和期限；规定普查项目；做好充分准备，包括组织准备、方案设计、试点工作等，以保证普查工作的顺利进行。

（三）重点调查

重点调查，是指在调查总体中选取少数重点单位进行调查，以了解总体基本情况。所谓重点单位，是指其标志值在被调查的标志值总量中占有很大比重的少数单位。例如，调查我国少数几个大型钢铁企业就可以了解全国所有钢铁企业生产经营基本情况。

重点调查的适用范围：当调查任务只要求掌握基本情况，而在总体中客观上又存在重点单位时，则采用重点调查比较适宜。对于客观上不存在重点单位的现象，就不能使用重点调查的方式。

组织重点调查，关键是要选好重点单位。根据调查任务的不同，重点调查可以是一些企业、行业，也可以是一些地区和城市。在考虑重点单位时要注意：在某一问题上是重点单位，在另一问题上不一定是重点单位；这一时期是重点单位，另一时期不一定是重点单位。

（四）典型调查

典型调查就是根据调查的目的和要求，在对总体进行全面分析的基础上，有意识地选择少数有代表性的典型单位进行调查，以揭示现象特征或变动规律的调查方式。

典型调查与抽样调查相比，最显著的区别就是选择典型的能动性。典型调查单位的选择，决不能遵循随机原则，它必须按照特定的目的，充分发挥调查者的主观能动性，在对总体进行全面分析的基础上，有意识地选择具有普遍发展意义的典型，进行深入细致地分析研究从而有利于实现从个性到共性，从特殊到一般的认识事物的目的。

典型调查可用来研究社会经济现象的新情况、新问题，探索其发展的一般规律和趋势，并可以对问题进行深入具体的分析。由于典型调查范围小，单位数少，可以集中精力对事物进行深入细致的调查研究，具体了解事物的发生和发展过程与各方面的联系，从而做到有情况、有联系、有原因、有结果，全面深刻地认识问题，及时总结经验、吸取教训、查出原因、找出规律、提出解决问题的办法。

（五）统计报表制度

统计报表制度是统计调查的一种方式，是关于统计报表的填报范围、计算方法、统计口径、填报目录等的指导性文件。即统计报表制度是指导如何填报统计报表的文件，是指导者用以指导如何填报统计报表的依据。

一般来说，统计报表制度包括以下内容。

1. 总说明

总说明一般包括制表目的、填报报表的总体性要求、对年报和定期报表进行综合范围的说明、资料来源和调查方法的总体说明、汇总上报的要求、规定报表的解释权等。

2. 报表目录

报表目录是指说明应报送报表的一览表。包括表号、表名、报告期别、编报范围、受表单位、报出时间、报送方式、页码等。报表目录可以使填报单位对于在什么时间报送、向谁报送、用什么方式报送等一目了然，既有利于下级填报，也有利于上级综合整理。

3. 表式

表式即是报表的具体格式和要求填报的指标。它包括表头、表体、表脚的设计形式，必要时也标注相应的填表说明、补充资料等。

报表制度中的表式与报表并不完全一样，其主要区别在于：报表制度中的表式只标出报表的主要部分，如表体中的格线一般是不画的，常用由此而节约下来的“空白部分”标注填表说明及要求等，如表 2.12 所示。

表 2.12　乡及乡以上工业企业和生产单位数及工业总产值

表　　号：B301 表
制表机关：国家统计局
文　　号：国统字（1994）234 号

单位名称：　　　　20　　年　　　　计量单位：万元

	代码	企业及单位数（个）	工业总产值		工业销售产值
			按 1990 年不变价格计算	按当年价格计算	按当年价格计算
甲	乙	1	2	3	4
甲栏分组及代码见综合目录(一)	说明：1. 本表综合范围是全部乡及乡以上独立核算工业企业和附营工业生产单位。 2. 本表工业总产值指标保留两位小数。				

单位负责人：　　　填表人：　　　报出日期：　　年　月　日

表式部分，是统计报表制度的主体部分。这部分的设计非常重要，无论对填表人员还是指导人员来说都是如此。一是在进行表格印刷时，必须以此为依据，不可走样；二是表式中的填表说明部分是报表中所没有的，填报时必须以它为指导或根据。如果统计指导人员不熟悉统计报表制度，那就无法指导报表的填报。

4. 填表说明

这是辅助说明部分。它与表式中的填表说明不太一样，表式中的填表说明常常是仅针对一张表来说的，而报表制度中的填表说明则是针对总体状况来说的。一般包括：指标间的平衡关系、表与表间的平衡关系、系统的指标解释，以及总体的注意事项等。

二、统计调查方法

统计调查的方法，也就是统计资料的搜集方法，它是指在统计调查中与各种统计调查方式相配合获取资料的具体做法。常用的方法有：观察法、访问法、报告法、问卷法、查阅资料法等。

统计调查的目的就是要获取真实可靠的统计资料，从统计资料的来源渠道上看，可有第一手资料和第二手资料之分。第一手资料就是通过实际调查而直接获取的统计资料，第二手资料则为通过基层单位的统计记录、网络、年鉴、杂志等而获取的统计资料。无论第一手资料还是第二手资料，都要通过不同的统计调查方法而获取。

（一）观察法

观察法也叫做直接观察法，是指调查者深入到现场，运用感观或借助于仪器设备，直接观察、计量以获取原始资料的方法。例如，商品库存量的盘点、农产品产量的实收实测等，都采用观察法进行调查。

1. 观察法的特点

（1）能获取第一手资料。

（2）获取的资料针对性强。

（3）只能对“现场”进行观察。要核实历史资料是无法使用这种方法的。

（4）费时费力。这里所说的“费力”包括人力、物力和财力。

2. 观察法的实施过程与技巧

（1）制订观察计划和提纲。在调查之前制订一个计划，明确观察的地点、时间、对象、范围等。

（2）进入观察现场。有时在进入观察现场前可不通知被观察者；但一般均需征得被调查单位的同意，并出示证件，说明调查的目的和意义。

（3）通过调查，与被调查者建立友好关系。这是直接观察法调查中最关键的环节，通过共同生活、工作，体会被调查者的习惯，也可帮助被调查者解决一些困难和问题，或提出解决问题的建议。结束调查撤离观察现场时，应注意向被观察者致谢，尽量从此建立并保持更密切的联系，以备今后信息的沟通或再次调查的连贯性。

（4）及时、准确、详细地做好记录。随时随地做好各种记录，包括同步记录、事后追记等。

（二）访问法

访问法，是调查者通过向被调查者提出问题，由被调查者进行答复来搜集信息资料的一种调查方法，如居民消费调查、市场价格调查等，也是获取第一手资料的方法。

1. 访问法的特点

访问法的主要特点在于，调查者与被调查者采用对话、讨论的交流方式进行调查活动；访问法由于是事后通过访问获得资料，有时会存在失察的现象。

2. 访问法的类型

（1）按一次访问对象的数量分类。可分为个别访问法和集体访问法。个别访问法，容易了解被调查现象的真实情况，不受他人意见和其他因素的干扰；集体访问法即开调查会法。一般调查会的人数以 5～7 人为宜，事先制订提纲，说明调查目的，启发被调查者自发地踊跃发言。

（2）按所借助的工具分类。可分为口头访问、书信访问、电话访问、网上访问等。

（3）按访问有无统一的内容分类。可分为结构性访问和非结构性访问。结构性访问，是由事先准备好的标准化问题和标准化答案，按一定的程序逐项向被调查者询问，通过被调查者按提纲项目的逐项回答，以获取资料。这种方法增强了资料的可靠性、规范性和可比性。非结构性访问，是按照一个粗略的提纲去询问调查。这种方法比较灵活，有利于发挥访问双方的积极性、主动性，可了解到更深层或更广泛的信息资料。

3. 访问法的实施过程与技巧

（1）准备。访问前要做好以下准备工作：①要了解与访问对象有关的各方面知识；②设计访问提纲；③选择并了解被访问对象；④确定访问的时间、地点和是否提前通知被访问者；⑤准备必要的工具。如笔、纸、本、调查表、音像设备、介绍信、身份证、工作证及交通工具等。

（2）设计好初访的方式。首先进行自我介绍，说明来意，请求协助，找准介入的时机和条件，并尽量融洽与对方的关系。

（3）控制访问过程。即通过语言、表情来掌握、控制、引导访谈的主题内容。在访问实施过程中应把握好以下几方面的技巧：谈话技巧，包括声调和气，称呼恰当，语言通俗，地方化，针对被访者的身份正确选择介入话题；记录技巧，应注意边谈边记录，有时不便当场记录的可事后抓紧时间追记。

（4）设计好结束访问的方式。表示不好意思占用时间，表示感谢，建立今后联系的关系。

（三）报告法

报告法，就是被调查者以原始记录和其他材料为基础，经过加工整理后，向有关单位报送统计资料的一种调查方法。如统计报表制度和普查等多采用报告法搜集资料。

1. 报告法的特点

（1）高度的统一性。报告法的指标体系、表格形式、报送程序、报送周期和报送时间等都必须有统一的规定。

（2）数据的相对可靠性。由于报告法是建立在最基层单位原始记录及核算资料的基础上，并且都是由专业人员呈报，因此数据资料应该较为可靠；另外，报告法受填报人或单位领导人的诚实度影响较大，因而其数据的可靠性在某些方面来说是相对的。私有化观念越强的填报人或单位领导人，其数据就越不可靠。

2. 报告法的适用范围

（1）原始记录健全的单位。

（2）公有制程度高的单位。

（3）有利于显示个人或单位成绩的项目及非“探密性”的项目。

（四）问卷法

问卷法，是调查人员将预先拟定的问卷发给被调查者，由被调查者如实填写的一种方法。问卷法一般是标准化的调查，即填表要求、填表内容都是一致的。问卷法也是获取第一手资料的方法，目前比较常用。

1. 问卷法的特点

问卷法具有“高度自愿”的特点。即当问卷向社会公布后，被调查者根据自己的意愿可以回答也可以不回答，不存在任何强制性，因此，所搜集来的资料可信度较大。问卷法还具有个人性、分散性、经济性的特点。调查对象往往是社会公众的每一个人，数量之大、范围之广，是其他方法不可比拟的。

2. 问卷法的类型

（1）按问卷的规范化程度可分为开放式问卷、封闭式问卷和混合式问卷。开放式问卷只提出问题，不给出固定的标准化答案；封闭式问卷，在提出问题的同时，列出若干可供选择的标准答案；混合式问卷，即在问卷中既有开放式提问也有封闭式提问，或在封闭式答案后加上“其他”。

（2）按照问卷的填写方式可分为自填问卷和访问问卷。自填问卷是由被调查者自行填写的问卷调查。自填问卷可以通过散发、邮寄、报刊、网络等渠道使用。访问问卷直接面对访问者，根据被调查者的答复，由调查者代填问卷。它可以通过个别询问、集体询问、电话询问、网络等方式取得资料。

3. 问卷的结构

调查问卷的构成要素主要有四个部分。

（1）说明信。是在问卷首页上写给被调查者的短信。用来交代调查者的身份、调查目的、意义、内容、要求等。对说明信的要求：要让被调查者感兴趣，或产生责任感、自豪感、满足感。但也不要让人感觉到“捧得太过分”，使人产生反感。

（2）指导语。是用来说明被调查者如何填写问卷的填写说明。

（3）调查内容。是问卷的主体，它由全部的调查项目（或问题）所构成。

（4）问题编码。是指规定的每个问题、每种答案的数字代码，以便汇总整理。

4. 问卷法的实施过程和技巧

（1）精心设计调查问卷。设计过程中应注意：①问卷的项目要适合研究目的、理论假设及被调查者的基本情况；②提问的问题要规范、准确、易懂；③问卷的表格设计要结构合理、简明扼要、说明细致；④设计和表达应尽量使被调查者产生兴趣。

（2）正确选择被调查者。调查问卷的回收率和有效率的高低，与选择的对象有密切的关系。因此应选择对问卷内容感兴趣、对问题理解较深，并有一定观点和表达能力的人。

（3）问卷的发放和回收。问卷的发放可通过散发、邮局寄出，也可在报纸、杂志或互联网上公布；问卷回收可通过邮局或网上回收；有时为了提高回收率，还可采取有奖参与的办法；为了提高回收率，应在填写时间、填写难度、回收方式、回收资金等方面给被调查者提供方便，尤其不能让对方在资金上有所付出。

（4）对问卷的审查整理。对于回收到的问卷都要进行审查清理，剔除不符合要求的无效问卷，然后对有效问卷进行整理和分析，得到调查结果。

（五）查阅资料法

查阅资料法，就是调查人员按照预先拟定的调查提纲，面对各种媒介上已经记录和存储的被调查者的有关资料进行搜集的调查方法。这一方法，越来越被现代社会所认可。

1. 查阅资料法的依据

现代社会所供查阅的资料多种多样，大体可分为以下几种。

（1）企业单位的会计资料。包括原始凭证、会计账簿、会计报表等。

（2）企业单位的统计资料。包括原始统计记录、统计台账、统计报表等。

（3）企业单位的业务过程资料。包括各种会议记录、上报材料、出于各种目的编辑发行的材料等。

（4）上级有关部门和机关的材料。这部分材料有时企业根本不留存，这往往是核实问题的最好依据。

（5）上级的有关文件。尤其将其与实施记录结合起来则更有价值。

（6）网上资料。网络发展到今天，已经形成无所不包的巨型档案，许多资料都可以在网上获得。

（7）年鉴、杂志等。年鉴包括国家及地方的统计年鉴和经济年鉴。

2. 查阅资料法的优点

（1）客观性强。它是面对物而不是面对人来搜集资料，这就会减少许多的人为干扰。

（2）几乎为第一手资料。这些资料常常都是当事人形成的第一手资料。调查时所需资料，可在调查开始时一次性地找齐、封存，这样当事人想在这时改变资料是很困难的。因而这样的资料是很准确的，几乎不次于第一手资料。

3. 查阅资料法的缺点

（1）要求对方存有系统的资料。如果对方的基础工作不好，各种记录都不健全，就很难采用查阅资料法来进行调查了。

（2）要求对方能够如实提供资料。如果存在“两套账”或非法毁掉有关资料的情况，也就无法采用查阅资料法来进行调查了。

启发思考

调查方法是否有好坏之分

一个个的调查方法就像一件件的工具，它们各有不同的适用对象和用途。要评价一种调查方法的好坏，必须要与调查对象、调查时间、调查场合、调查条件和手段等联系起来。最好的调查方法，就是能用最短的时间、最少的人力和财力而能获得最准确资料的调查方法。

第四节 Excel的基本操作（二）

本节主要介绍合并或拆分单元格、资料的复制或移动、填充、排序和随机抽样法等。

一、合并或拆分单元格

当一个单元格中文字太多，或在表格中“一栏对应几个分栏”时，都需要用到合并或拆分单元格的操作。应先把合并单元格的按钮拖到常用工具栏上来，以备后用。

1. 拖放“合并及居中”按钮

如工具栏中尚无“合并及居中”按钮，则按以下步骤将其拖放到工具栏中。其具体操作步骤如下：单击菜单栏“视图”→展开“工具栏”→单击“自定义”，打开“自定义”对话框（见图2.1）→在“命令”选项卡“类别”栏中选中“格式”，在“命令”栏中选择“合并及居中”→将“合并及居中”按钮拖放到工具栏中合适的位置。

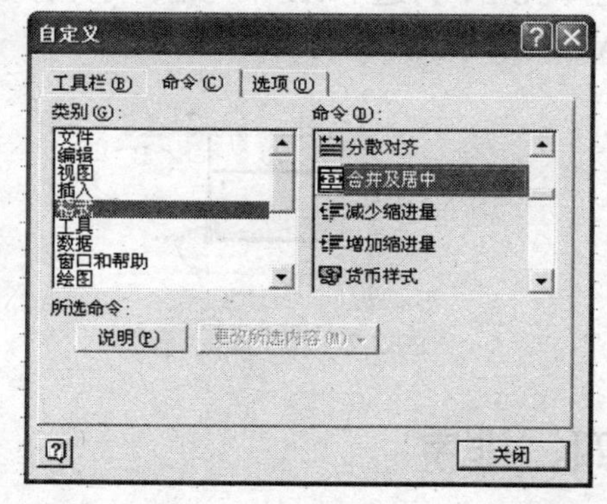

图2.1 拖放“合并及居中”单元格按钮

2. 合并单元格

合并单元格的具体操作步骤是，选定要合并的几个单元格，如选定 A1 ~ A3，单击工具栏中“合并及居中”按钮即可。

3. 拆分单元格

实际上“合并及居中”按钮本身也是一个拆分单元格的按钮。拆分已合并过的单元格操作步骤是，选中已合并过的单元格区域，单击“合并及居中”按钮即可。

二、复制或移动

1. 复制表中数据

复制表中数据其具体操作步骤为：选中要复制的单元格；单击常用按钮中的“复制”按钮；把光标定位在目标区域的左上角；再单击常用按钮中的“粘贴”按钮即可。这里需要注意的是，目标区域应没有任何数据，否则会把原有数据覆盖掉。

2. 移动表中数据

移动表中数据其具体操作步骤为：选中要移动的单元格；单击“剪切”按钮；把光标定位在目标区域的左上角；再单击“粘贴”按钮即可。

复制与移动的区别是：粘贴后，源区域中没有数据者为移动，源区域中仍保留原数据者则为复制。

三、填充

填充主要用于对有规律的数据进行自动赋值的操作，如要求把 A1 ~ A100 分别填入 1 ~ 100 的数据，若用手工录入就很麻烦，但用填充的办法就会变得非常容易、简单。

填充时，要用到一个非常重要的工具——填充柄。在选中一个区域时，该选中区域的右下角有一个小方黑点，这个小方黑点就叫填充柄，如图 2.2 所示。

又如把 A1 ~ A100 分别填入 1 ~ 100 的数据，则填充步骤为：在 A1 中录入 1；在 A2 中录入 2；选中 A1 和 A2（见图 2.2）；将光标（原为空心十字形）指向填充柄，使光标变为实心十字形；拖动鼠标直至 A100，松开鼠标即可。

若在 A1 ~ A12 中填入月份数，则填充步骤为：在 A1 中录入“1 月份”；用鼠标单击其他单元格；再选中 A1 单元格；将光标指向填充柄，使光标变为实心十字形；拖动鼠标直至 A12，松开鼠标即可。

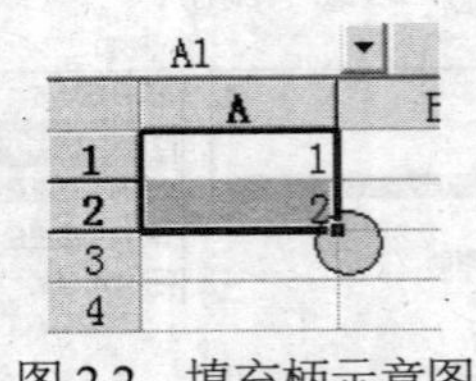

图 2.2 填充柄示意图

注意

“1 月份”不要写成“一月份”，否则填充的就都是“一月份”了。这是因为它只对阿拉伯数字有效。

四、排序

排序主要用于基本数据不变，当分组标志改变时需要重新整理资料的情况。

【案例】 某学院会计专业 091 班 16 名同学的情况如表 2.13 所示。

表 2.13 会计专业 091 班的基本情况

姓 名	性 别	年 龄	数学分数	英语分数
赵××	男	20	87	68
钱××	男	22	98	85
孙××	女	22	85	89
李××	男	23	75	92
周××	男	19	79	91
吴××	男	19	67	99
郑××	女	18	93	97
王××	女	20	86	76
冯××	女	21	85	77
陈××	男	23	84	63
褚××	男	22	81	61
魏××	男	18	72	95
蒋××	男	19	78	96

续表

姓 名	性 别	年 龄	数学分数	英语分数
沈××	男	23	82	87
韩××	女	21	65	78
杨××	女	21	78	74

若将本表资料，分别按性别、年龄、数学分数、英语分数进行排序，就应先将这些资料录入到 Excel 工作表中，这是排序的前提。

1. 将表 2.13 的资料按性别进行排序

该项工作的具体操作步骤为：选中全部数据（见图 2.3）；单击“数据”；单击“排序”，则出现“排序”对话框（见图 2.3）；在“主要关键字”的下拉菜单中选择“性别”，可默认性别后面的递增排序（也可以选择递减）；单击“确定”按钮即可。排序后的情况如图 2.4 所示。

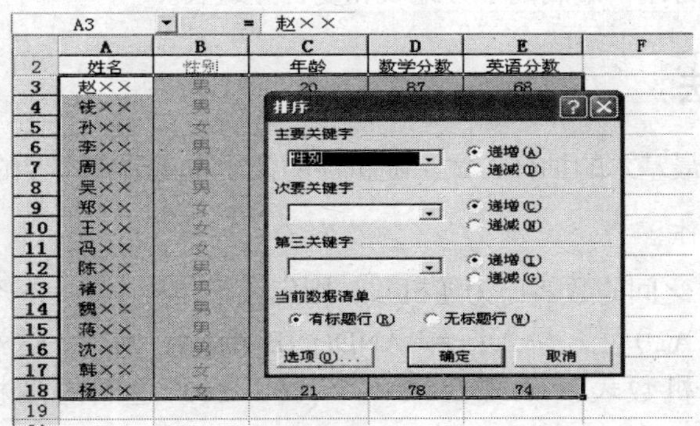

图 2.3 数据排序对话框

A3 = 陈××

	A	B	C	D	E
2	姓名	性别	年龄	数学分数	英语分数
3	陈××	男	23	84	63
4	褚××	男	22	81	61
5	蒋××	男	19	78	96
6	李××	男	23	75	92
7	钱××	男	22	98	85
8	沈××	男	23	82	87
9	魏××	男	18	72	95
10	吴××	男	19	67	99
11	赵××	男	20	87	68
12	周××	男	19	79	91
13	冯××	女	21	85	77
14	韩××	女	21	65	78
15	孙××	女	22	85	89
16	王××	女	20	86	76
17	杨××	女	21	78	74
18	郑××	女	18	93	97

图 2.4 数据按性别排序后的情况

2. 将表 2.13 的资料按性别和年龄两个标志进行排序

在用多标志排序时，需指定排序的主要标志和次要标志。本例规定以性别为主，以年龄为次，操作步骤与按“性别”排序相同，在图 2.3 所示的“排序”对话框中，“主要关键字”仍选择“性别”，“次要关键字”选择“年龄”即可。排序后的情况如图 2.5

所示。

A3 = 魏××

	A	B	C	D	E	F	G
2	姓名	性别	年龄	数学分数	英语分数		
3	魏××	男	18	72	95		
4	蒋××	男	19	78	96		
5	吴××	男	19	67	99		
6	周××	男	19	79	91		
7	赵××	男	20	87	68		
8	褚××	男	22	81	61		
9	钱××	男	22	98	85		
10	陈××	男	23	84	63		
11	李××	男	23	75	92		
12	沈××	男	23	82	87		
13	郑××	女	18	93	97		
14	王××	女	20	86	76		
15	冯××	女	21	85	77		
16	韩××	女	21	65	78		
17	杨××	女	21	78	74		
18	孙××	女	22	85	89		
19							

图 2.5　多标志排序的结果（先按性别分组，再按年龄分组）

排序后的资料，可用于编制简单分组表和复合分组表。

五、随机抽样法

纯随机抽样，是最基本的抽样方式。随机器的使用也是非常重要的一种技能。

1. 随机器的制作

若要抽取 A 与 B 之间的数值作为随机数，则应在工作表中确定一个合适的位置，把光标定在该单元格（如 A2）上；录入：=RAND()*(B-A)+A；回车。这就制成了“随机器”，它就相当于一个随机数表。如要获取一个 50～200 之间的随机数，则录入“=RAND()*(200-50)+50”后回车即可。

注意

①该随机器单元格，可长期保存，以备后用。所以，在该随机器之前的单元格中，最好标明如“50～200 之间的随机器:”的字样，以为日后提示之用；②随机器中的数字是一个带小数的随机数，使用时只取整数部分即可。

技巧点滴

随机器可自动产生整数

Excel 默认单元格数字为数值型，只要在“单元格格式设置”中将“数值”的“小数位数”设为“0”，随机器显示的即为整数随机数。如图 2.6 所示，其具体操作步骤为：单击要设置小数位数的单元格→右击，在出现的备选菜单中单击“设置单元格格式”，则出现图 2.6 形式的“单元格格式”备选框→单击“分类”下的“数值”→把“小数位数”后的数值调为“0”→单击“确定”。

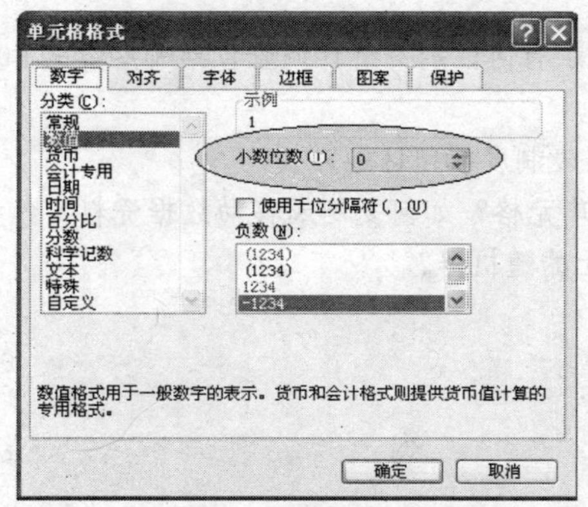

图 2.6　设置小数位数

2. 随机器的使用

（1）选中该随机器单元格（如 A2）。

（2）用 F9 取随机数。即按一次 F9 就可获得一个随机数，直到取足所需数字为止。

注意

在所取得的随机数中，有时会出现相同的数字，在不重复抽样下就应把重复数字去掉。

【案例】 若某总体 50 人，要求用不重复抽样法随机抽取 10 人为样本。

其抽样过程如下。

（1）给个体单位编号。因为总体共有 50 人，即 $N=50$。所以可用 2 位数码进行编号：01，02，03，…，50。

（2）制作随机器。从以上编码可知，其随机数的范围应为 0～50。所以录入“=RAND()*(50－0)+0”或录入“=RAND()*50”，回车即可。

（3）确定本次所抽样本。利用该随机器所确定的样本编号为：10；40；6；45；34；42；32；25；42（重复，应去掉）；16；27。

注意

每人抽取或每次抽取的样本都会不一样，这是正常的。否则就不是随机数了。

复习思考题

1. 统计记录的成果包括哪些内容？它们之间是什么关系？
2. 原始统计记录有什么特点？它们具有哪些基本形式？
3. 建立健全原始统计记录的原则和要求是什么？
4. 统计台账有什么作用？对统计台账应如何分类？它们各有什么优缺点？
5. 统计报表具有什么样的格式结构？它区别于一般统计表的部分体现在哪里？
6. 单位法人和产业活动单位有何不同？
7. 基本情况记录包括哪两个部分？为什么说它们是“落笔现在，着眼历史”的工作？

它们应包括哪些内容？

8. 统计调查与统计记录有何区别？统计调查包括哪些方式和方法？何为最好的统计调查方式和调查方法？

9. 统计报表和统计报表制度有何区别？

10. 如何合并或拆分单元格？如何复制或移动数据资料？什么样的资料适合于填充操作？如何创建Excel文档上的随机器？

第三章

统计分组与统计编码

【学习目标】

通过本章学习应当理解统计分组的含义、作用和形式，掌握统计分组标志的选择条件，掌握统计分组的方法。能够掌握统计分组技术和统计编码技术，正确选择统计分组标志，能给各个级别进行合适的级别编号。掌握 Excel 中数据透视表技术，能较熟练地运用数据透视表技术来编制品质分组表、单项式分组表和组距式分组表。

【案例导入】

某县在一次企业调查中，采取了报告法的形式进行调查，当时设计了一张调查表。当所有的调查表返回来以后，由某站负责把数字进行汇总，由于这次负责汇总工作的两个年轻人都是刚来本站工作的同志，对本站的业务还不算太熟，结果只是把各项指标进行了简单地加总，之后把结果呈报给站长“交差”。该站长很不满意，说：“没有分门别类的数字呀？”，年轻人答：“没有”，站长说：“回去，再分门别类地汇总出来”。年轻人回去了，但如何分门别类，两个年轻人谁也不知道，可又不敢再去问站长，只好问身边的一位老同志，可这位老同志却说：“我也不知道，你们还是去问站长本人吧”。

结果两个年轻人真的是不知道该怎么办了！

启发思考

（1）站长所说的“分门别类”是什么意思？

（2）汇总统计数字应该“分门别类”吗？

（3）应该如何“分门别类”地进行汇总？

（4）那位老同志说“我也不知道，你们还是去问站长本人吧”，这话说得有道理吗？为什么？

统计分组是一项非常重要的统计工作，也是统计整理的重要内容。统计分组是门“很有学问”的技术！同样一个资料，通过不同的分组竟然能够获得完全不同的结论。

一般来说，通过统计调查所搜集来的统计资料尽管它已经蕴藏了丰富的信息，但不通过统计整理，其规律性还很难充分地反映出来。通过统计分组以后的资料，如果组数或指标很多，常常需要给各组编号或给指标编码。所以，统计分组与统计编码是常常联系在一起的。

第一节 统计分组

人们日常生活中及科学研究中，常会遇到或听到一个词汇——分门别类。其词意为按事物的特征进行分类，如果按统计的术语来说，它就是一种分析方法——统计分组法。

统计分组是统计整理的第一步，它是根据研究目的和资料特点按一定标志把总体各单位划分成性质不同的若干部分的工作过程。

一、统计分组的作用

1. 把复杂的现象分为不同的类型

这就是“分门别类”的工作，以便于针对不同的类型进行详细研究。如产品按用途分为生产资料和消费资料；企业按经济类型分为内资企业、港澳台投资企业、国外投资等经济类型。

不同的分组，就可能有不同的结论。

分组是一项非常科学的工作，也是一项极为复杂的工作。对于基层统计工作人员来说，在报表时必然要用到这些分组或代码，而且在一些自己组织的经济活动分析中也必然要进行一些简单的分组，所以，我们必须要学会统计分组。

提示

统计分组可是要动脑的哟

分组不是唯一的。对于一个资料来说，可能有多种分组。一个目的，就可能需要一种分组，一个任务，也可能需要一种分组；反过来，一种分组就可能达到一个目的，换一种分组又可能达到另外一个目的。实际上，这就是“分组标志”的选择问题。

分组标志的选择，一定要与所研究的目的、任务联系起来。否则就无法判断这一分组是否合适，判断一个分组的好坏，只能看是否符合研究的目的、能否完成所要研究的任务。

分组“神奇”吗？但不要把它“玩成游戏”哟！

2. 研究现象的内部结构

社会经济现象的内部结构，决定着事物的性质。将社会现象总体的各个单位，按照一定的标志分成若干组之后，计算各组单位在总体中所占的比重，可以具体表明总体的内部结构及其在不同时期内的发展变化情况。现象的内部结构是表明现象本质特征的一个重要方面。

结构的研究就是在分组的基础上进行的。

实际中，经常分析研究的结构有：经济类型结构；产业类型结构；产品类型结构；投资类型结构；消费类型结构；技术类型结构；人才类型结构等。

3. 分析现象之间的联系和制约关系

社会经济现象的存在和发展都是相互联系和相互制约的，如产量与利润之间的关系，人均收入与总收入之间的关系等。但这些现象由于受随机因素的影响，其关系的表现往往不太确定，如果对其进行分组，就会把它们的关系表现得非常充分。

二、统计分组的形式

统计分组的依据是分组标志。一种事物或一种社会现象，其标志会有若干个，只有依其分组时所使用的标志才是分组标志。

统计分组的结果，会形成一系列具有一定内在关系的各个组别，再把与各个组别相对应的指标数值计算出来，就会形成一个统计分组表。统计分组表的一般形式如表 3.1 所示，统计分组表的具体形式如表 3.2 所示。

表 3.1　统计分组表的一般形式

分组栏	指标栏
（各个组别）	（与各个组别相对应的指标数值）

表 3.2　科技人员分布情况

地　区	人　数
牡丹江地区	
佳木斯地区	
……	

按分组栏的不同情况，可将统计分组表分为品质分组表和变量分组表两种。

（一）品质分组表

品质分组表也可称为品质数列，即分组栏的分组标志为品质标志的统计分组表。在品质分组表中，对组别的分组形式也叫品质标志分组。实际中，品质分组的情况也不少见，如人口按性别、民族、职业、婚姻状况等标志分组；工业企业按经济类型、行业隶属关系、地区等标志进行分组等，如表 3.2 所示。

品质数列能直接反映总体的性质差别，给人以明确具体的印象。

按品质标志分组，其组别只能用文字表述，若出现组间界限不易确定时应明确规定。如企业分为大型、中型、小型时，就要有一个明确的界限规定了。

统计小常识

统计分组后，对组别的要求

分组的结果，必然形成若干组别，但这些组别必须要满足下列要求。

（1）组别的完备性。即对于一个分组标志所形成的所有组别，必须能容纳所有的调查对象。

（2）组别的互斥性。即总体中任一单位都只能归属于一组，而不能同时属于多组。

以上“两性”结合在一起，也叫“不重不漏”的要求。

（3）内外有别性。即必须保证组内统计资料的同质性和组间资料的差别性。或者说，组内资料要“大同小异”，组间资料要“差异显著”。

（二）变量分组表

变量分组表也可称为变量数列，即分组栏的分组标志为数量标志的统计分组表。在变量分组表中，对组别的分组形式也叫数量标志分组。实际中，变量分组的情况是非常普遍的，如人口按年龄、身高、体重等标志分组；工业企业按职工人数、生产能力、增加值、上缴利税等标志分组。

在变量分组表中，按组别表现形式不同，又可分为单项式分组表和组距式分组表。

1. 单项式分组表

单项式分组表即以每一个标志值作为一个组别的分组表（见表3.3）。

单项式分组，适用于对离散变量且标志值变动范围不大情况下的分组。

2. 组距式分组表

组距式分组表就是以标志值的一定范围作为一个组别的分组（见表3.4）。

表3.3 单项式分组表

户人口数	户 数
1	
2	
3	
4	
5	
合 计	

表3.4 组距式分组表

计划完成程度（%）	企业数（个）
100以下	
100～110	
110～120	
120～130	
130以上	
合 计	

组距式分组，适用于连续型变量及变动范围比较大的离散变量的分组。

组距式分组表中的常用概念。

（1）上限和下限。某组最大的变量值为上限，最小的变量值为下限。如表3.4中“100～110”的组，其上限为110，其下限为100。

（2）开口组与闭口组。上下限齐全的组是闭口组，否则为开口组。如表3.4中“100以下”和“130以上”这两组就是开口组，其余都为闭口组。

（3）组距与组中值。某一组的上限与下限之差为组距，上限与下限的中点为组中值。

组距＝上限−下限，如“100～110”组的组距＝110−100＝10。

组中值＝（上限+下限）/2＝下限+组距/2＝上限−组距/2。如“100～110”组的组中值＝105。

由于开口组的组限不完整，计算组中值时一般做以下假定：开口组的组距＝邻组的组距。所以，缺上限时组中值＝下限+邻组组距/2；缺下限时组中值＝上限−邻组组距/2。

仍以表3.4为例，其组中值的计算过程如表3.5所示。

表3.5 组中值计算过程示意

计划完成程度（%）	组 中 值	组中值的计算过程
100以下	95	＝100−10/2（其中“10”为下组组距）

续表

计划完成程度（%）	组 中 值	组中值的计算过程
100～110	105	=100+10/2（其中“10”为本组组距）
110～120	115	=110+10/2（其中“10”为本组组距）
120～130	125	=120+10/2（其中“10”为本组组距）
130 以上	135	=130+10/2（其中“10”为上组组距）

（4）连续分组与不连续分组。相邻两组的上下限相同者（即上组上限＝下组下限）为连续分组，否则为不连续分组。例如，对某企业工人日产量情况进行分组时，组别的两种形式如下。

连续型分组	不连续型分组
40～50	40～49
50～60	50～59
60～70	60～69

在一般情况下，连续变量应采用连续型分组，而离散变量既可采用离散型分组，也可采用连续型分组。

统计小常识

统计的默认情况

（1）在连续分组时，上限不包括在内。这样，不论哪种形式的分组，对于资料的归组来说就都一样了。如上例中，若某人日产量为 50 件，不论按照“连续型分组”还是按“不连续型分组”都应归入第二组。

（2）在不连续型分组情况下，组中值的计算方法有所不同。这时，先把上组限加 1 再进行计算：即不连续型分组时的组中值＝（上限+下限+1）/2。这样，不论哪种形式的分组，对于组中值来说就都一样了。

（5）等距分组与异距分组。各组组距都相同的分组为等距分组，否则为异距分组。具体应该采用哪种分组，应该根据有关规定、人们的习惯、事物所处的历史条件等来确定，而不是“愿意怎么分组就怎么分组”。

三、统计分组的方法

统计分组方式确定之后，还有一个如何安排组别的问题。这就是统计分组方法问题。按选择的分组标志多少不同，可分为单标志分组法和多标志分组法。

（一）单标志分组法

单标志分组法是指对总体只按一个标志进行的分组。它经常按时间、空间、某一特征或某一指标进行分组。

1. 按时间分组

按时间分组，其组别均为时间，形成时间分组表，也叫动态数列（见表 3.6）。

2. 按空间分组

按空间分组，则形成空间分组表，也叫分布数列或分配数列（见表 3.7），所形成的组别为地区、国家名称、行政区划、单位名称等。

表 3.6　时间分组表

年　份	产值（万元）
2007	
2008	
2009	
2010	

表 3.7　空间分组表

地　区	企业数（个）
宁安市	
海林市	
穆棱县	
林口县	

3. 按特征或指标分组

按特征或指标分组，则形成特征分组表（见表 3.8）。

表 3.8　特征分组表

经济类型	企业数（个）
内资企业	
港澳台投资	
外商投资	

特征分组表，是最常见的单标志分组表。如按所有制分组、按计划完成程度分组等。它的分组标志是除了表示时间和空间以外的所有标志。

（二）多标志分组法

多标志分组法是指对总体按两个或两个以上的标志进行的分组。它又可以分为平行分组法、复合分组法和不规则分组法。

1. 平行分组法

平行分组法即各分组标志之间呈并列关系的分组方法。与平行分组法所对应的分组表为平行分组表（见表 3.9）。

表 3.9　平行分组表

组别		职工人数
性别	男	
	女	
年龄	25 岁以下	
	26～59 岁	
	60 岁以上	

表 3.10　复合分组表

组别		职工人数
男	25 岁以下	
	26～59 岁	
	60 岁以上	
女	25 岁以下	
	26～59 岁	
	60 岁以上	

2. 复合分组法

复合分组法是把总体各单位先按一个标志进行分组，在此基础上再按另一标志重叠起来进行分组，即分组标志之间呈复合关系（或重叠关系）。与复合分组法所对应的分组表为复合分组表（见表 3.10）。在复合分组法中，第 1 次分组时所依据的分组标志为主要分组标志，第 2 次分组时所依据的分组标志则为次要分组标志，等等。但一般情况下，复合分组时不能超过 3 个分组标志。

注意

选择分组法的原则是“能简则简”。一般来说，单标志分组表反映的问题单一，多标志分组表反映的问题就更全面，复合分组表又比平行分组表更能详细地反映问题。但在选择分组法时，能以最简单的分组法解决问题时，就一定选择最简单的分组法。同理，在设计或使用统计表时也应该是：能用单标志分组表时就不用多标志分组表，能用平行分组表时就不用复合分组表。

统计小常识

如何判别平行分组与复合分组

（1）看分组标志是否分主次。平行分组表中的分组标志不分主次；而复合分组表中的分组标志则有主次之分。

（2）看组别名称是否出现分组标志。平行分组表中的组别会有分组标志出现；而复合分组表中的组别则不会有分组标志出现。如按性别分组，在平行分组表中应有“性别”字样出现，而在复合分组表中不会有“性别”字样出现，只能有“男”、“女”所构成的组别出现。

（3）看指标栏的数字反映了几个分组标志的特征。平行分组表中的任意一个指标数值，只能反映出一个分组标志的特征；而复合分组表中的任意一个指标数值，都能反映出多个分组标志的特征。

（4）看所分出来的组别数。平行分组表中，组别数 = 各分组标志所分组数之和；复合分组表中，组别数 = 各分组标志所分组数之积。

3. 不规则分组法

在多标志分组中，除了平行分组和复合分组外，实际中还有一种“不规则” 分组法，这种分组法就是从多种需要的实际出发，把多种分组标志的分组综合到一个统计分组表中（见表 3.11）。此种分组表，也可称为“不规则分组表”，这种分组表是实际工作中最为常见的。实际上，在这种分组表中，既有平行分组也有复合分组，既有完全分组（即列出某一分组标志所分出的全部组别）也有不完全分组。

表 3.11　不规则分组表（工业普查主要指标增减变动计算表）

项　目	计 量 单 位	××年	××年	年增长率（%）
资产总计	千元			
#流动资产合计	〃			

续表

项　　目	计 量 单 位	××年	××年	年增长率（%）
#产成品存货	〃			
固定资产合计	〃			
#固定资产净值	〃			
负债合计	〃			
所有者权益合计	〃			
产品销售收入	〃			
#产品销售税金及附加	〃			
利润总额	〃			
工业增加值率	%			
主要工业产品生产量				
（1）				
（2）				
（3）				

四、组别编号

组别编号，就是对统计分组所形成的组别，按其层次的不同而赋予不同的数码代号。一般位于组别的前面。组别编号的作用：①确定位次；②区分层次；③便于过录和汇总。

（一）单标志分组的组别编号

单标志分组时，其组别按顺序进行编号即可（见表 3.12）。

表 3.12　空间分组表

地　　区	工业增加值（万元）
1. 宁安市	
2. 海林市	
3. 穆棱县	
……	

一般来说，时间分组表中的组别不用编号（见表 3.6）；空间分组表和特征分组表中的组别，若组数不多也可不编号（见表 3.7、表 3.8）；若组数较多时可按顺序进行编号。

（二）多标志分组的组别编号

对于多标志分组一般应按不同层次进行编号（见表 3.13、表 3.14）。但若组数不多又较规则的分组，也可不编号（见表 3.9、表 3.10）。

表 3.13　某乡农业总产值情况

分　　类	总产值（万元）
一、农业	
（一）种植业	
1. 主产品	
（1）谷物	
（2）豆类	

表 3.14　某地企业的分布情况

分　　类	企 业 个 数
一、国有企业	
（一）大型	
（二）中型	
（三）小型	
二、私营企业	

续表

分　类	总产值（万元）
⋮	
2. 副产品	
（1）谷物副产品	
（2）其他副产品	
（二）其他农业	
（三）采集野生植物	
二、林业	
三、牧业	
四、渔业	

续表

分　类	企业个数
（一）大型	
（二）中型	
（三）小型	
合　计	

第二节　统计编码

统计编码，就是简单化、阿拉伯数字化的组别编号。一般位于组别的右面，并单占一栏的位置。统计编码除具有组别编号的作用外，还具有便于机器识别和计算的作用。当分组特别多的情况下，统计编码就更能显示其优越性。

实际上，统计编码在日常工作中也常有应用。如分章节的法规、章程、论文、科技书刊等的排序与编号，也都常用统计编码的形式进行编号。

一、统计编码的种类

统计编码，一般可分为顺序码、类型码、层次码和不规则编码等。

（一）顺序码

顺序码是指仅能说明指标在表中排列顺序的编码。它又有不等位码和等位码之分（见表 3.15）。有了顺序码，读指标时非常方便。

表 3.15　顺序码的编码示意表（某县农业总产值情况）

分　类	不等位码	等位码	总产值（万元）
一、农业产值	1	01	
（一）种植业	2	02	
1. 主产品	3	03	
（1）谷物	4	04	
（2）豆类	5	05	
⋮	⋮	⋮	
2. 副产品	16	16	
（1）谷物副产品	17	17	
（2）其他副产品	18	18	

续表

分类	不等位码	等位码	总产值（万元）
（二）其他农业	19	19	
（三）采集野生植物	20	20	
二、林业产值	22	22	
三、牧业产值	26	26	
四、渔业产值	40	40	

1. 顺序码的编码规则

（1）从小到大顺序编码。

（2）中间无空码。

（3）编制等位码时，若有效数字的位数不够，应用“0”在前面补位。

2. 顺序码的缺点

（1）分不清层次。即从编码上看不出来该指标处于整个分组的哪一层次上。

（2）追加新码时，会改变原码。因而，顺序码多用于临时性的编码。

（二）类型码

类型码也可叫区段码，即通过规定不同的码段来区分指标大致类型的编码。它也有不等位码和等位码之分（见表3.16）。

表3.16 类型码和层次码的一般形式

组别	类型码		层次码	
	不等位码	等位码	不等位码	等位码
一、×××	1	001	1	100
（一）×××	2	002	11	110
1. ×××	3	003	111	111
2. ×××	4	004	112	112
（二）×××	5	005	12	120
1. ×××	6	006	121	121
2. ×××	7	007	122	122
3. ×××	8	008	123	123
（三）×××	9	009	13	130
二、×××	51	051	2	200
（一）×××	52	052	21	210
（二）×××	53	053	22	220
1. ×××	54	054	221	221
2. ×××	55	055	222	222
三、×××	101	101	3	300

续表

组　别	类型码		层次码	
	不等位码	等位码	不等位码	等位码
（一）×××	102	102	31	310
1. ×××	103	103	311	311
2. ×××	104	104	312	312
（二）×××	105	105	32	320
四、×××	151	151	4	400

实际上，类型码是以不同的数码段来区分层次或类型，编码前必须要事先规定码段，如 50 以内为第 1 段，51～100 为第 2 段，等等。

1. 类型码的编码规则

（1）对不同的类型的指标规定不同的数码段。

（2）在每一类型中按顺序进行编码。可见，在某一类型中仍为顺序码。

2. 类型码的优点

类型码比顺序码进了一步：它在编码时给不同类型的指标留出了空码，以备后续增加指标时进行赋码。

3. 类型码的缺点

（1）某一类型中若有追加指标，仍然可能影响本类指标的原有编码。

（2）如果组别较多，编码后不知道共有多少个组别。

（三）层次码

层次码是指能说明指标在表中排列层次的编码。它又有不等位码和等位码之分（见表 3.16）。

1. 层次码的编码规则

（1）不等位码。它以位数区分层次；层次越高，位数越少；层次越低，位数越多。

（2）等位码。它用特征码来区分层次；□00 为第 1 层；□□0 为第 2 层；□□□为第 3 层；等等（其中：□表示除“0”以外的阿拉伯数字）。

2. 层次码的优点

应该说层次码是一种比较理想的编码方法，当追加新码时，不会改变原码。这就可以在较长时间内把指标代码与某个指标的联系固定起来。所以，层次码可用于“永久性分组”的编码。

3. 层次码的缺点

如果组别较多，用层次码编码后也不知道共有多少个组别。

（四）不规则编码

不规则编码是指以“方便使用”为原则的指导下，采取灵活多样的编码规则而进行的编码。如按简称编码、按字母顺序编码、按地理位置编码等。

二、常用的几种统计编码

（一）经济成分分类与代码

2001 年国家统计局《关于统计上划分经济成分的规定》中的经济成分分类与代码，它属于不等位层次码（见表 3.17）。

表 3.17　经济成分分类与代码

经济类型	代码
公有经济	1
国有经济	11
集体经济	12
非公有经济	2
私有经济	21
港澳台经济	22
外商经济	23

其编码规则如下。

（1）第 1 层次，用 1 位数字的顺序码。

（2）第 2 层次，用双位数码且分前后两段，前一段保留上层代码，后一段为本层顺序码。

（3）适当留出“空位码”以备后用。如非公有经济中现有三组，若再增加一组可编为 24。

（二）国民经济行业分类与代码

主要介绍以“中华人民共和国国家标准 GB/T 4754—94”文件下发的《国民经济行业分类与代码》。它属于不等位层次码（见表 3.18）。

表 3.18　国民经济行业分类与代码（节选）

行业类别	门类	大类	中类	小类
一、农林牧渔业	A			
（一）农业		01		
1. 种植业			011	0110
2. 其他农业			019	0190
（二）林业		02	020	0200
（三）畜牧业		03		
1. 牲畜饲养放牧			031	0310
2. 家禽饲养业			032	0320

续表

行业类别	门　类	大　类	中　类	小　类
3. 狩猎业			033	0330
4. 其他畜牧业			039	0390
（四）渔业		04		
1. 海洋渔业			041	
（1）海水养殖业				0411
（2）海洋捕捞业				0412
2. 淡水渔业			042	
（1）淡水养殖业				0421
（2）淡水捕捞业				0422
（五）农林牧渔服务业		05		
1. 种植业服务业			051	0510
2. 其他农业服务业			059	0590
二、采掘业	B			
（一）煤炭采选业		06		
1. 煤矿开采业			061	0610

其编码规则如下。

（1）门类代码。用1位字母顺序码A，B，C，…，P。共16个门类。

（2）大类代码。用2位数字顺序码01～99，但留出一定数量的空码。其中缺码：38、66、69、71、77、88、98等，以备后用。

（3）中类代码。用3位数字顺序码011～099（中间留出若干空码）。

（4）小类代码。用4位数字顺序码0110～0990（中间留出若干空码）。在小类代码中，形如□□□□（即大中小类各位码均不为“0”）者为真小类；形如□□□0者为假小类，即中小类合计。如0510为“种植业服务业”，它下面不再划分“小类”，实际上与051相同。

（5）在中类和小类中，末位逢“9”者为收容类，即“其他……”项。如019为其他农业，039为其他畜牧业，1439为其他罐头食品制造业等。

（三）国别（地区）统计代码

此代码属于等位层次码（见表3.19）。

表3.19　国别（地区）统计代码（节选）

国家（地区）名称	代　码	国家（地区）名称	代　码	国家（地区）名称	代　码
亚洲	100	斯威士兰	257	北美洲	500
阿富汗	101	非洲其他国家	299	加拿大	501
巴林	102	欧洲	300	美国	502
中国香港	103	英国	303	北美洲其他国家	599
日本	116	德意志	304	大洋洲	600
中国	142	俄罗斯	344	新西兰	601
中国台湾	143	欧洲其他国家	399	大洋洲其他国家	699
亚洲其他国家	199	拉丁美洲	400	国别不详的	701

续表

国家（地区）名称	代码	国家（地区）名称	代码	国家（地区）名称	代码
非洲	200	巴西	410	联合国及所属机构和其他国际组织	702
阿尔及利亚	201	墨西哥	429		
安哥拉	202	拉丁美洲其他国家	499		

其编码规则如下。

（1）洲代码为：□00。

（2）国家或地区代码为：□□□。

（3）洲内其他国家或地区代码为：□99。即为收容类代码。

（4）两个特殊码为：701、702。分别用来表示："国别不详的"和"联合国及所属机构和其他国际组织"。

（四）县级行政区划代码

行政区划代码，是指行政单位及个人所在地区的行政区划代码（不是邮政编码）。这一级的行政区划代码属于等位类型码，其形式为6位数代码：

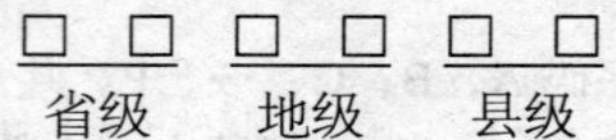

其编码规则如下。

（1）前两位数字是省级代码。均为等位类型码形式（见表3.20）。

（2）中间两位数字是地区级（省辖市、州、盟及直辖市所属的市辖区和县等）代码。如牡丹江市为10。亦为等位顺序码的形式。

（3）后两位数字是县级（省辖市的辖区、地辖市、省辖的县级市、旗等）代码。如宁安市为牡丹江市所辖的县级市，其代码为84，所以，宁安市的完整代码为231084。

个人身份证的前6位数字，就是所在省地县的行政区划代码。

表3.20 全国省级行政区划代码一览表（2006.12.31）

行政区	代码	行政区	代码	行政区	代码	行政区	代码
北京	11	上海	31	湖南	43	陕西	61
天津	12	江苏	32	广东	44	甘肃	62
河北	13	浙江	33	广西	45	青海	63
山西	14	安徽	34	海南	46	宁夏	64
内蒙古	15	福建	35	重庆	50	新疆	65
辽宁	21	江西	36	四川	51	台湾	71
吉林	22	山东	37	贵州	52	香港	81
黑龙江	23	河南	41	云南	53	澳门	82
		湖北	42	西藏	54		

（五）乡镇级区划代码

乡镇级区划代码见《县以下行政区划代码编码规则（GB 10114—88）》。乡镇级区划代码属于等位类型码。其形式为9位数代码（实际上是后3位），并分成两段，前一段为省地县的行政区划代码共6位，后3位才是该乡镇的区划代码。其全码形式为

□□□□□□—□□□

第一段　　第二段

其编码规则如下。

（1）第一段代码。即该乡镇所在省、地、县的区划代码。

（2）第二段代码。即该乡、镇的区划代码。该代码是按不同类型分段赋码的（见表3.21）。

表3.21　乡镇级区划代码的分段

乡镇级行政单位	代码的区段
街道	001～099
镇	100～199
乡	200～399
政企合一单位	400～599

（六）全国企事业单位和社会团体代码

这一代码属于等位类型码。它由9位数码所构成，分成8位本体码和1位校验码两段，其全码形式为

□□□□□□□□—□

本体码　　校验码

其中本体码仍为等位区段码；校验码是设计了一个与代码数字有直接关系的计算项，检验机关和人员可据此来判断该代码是否有误。

（1）本体码的区段规定。8位本体码，由国家统一分配区段；若需自行赋码，其区段应在以下范围内：80000000～99999999。

（2）校验码的使用。若把单位团体代码表示为 $\boxed{C_1}\boxed{C_2}\boxed{C_3}\boxed{C_4}\boxed{C_5}\boxed{C_6}\boxed{C_7}\boxed{C_8}$—$\boxed{C_9}$ 的形式，则校验码的检验公式为

$$C_9=11-\mathrm{MOD}(\Sigma C_iW_i;\ 11)$$

其中，MOD为求余函数。式中MOD（ΣC_iW_i；11）表示把ΣC_iW_i除以11后而取其余数。W_i为第i位置上的代码加权因子（见表3.22），应能熟记。

表3.22　企事业单位和社会团体代码的加权因子

C_i	C_1	C_2	C_3	C_4	C_5	C_6	C_7	C_8
W_i	3	7	9	10	5	8	4	2

【案例】 某企业营业执照上的法人代码为24793766—3，问该代码是否正确？

因为：

$$C_9=11-\mathrm{MOD}(2\times3+4\times7+7\times9+9\times10+3\times5+7\times8+6\times4+6\times2;11)$$
$$=11-\mathrm{MOD}(294;11)=11-8=3$$

可见该代码是正确的。

表3.23　校验码的填写方法

C_9的计算值	1～9	10	11
C_9的填写值	1～9	×	0

注意

C_9的填写方法如表3.23所示。

具体的编码规则见《全国企事业单位和社会团体代码编制规则（GB 11714—89）》。

第三节 Excel 中的数据整理

统计分组的最终结果是形成统计分组表，而从统计分组到形成统计分组表，是统计整理中的一项非常重要的工作，也是一项很繁重的工作。然而，利用 Excel 的数据整理功能，数据整理工作就会简单快捷得多。

一、数据透视表

数据透视表，即把原始数据整理成统计分组表的技术。此项技术在 Excel 中被称为透视表技术。仍以表 2.13 中的性别资料为例，用统计其中的男、女生人数来说明透视表技术的运用（实际上就是品质分组表的整理过程）。

首先确定将来的品质分组表应该存放的位置，即将光标移到表内不含数据的空白位置。

（1）单击图 3.1 所示菜单栏“数据”菜单项，打开下拉菜单，单击执行“数据透视表和图表报告”命令，出现图 3.2 所示对话框；在“请指定待分析数据的数据源类型”中选择“Microsoft Excel 数据清单或数据库”；在“所需创建的报表类型”中选择“数据透视表”；单击“下一步”按钮，出现图 3.3 所示的对话框。

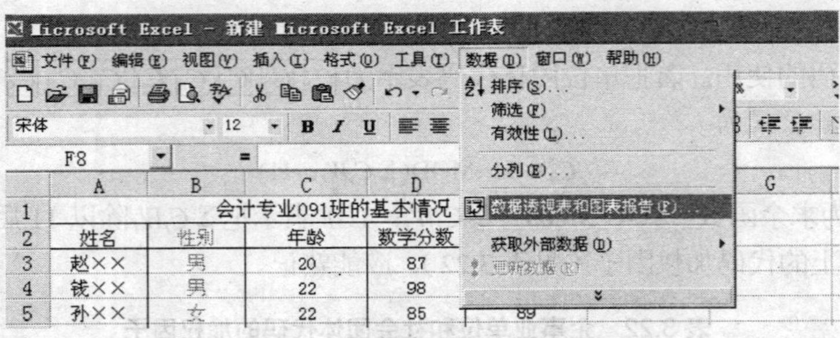

图 3.1 数据透视表的第 1 步

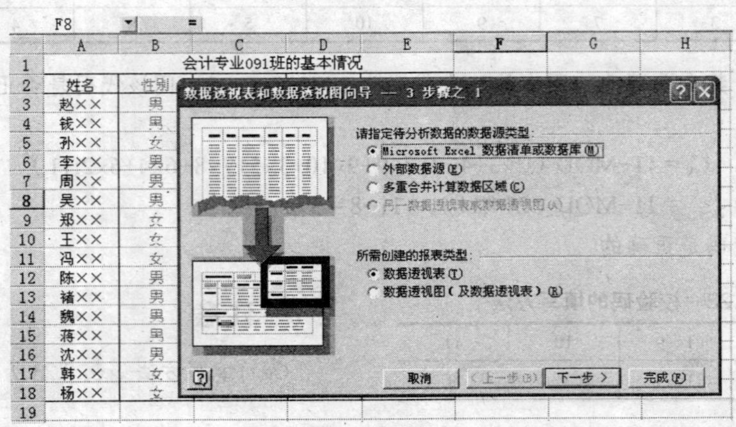

图 3.2 数据透视表的第 2 步

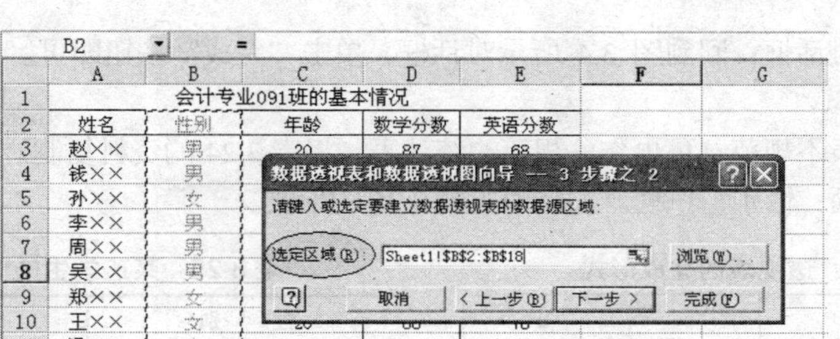

图 3.3　数据透视表的第 3 步

（2）在图 3.3“选定区域”中导入性别数据（即用鼠标选中表 2.13 中“B2 至 B18”的所有性别数据）；单击“下一步”按钮，出现图 3.4 的对话框。

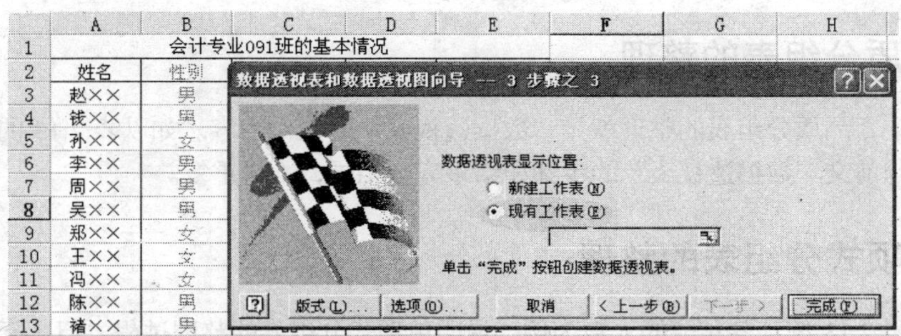

图 3.4　数据透视表的第 4 步

（3）在“数据透视表显示位置”中选择“现有工作表”；单击“版式”按钮，出现图 3.5 所示的对话框。

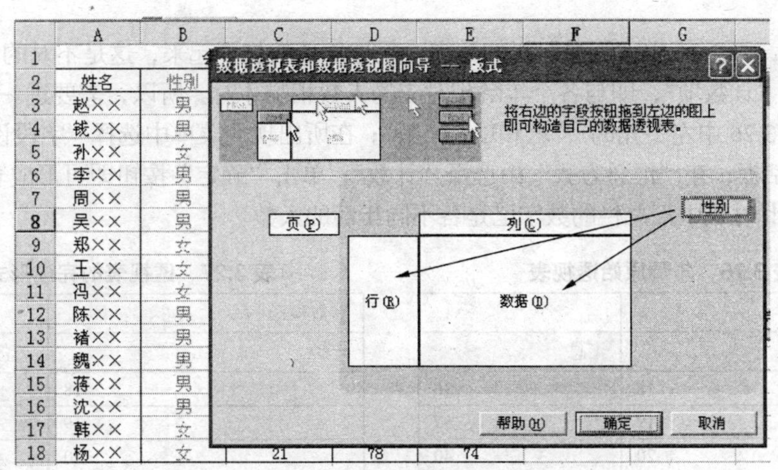

图 3.5　数据透视表的第 5 步

（4）图 3.5 中的主体部分（即标为“行”、“列”、“数据”的方框），就是将来要形成的品质分组表的版式，版式中右边的“性别”按钮，是个活动按钮，拖动“性别”按钮到版式中“行”的位置；再拖动“性别”按钮到版式中“数据”的位置；单击“确定”按钮，出现一个新的对话框；回到图 3.4 所示对话框，单击“完成”按钮即可。其结果如表 3.24 所示。

若觉得该表不规范，可再作一规范的统计表，将表 3.24 的资料复制过来即可，注意不可复制“计数项：性别”一栏。如整理成表 3.25 的形式。

表 3.24 透视表的完成形式

计数项：性别	
性别	汇总
男	10
女	6
总计	16

表 3.25 某班学生的性别情况

性 别	人 数
男	10
女	6
合计	16

二、品质分组表的整理

实际上，品质分组表的整理就是“数据透视表”的操作内容。如以表 2.13 的性别资料为例，则与前文“数据透视表”的步骤和结果完全相同，不再重复。

三、单项式分组表的整理

仍以表 2.13 统计各年龄的人数为例，说明单项式分组表的整理过程。但实际上，其操作过程都与品质分组表的整理过程相同，只是所形成的数据透视表的形式稍有不同而已。

重复本节“一、数据透视表”中的步骤（1）~（4），注意在步骤（2）中导入的是年龄数据，在步骤（4）中改将“年龄”按钮拖动到“行”及“数据”的位置。最终结果如表 3.26 所示。

很显然，表 3.26 中“汇总”栏的数字，是把年龄数加了起来，这是不对的。表中“汇总”数应是“计数项”，即与各个年龄相对应的人数相加才对。所以，需要进一步处理。

右击表 3.26 中左上角的 “求和项：年龄”；在所出现的菜单中选择“字段设置”，出现图 3.6 的对话框；在“汇总方式”中选择“计数”；单击“确定”按钮即可形成表 3.27 的数据透视表。此时表中汇总栏的数字已是各不同年龄的人数。

表 3.26 年龄原始透视表

求和项：年龄	
年龄	汇总
18	36
19	57
20	40
21	63
22	66
23	69
总计	331

表 3.27 透视表的完成形式

计数项：年龄	
年龄	汇总
18	2
19	3
20	2
21	3
22	3
23	3
总计	16

按表 3.27 中的数据，可再整理成如表 3.28 所示的规范表格。

数据透视表字段
源字段：年龄
名称(M)：计数项：年龄
汇总方式(S)：
求和
计数
平均值
最大值
最小值
乘积
计数值
确定
取消
隐藏(H)
数字(N)...
选项(O) >>

图 3.6　把求和项调整为计数项

表 3.28　某班学生年龄分布表

年　龄	人　数
18	2
19	3
20	2
21	3
22	3
23	3
总计	16

四、组距式分组表的整理

组距式分组表的整理即根据原始数据整理出组距式分组表的技术。仍以表 2.13 的“数学分数”资料为例，来说明组距式分组表的整理过程。

（1）设计如表 3.29 中前两列所示的整理表。

表 3.29 中“分组”栏应按照统计整理的任务和要求进行设计；“分隔点”栏的数字，为各个组别的实际上限（只有 90～100 这一组除外）；本例的最终结果是要整理出最后一栏的数字，即表 3.29 中第 3 栏的“人数（频数）”。

（2）先求出第一组的频数。把光标定位在第 1 组频数的位置上（见图 3.7 的 H6 单元格）；输入“= FREQUENCY（D3：D18，G6：G10）”后回车。但回车后只出现第 1 组的频数，此资料中第一组频数为 0。

其中，FREQUENCY 为求“频数”的函数；D3：D18 为原始数据的范围（见图 3.7），它表示从 D3 到 D18 的所有数据；G6：G10 为间隔点的范围（见图 3.7）。

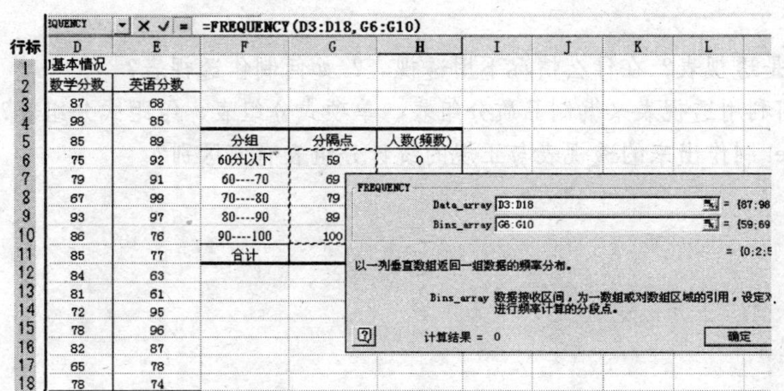

图 3.7　组距数列的整理

（3）用填充法求出其他各组的频数。选中第 1 组频数所在的单元格 H6；按住填充柄向下拖，直到最后一组的频数单元格 H10 为止（注意：此时在各组频数位置上所出现的数值并不是真正的频数）；按功能键 F2；同时按住 Ctrl 和 Shift 键，再按 Enter 键即可。其结果如表 3.29 的第 3 栏所示。

（4）编制正规的组距式分组表。在表3.29的基础上去掉“分隔点”一栏即可，如表3.30所示。

表 3.29 组距式透视表的整理表

分 组	分 隔 点	人数（频数）
60分以下	59	0
60～70	69	2
70～80	79	5
80～90	89	7
90～100	100	2
合 计	—	16

表 3.30 会计091班数学成绩情况

数 学 分 数	人 数
60分以下	—
60～70	2
70～80	5
80～90	7
90～100	2
合 计	16

复习思考题

1. 统计分组有何作用？如何选择分组标志？

2. 统计分组表由哪两个部分构成？数字栏只能是一栏吗？

3. 什么样的分组表是品质分组表、单项式分组表、组距式分组表？它们都适合于什么情况下的分组？

4. 在连续分组时，上组限应如何处理？

5. 统计分组的方法有哪些？多标志分组中又有哪些方法？选择分组法的原则应是什么？

6. 如何区分一个分组表是平行分组表还是复合分组表？

7. 什么是统计编码？什么是顺序码、类型码和层次码？它们各自都有什么优缺点？

8. 个人身份证的号码，其前6位是什么代码？你知道你所在的省、地、县的行政区划代码吗？

9. 什么是透视表？在什么情况下用透视表？如何制作透视表？

10. 如何利用透视表来编制品质分组表、单项式分组表、组距式分组表？

11. Excel制作出来的透视表与正规的统计分组表有何区别？

第四章 统计汇总

【学习目标】

通过本章的学习，要求掌握统计汇总的概念，理解统计汇总在统计工作中的地位和作用，理解统计汇总的组织形式，掌握统计汇总的步骤，掌握常用的手工汇总技术及 Excel 汇总技术。

【案例导入】

某学院食堂服务满意度调查资料汇总纪实

2009 年 12 月，某职业技术学院 08 级市场营销专业 1 班的学生受后勤集团的委托，针对该院在校生进行了为期一周的食堂服务满意度问卷调查，共发放并收回 1 200 份有效问卷。

该班委决定采用逐级汇总的组织方式，将全班 30 名学生分为 5 个调查小组，每组 6 人，每人负责 40 份问卷的调查、审核及汇总，并将汇总资料交给本组组长，由组长审核后，加总得出本组汇总资料并交给班委，班委审核各组汇总资料，加总得出全部汇总资料。

在汇总方法方面，该班委规定，对于封闭型问题的答案，编码录入后，采用 Excel 进行分类汇总，合并计算；对于开放型问题的答案，采用点线法分类汇总。

启发思考

(1) 何为逐级汇总？该班委可采用集中汇总方式吗？若可，具体应怎样操作？

(2) 在汇总方法的选择上，该班委的做法恰当吗？

统计汇总，是统计资料整理的重要内容。它是在统计分组的基础上，将各单位或各单位标志值归集到相应的组别，计算出各组单位数或标志值，最后再计算出单位总量或标志总量，使零星、分散的统计调查资料转化为系统综合的统计资料的工作过程。

第一节 统计汇总方式

统计汇总方式，是指按照一定的统计管理体制，将统计资料自下而上进行汇总的组织形式。常用的统计汇总方式有逐级汇总和集中汇总。

一、逐级汇总

逐级汇总是指按照一定的统计管理体制，将统计调查资料自下而上逐级上报并层层汇总，直至最高机构。在传统的技术条件下，逐级汇总是一种主要的汇总方式，广泛适用于各种调查。我国现行的统计报表制度仍在使用这种汇总方式，其具体过程是，填报单位根据在地原则，将生产经营情况编成统计报表上报到所属县市统计局，然后由县市统计局汇总后上报到省统计局，最后由省统计局再次汇总后上报到国家统计局。目前，只有条件成熟的规模以上企业在逐级上报的同时，采用联网直报。

采用逐级汇总方式有利于就地审查核对资料，便于及时更正差错，能满足各级管理部门对统计资料的需要，有利于发挥各级统计部门的作用，充分利用其优势。与此同时，每级综合单位都是在低一级综合表的基础上工作，而不能把握基层表数据，由于汇总层次多，反复转录资料，发生登记性误差的可能性较大，不但上报周期长，效率低下，而且易出现中间层次干扰而导致统计信息失真的现象。此外，由于汇总的层次多，易泄密，不适于汇总保密性资料。

二、集中汇总

集中汇总是指将基层单位的统计资料直接集中到组织统计调查的最高机构或某一级的统计机构统一汇总。按照集中程度，可分为越级汇总和超级汇总。

越级汇总是指在自下而上的汇总过程中，越过某些中间层次而进行的汇总。具体越过的层次，需根据汇总的目的、任务及具体情况而定。越级汇总的特点，介于逐级汇总和超级汇总之间。

超级汇总，即在自下而上的汇总过程中，越过一切中间层次，将统计调查资料由基层直接上报到组织统计调查的最高机构统一汇总。

由于汇总的层次少，汇总业务集中，超级汇总更便于采用先进的汇总技术，提高汇总效率，保证汇总资料的及时性和准确性。在传统的技术条件下，超级汇总不能满足中间层次管理的需要，也不便于充分利用各级统计资源，适用范围较窄，主要用于时效性要求高的统计调查及汇总保密性资料。

以现代信息技术为平台的联网直报，突破了这种局限，集多种优势于一体，便于提高统计工作的质量及效率，使超级汇总具有了更为广泛的适用性。联网直报对统计工作、统计人员提出了更高的要求，在我国各主要专业统计工作中，要广泛实行联网直报的目标，还需要做大量艰苦细致的工作，任重而道远。

拓展阅读

统计数据联网直报

随着现代信息技术的迅猛发展，网络化已成为我国统计改革工作中的一项重要内容。联网直报，是一种借助计算机网络和统计数据采集及处理业务系统实现企业直接上报统计报表的超级汇总方式。截至 2009 年年底，国家统计局已初步建成工业企业联网直报系统、5 000 家重点房地产企业直报系统及农村统计调查直报系统，2.5 万家大中型企业通过工业企业联网直报系统报送统计数据。

联网直报系统设定不同的用户群及其相关属性，提供了严格的用户认证机制以及权限许可机制。不同的用户具有不同的属性和权限，可以得到不同的服务。企业经由认证中心（Certificate Authority, CA）认证，其报表可直接上报进入国家统计局数据库系统，各级统计部门根据不同的权限获取所需的统计数据。

联网直报方式使统计工作发生了显著的变化：报表的载体由纸介质报表转变为电子报表，传递手段由过去的邮递、电报、传真或人工报送转变为计算机网络传输，统计汇总方式由逐级上报、层层汇总转变为直接上报、超级汇总，数据计算方式由人工计算、检查转变为计算机程序自动计算、平衡校验。

联网直报具有直接上报、超级汇总、快捷方便、及时准确、各取所需、信息共享的特点，随着使用范围的逐步扩大及系统功能的日益完善，必将成为未来统计工作的主流方式。

启发思考

（1）联网直报与逐级汇总有何异同？

（2）联网直报是否有可能完全取代逐级汇总？

（3）在采用联网直报的情况下，是否还需要手工汇总技术？

第二节　统计汇总技术

一、统计汇总技术概述

（一）统计汇总技术的概念

统计汇总技术，是指将同级单位的统计调查资料进行汇总的方法。分为手工汇总技术与计算机汇总技术。

（二）统计汇总的步骤

1. 设计汇总方案

汇总方案是根据调查目的与分析要求对统计调查资料的汇总所做的计划和安排。汇总方案的设计包括内容与形式两个方面。

（1）内容设计。包括整个汇总工作的全部组织及计划安排。如汇总工作的组织领导，有关部门的配合、协调与责任，汇总的具体时间安排，汇总的组织形式与技术，资料审核的要求和方法，需汇总的指标、分组标志与分组体系，汇总资料的报送程序和发表方式等。其中以汇总指标及分组体系最为关键。

（2）形式设计。包括一整套空表（内含分组体系和汇总指标名称）与填表说明。

2. 汇总前的审核及处理

对调查取得的原始资料，主要从完整性与准确性两个方面审核。完整性审核主要是检查所调查的单位或个体有无遗漏，所有的调查项目是否填写齐全等。准确性审核主要是检查资料是否客观真实、是否计算正确，常用逻辑检查与计算检查两种方法。对于漏记、错记的数字，必须补齐、更正，一般应通知原单位进行核实并修正。

对调查取得的二手资料，应着重审核资料的适用性和时效性。调查者应弄清楚资料的来源、口径及有关的背景，以确定这些资料是否符合研究的需要，不能盲目照搬。此外，对于时效性较强的问题，要注意审核资料是否已经过时。

3. 数据录入

如果采用手工汇总，则直接进入第 4 步。在采用计算机汇总的条件下，数据录入的质量直接关系到整个汇总工作的成败。在手工录入的条件下，控制数据录入质量，可采用以下三种方法。

（1）重复录入法。即对每个单位的各项统计资料都重复录入两次或多次，再由计算机进行自动对照，如有不同，由录入人员进行纠正。这种方法工作量大，一般较少采用。

（2）检验平衡项目法。即在报表中设置检验指标的平衡项目，随各指标一并录入，在填报表时一起计算出来，然后命令计算机对有关指标数值进行计算并与平衡项目对照，如果两者相同，说明录入无差错；如果不同，则由录入人员查找原因并纠正。或事先将报表中的各种逻辑关系设计为计算机程序，录入时由计算机程序自动计算，平衡校验。

（3）预值控制法。即对录入的一些编码和指标数值，事先设定一定的控制范围值，当录入的数据超出范围时，计算机不予接受。

4. 归集资料并汇总

根据汇总方案中确定的分组汇总表和汇总技术，将调查资料按照组别进行归集与加总，计算出各组合计数与总的合计数。

5. 汇总后的审核

审核汇总后的资料，改正在汇总中发生的差错，一般采用以下三种方法。

（1）复算审核。即对每一个项目的数值进行重新计算，验证结果是否正确。

（2）表表审核。即对不同表格中出现的同一项目的汇总数值进行对照，确认是否相符；对有关的项目，则可利用项目之间本身存在的关系进行计算检查，如分项指标必须小于或等于总计，某项指标等于某几项指标之和等。

（3）表实审核。即利用调查者已有的经验或已有的统计、会计业务核算资料，进行对照比较，检查汇总结果是否正确。

6. 编制分组汇总表

将审核无误的汇总结果填入正式的分组汇总表。

想一想

在整理过程中，汇总前后的两次审核有何异同？

二、手工汇总技术

手工汇总技术是指运用笔、纸、算盘或小型计算器作为计算工具，对统计资料进行汇总的方法。手工汇总是最原始的汇总方法，其所需工具简单、方便灵活，但费时费力，主要适用于小规模的数据汇总及无计算机条件下的数据汇总。目前常用的手工汇总技术有四种：点线法、传票法、折叠法和过录法。

（一）点线法

点线法，又称划记法，是以一个点或一条短线等符号代表一个总体单位，根据每个单位所属的组别，在汇总表相应的组别内划一个点或一条短线等记号，最后计算各组中的点或线的数目，加总算出各组的单位数与总体单位数的汇总方法。

点线法简便易行，但只能汇总出各组与总体的单位数，而不能汇总出各组与总体的标志总量。最常用的点线符号是“正”字，其汇总实例见表 4.1。

表 4.1　某班级民主选举班长意见汇总表

班长候选人	记号（点线栏）	选票数（张）
张晨辉	正正	10
赵晶晶	正正正正正	25
李小田	正	5
合计	—	40

表 4.1 中的记号栏反映了汇总的过程，正式的分组汇总表中不设此栏。将汇总结果过录到正式的分组汇总表内即可。

（二）传票法

传票法，又称分票法，是将调查表或报表按照汇总项目的要求进行分类，同一类中的调查表或报表在内容结构、形式、大小上要保持一致，然后将各类调查表或报表按顺序摆好、蹾齐、装订或夹住，对调查表或报表中相同位置的标志值，按页“边翻边累加”，算出标志总量，记入汇总表内的汇总方法。

传票法是基层单位最常用的一种汇总方法，主要适用于汇总标志值，也可汇总单位数，清点每类调查表或报表的份数或页数，即得出每类的单位数，加总每类的单位数即得单位总量。其优点是简便，可以根据需要灵活汇总，但在表格大，指标多的情况下，易出差错，若发生差错，需按分类查对。

（三）折叠法

折叠法是将各个调查表或报表中需要汇总的项目和数值全部折在纸的边缘上，依次叠放，露出边缘数值，按相同的指标栏次或行次对齐、压平、加总的方法，如图 4.1 所示。

在折叠时，要注意每两行或两列数值折叠一次，因折叠线两边的数值都在边缘上，这样可节省一半的折叠工作量。

××××年农业生产情况

单位：一村

项　　目	投工量（工日）	生产费用（元）	总产值	
			按90年不变价计算	按现价计算
一、种植业	23,154	129,178	360,902	368,268
1. 粮食作物	15,868	87,402	218,320	222,776
2. 经济作物	5,580	29,678	[illegible]	[illegible]
3. 其他农作物	1,706	12,098	36,264	37,004
3. 其他农作物	3,448	14,158	37,346	39,446
3. 其他农作物	784	8,765	32,153	34,503
3. 其他农作物	1,706	12,098	36,264	37,004
3. 其他农作物	1,758	12,586	36,773	37,123
3. 其他农作物	1,698	11,203	35,401	37,153
3. 其他农作物	984	11,378	35,766	36,526
3. 其他农作物	5,079	15,914	3,796	39,843
3. 其他农作物	1,174	11,178	35,753	36,533
3. 其他农作物	1,711	11,101	35,243	37,323
3. 其他农作物	2,078	14,121	38,457	39,071
3. 其他农作物	1,067	11,086	34,274	36,244
3. 其他农作物	2,762	10,358	34,167	35,876
3. 其他农作物	3,992	14,379	37,423	39,432
3. 其他农作物	2,543	10,479	34,584	35,432

图 4.1　折叠方法

折叠法适用于汇总标志值，在指标多、表格大的情况下优于传票法。折叠法简便，无需过录，省时省力，但容易损坏原始表格，不能及时发现并改正错误，一旦出错必须再从头做起。

（四）过录法

过录法是把调查资料全部过录到预先设计的汇总表内，然后对过录后的数值加总得出合计数，再将合计数过录到正式的分组汇总表内的汇总方法。

过录法适用于标志值的汇总。在原始表格需要存档，不能有任何损坏或要求保留汇总过程资料的情况下，可考虑采用过录法。过录法的优点是汇总的项目多；能保留汇总过程资料，便于校对与计算；不会损坏原始表格。其缺点是过录工作量大，费时费力，易出现过录性错误。

统计小常识

传票法、折叠法和过录法的异同

共同点：三种方法都是用来汇总指标数值的；汇总的基本条件是一样的，都要求是“同结构”表格的汇总；实际上它们的汇总程序也是一样的。

不同点：三种方法的层次不同。传票法是最基本的方法；在此基础上，为了解决“中间数字不易马上定位”的问题则创造了折叠法；又在折叠法的基础上，为了解决留存“汇总过程资料”的问题则创造了过录法。

【案例】 2008 年东北三省的交通运输量资料见表 4.2～表 4.4。

表 4.2 2008 年辽宁省交通运输量资料

	客运量（万人）	货运量（万吨）
铁路运输	12 004	19 141
公路运输	77 510	92 938
水路运输	598	9 267
合 计	90 112	121 346

资料来源：国家统计数据库.http://219.235.129.58/

表 4.3 2008 年吉林省交通运输量资料

	客运量（万人）	货运量（万吨）
铁路运输	5 320	7 422
公路运输	50 511	23 558
水路运输	198	125
合计	56 029	31 105

资料来源：国家统计数据库.http://219.235.129.58/

表 4.4 2008 年黑龙江省交通运输量资料

	客运量（万人）	货运量（万吨）
铁路运输	10 012	17 795
公路运输	31 379	35 424
水路运输	176	757
合计	41 567	53 976

资料来源：国家统计数据库.http://219.235.129.58/

要求用过录法汇总 2008 年东北三省的交通运输量。其汇总过程如下。

（1）设计过录汇总表并过录数值，见表 4.5。

表 4.5 2008 年东北三省交通运输量资料过录汇总表

	客运量（万人）				货运量（万吨）			
	辽宁	吉林	黑龙江	合计	辽宁	吉林	黑龙江	合计
铁路运输	12 004	5 320	10 012	27 336	19 141	7 422	17 795	44 358
公路运输	77 510	50 511	31 379	159 400	92 938	23 558	35 424	151 920
水路运输	598	198	176	972	9 267	125	757	10 149
合计	90 112	56 029	41 567	187 708	121 346	31 105	53 976	206 427

（2）加总，见表 4.5 中的合计栏。

（3）将过录汇总表合计栏中的数值过录到正式的分组汇总表，见表 4.6。

表 4.6 2008 年东北三省交通运输量汇总表

	客运量（万人）	货运量（万吨）
铁路运输	27 336	44 358
公路运输	159 400	151 920
水路运输	972	10 149
合计	187 708	206 427

第三节 Excel汇总技术

一、表内汇总

统计汇总包括单位数与标志值两个方面的汇总，在Excel中，单位数的汇总主要表现为计数，标志值的汇总表现为求和。

表内汇总，即在一个统计表中对某项指标的数值进行加总或求和。常用的方法有手工输入法、插入函数法、自动求和法和利用“数据”菜单法等。

（一）手工输入法

手工输入法，即用手工输入运算式的方法进行求和。它适合于运算式比较简单的情况。

【案例】 如图4.2所示，在工作表“学生成绩单”中，利用手工输入法计算每个学生的“总成绩”，操作步骤如下。

（1）选中目标单元格E3。

（2）手工输入运算式。在E3单元格中输入“=B3+C3+D3”。或输入“=”号，单击B3单元格；输入“+”号，单击C3单元格；再输入“+”号，单击D3单元格。

E3 fx =B3+C3+D3

	A	B	C	D	E
1			学生成绩单		
2	姓名	语文	数学	英语	总成绩
3	刘若芳	79	61	66	206
4	郑一平	89	81	67	237
5	杨丽丽	85	77	67	229
6	张兴文	57	68	68	193
7	陈宏斌	79	80	69	228
8	马致远	78	83	71	232
9	唐建军	82	70	81	233
10	胡晶晶	56	80	85	221

图4.2 公式的相对引用

注意

如果运算式中含有乘法、除法、乘方等运算，其运算符见表4.7。

表4.7 Excel中乘法、除法、乘方和开方的运算符

运算符	运算符	示例	运算结果
乘法	*	5*3	15
除法	/	56/7	8
乘方	^	9^2	81（$=9^2$）
开方	^	81^（1/2）	9（$=\sqrt{81}$）

（3）确认所录入公式。按Enter键（以后将其简记为↙），E3单元格出现计算结果“206”。

（4）相同运算的填充。即复制E3单元格中的运算式至其他目标单元格中：再选中E3单元格，拖动填充柄至E10单元格。这时，所有人的总成绩就都计算出来了，如图4.2中E

列所示。

另外，也可以利用手工输入函数的办法进行汇总。如上例：

（1）选中目标单元格 E3。

（2）手工输入运算式。在 E3 单元格中输入“=SUM（B3:D3）”↙。这种方法适合于需要汇总的数字较多，用“=SUM（B3:D3）”可以减少操作次数。

（3）相同运算的填充。同上。

（二）插入函数法

上例是用输入函数的办法完成的运算式。如果对于函数的名称不算太熟的情况，则可采用插入函数法的办法。仍如上例。

（1）选中目标单元格 E3。

（2）用插入函数的办法输入运算式。在 E3 单元格中输入“=”；单击“插入”；单击“函数”；在“选择类别”中选择“常用函数”；在“选择函数”中选择“SUM”；单击“确定”；在“number1”中输入“B3:D3”↙。

（3）相同运算的填充。同上。

可见，如果熟悉函数的名称，这种方法不如手工输入法简单。

（三）自动求和法

自动求和法，即是利用 Excel 提供的工具按钮Σ ▾自动求和的方法。该按钮不但可快捷地调用求和功能，还能快捷地调用计数、平均值、最大值、最小值等功能函数。

在图 4.3 中，利用Σ ▾计算第一个学生的总成绩，操作步骤如下。

SUM ▾ × ✓ fx =SUM(B3:D3)

	A	B	C	D	E	F	G
1			学生成绩单				
2	姓名	语文	数学	英语	总成绩		
3	刘若芳	79	61	66	=SUM(B3:D3)		
4	郑一平	89	81	67	SUM(number1, [number2], ...)		
5	杨丽丽	85	77	67			
6	张兴文	57	68	68			
7	陈宏斌	79	80	69			
8	马致远	78	83	71			
9	唐建军	82	70	81			
10	胡晶晶	56	80	85			

图 4.3 自动求和

（1）选中目标单元格。即要存放求和结果的单元格，如 E3。

（2）单击自动求和按钮Σ ▾。即单击常用工具栏中的Σ ▾，则 Excel 自动在单元格中插入 SUM 函数，并给出求和范围，生成相应的求和公式。

（3）按 Enter 键或单击编辑栏中的输入按钮“√”。

如果要对单元格区域数据求计数、平均值、最大值、最小值等函数值，可选中该单元格区域，单击Σ ▾右侧的下拉按钮，在弹出的下拉菜单中选择相应的函数。选择该下拉菜单中的“其他函数”命令，还可以调出“插入函数”对话框。

技巧点滴

利用Σ ▾按钮快速求和

利用Σ ▾按钮对一个区域中的各行（列）数据快速求和，需要选中这个区域及其下方一行（右侧一列）的单元格区域，单击Σ ▾按钮，则各行（列）数据之和就分别显示在该区域的下方一行（右侧一列）中。

（四）利用“数据”菜单法

想一想

怎样利用Σ ▾按钮，对一个区域中的各行和各列数据快速计算平均值？

利用“数据”菜单进行求和，它适合于分类汇总的情况。

【案例】 某企业 2009 年 10 月份的部分销售记录如图 4.4 所示，要求利用“数据”菜单，按销售员分类汇总商品的销售量与销售额。汇总步骤如下。

	A	B	C	D	E	F	G
1	日期	销售员	产品编号	产品类别	单价（元/台）	数量（台）	金额（元）
2	2009-10-20	胡小华	330KB	影碟机	840	30	25200
3	2009-10-20	李鹏飞	330KB	影碟机	840	20	16800
4	2009-10-20	张友平	C2919PK	彩电	2200	12	26400
5	2009-10-20	赵玉梅	720KB	影碟机	1000	28	28000
6	2009-10-20	郑海燕	C2919PK	彩电	2200	37	81400
7	2009-10-21	胡小华	720KB	影碟机	1000	8	8000
8	2009-10-21	李鹏飞	C2919PK	彩电	2200	22	48400
9	2009-10-21	张友平	C2919PV	彩电	2800	17	47600
10	2009-10-21	赵玉梅	810KB	影碟机	1250	25	31250
11	2009-10-21	郑海燕	C2919PV	彩电	2800	11	30800
12	2009-10-22	胡小华	C2919PK	彩电	2200	20	44000
13	2009-10-22	李鹏飞	810KB	影碟机	1250	10	12500
14	2009-10-22	张友平	C2919PR	彩电	2600	9	23400
15	2009-10-22	赵玉梅	C2920PV	彩电	2800	22	61600
16	2009-10-22	郑海燕	C2921PR	彩电	2600	13	33800
17	2009-10-23	胡小华	830KB	影碟机	1500	26	39000
18	2009-10-23	李鹏飞	330KB	影碟机	840	18	15120
19	2009-10-23	张友平	720KB	影碟机	1000	24	24000
20	2009-10-23	赵玉梅	810KB	影碟机	1250	20	25000
21	2009-10-23	郑海燕	830KB	影碟机	1500	31	46500

图 4.4 产品销售记录

（1）排序。选中“销售员”列数据区域任意一个单元格，单击“排序”按钮 A↓Z，选“升序”，结果如图 4.5 所示。

（2）分类汇总。打开“数据”菜单，选择“分类汇总”命令，弹出“分类汇总”对话框，如图 4.6 所示。

在“分类字段”下拉列表框中选定“销售员”，在“汇总方式”中选定“求和”，在“选定汇总项”中选定“数量”和“金额”，选定“替换当前分类汇总”和“汇总结果显示在数据下方”项，单击“确定”按钮，分类汇总结果如图 4.7 所示。

图 4.7 中，Excel 自动在数据区域的左侧建立了分级显示符号，左上角为横向排列的级别按钮“1”、“2”、“3”。“1”代表总计，“2”代表分类汇总结果，“3”代表明细数据。单击不同的级别按钮，可显示相应级别的汇总结果。

B15　赵玉梅

	A	B	C	D	E	F	G
1	日期	销售员	产品编号	产品类别	单价（元/台）	数量（台）	金额（元）
2	2009-10-20	胡小华	330KB	影碟机	840	30	25200
3	2009-10-21	胡小华	720KB	影碟机	1000	8	8000
4	2009-10-22	胡小华	C2919PK	彩电	2200	20	44000
5	2009-10-23	胡小华	830KB	影碟机	1500	26	39000
6	2009-10-20	李鹏飞	330KB	影碟机	840	20	16800
7	2009-10-21	李鹏飞	C2919PK	彩电	2200	22	48400
8	2009-10-22	李鹏飞	810KB	影碟机	1250	10	12500
9	2009-10-23	李鹏飞	330KB	影碟机	840	18	15120
10	2009-10-20	张友平	C2919PK	彩电	2200	12	26400
11	2009-10-21	张友平	C2919PV	彩电	2800	17	47600
12	2009-10-22	张友平	C2919PR	彩电	2600	9	23400
13	2009-10-23	张友平	720KB	影碟机	1000	24	24000
14	2009-10-20	赵玉梅	720KB	影碟机	1000	28	28000
15	2009-10-21	赵玉梅	810KB	影碟机	1250	25	31250
16	2009-10-22	赵玉梅	C2920PV	彩电	2800	22	61600
17	2009-10-23	赵玉梅	810KB	影碟机	1250	20	25000
18	2009-10-20	郑海燕	C2919PK	彩电	2200	37	81400
19	2009-10-21	郑海燕	C2919PV	彩电	2800	11	30800
20	2009-10-22	郑海燕	C2921PR	彩电	2600	13	33800
21	2009-10-23	郑海燕	830KB	影碟机	1500	31	46500

图 4.5　按销售员排序

分类汇总

分类字段(A)：销售员

汇总方式(U)：求和

选定汇总项(D)：

☐ 单价（元/台）

☑ 数量（台）

☑ 金额（元）

☑ 替换当前分类汇总(C)

☐ 每组数据分页(P)

☑ 汇总结果显示在数据下方(S)

全部删除(R)　确定　取消

图 4.6　“分类汇总”对话框

	A	B	C	D	E	F	G
1	日期	销售员	产品编号	产品类别	单价（元/台）	数量（台）	金额（元）
2	2009-10-20	胡小华	330KB	影碟机	840	30	25200
3	2009-10-21	胡小华	720KB	影碟机	1000	8	8000
4	2009-10-22	胡小华	C2919PK	彩电	2200	20	44000
5	2009-10-23	胡小华	830KB	影碟机	1500	26	39000
6		**胡小华 汇总**				84	116200
7	2009-10-20	李鹏飞	330KB	影碟机	840	20	16800
8	2009-10-21	李鹏飞	C2919PK	彩电	2200	22	48400
9	2009-10-22	李鹏飞	810KB	影碟机	1250	10	12500
10	2009-10-23	李鹏飞	330KB	影碟机	840	18	15120
11		**李鹏飞 汇总**				70	92820
12	2009-10-20	张友平	C2919PK	彩电	2200	12	26400
13	2009-10-21	张友平	C2919PV	彩电	2800	17	47600
14	2009-10-22	张友平	C2919PR	彩电	2600	9	23400
15	2009-10-23	张友平	720KB	影碟机	1000	24	24000
16		**张友平 汇总**				62	121400
17	2009-10-20	赵玉梅	720KB	影碟机	1000	28	28000
18	2009-10-21	赵玉梅	810KB	影碟机	1250	25	31250
19	2009-10-22	赵玉梅	C2920PV	彩电	2800	22	61600
20	2009-10-23	赵玉梅	810KB	影碟机	1250	20	25000
21		**赵玉梅 汇总**				95	145850
22	2009-10-20	郑海燕	C2919PK	彩电	2200	37	81400
23	2009-10-21	郑海燕	C2919PV	彩电	2800	11	30800
24	2009-10-22	郑海燕	C2921PR	彩电	2600	13	33800
25	2009-10-23	郑海燕	830KB	影碟机	1500	31	46500
26		**郑海燕 汇总**				92	192500
27		**总计**				403	668770

图 4.7　分类汇总结果

单击图 4.7 中左上角的级别按钮“2”，显示 2 级汇总结果，如图 4.8 所示。

	A	B	C	D	E	F	G
1	日期	销售员	产品编号	产品类别	单价（元/台）	数量（台）	金额（元）
6		**胡小华 汇总**				84	116200
11		**李鹏飞 汇总**				70	92820
16		**张友平 汇总**				62	121400
21		**赵玉梅 汇总**				95	145850
26		**郑海燕 汇总**				92	192500
27		**总计**				403	668770

图 4.8　显示 2 级汇总结果

技巧点滴

怎样删除分类汇总结果，显示原始数据？

选中分类汇总结果全部区域或其中的任意一个单元格，打开“数据”菜单，选择“分类汇总”命令，在“分类汇总”对话框中单击全部删除。

二、表间汇总

想一想

在上述案例中，如要分析不同产品的销售情况或研究销售的动态情况，则应分别选择按何种标志分类汇总？

表间汇总是指对多个统计表中的数据进行汇总。在统计汇总中大量使用的是按位置汇总，即对每一个统计表中处于相同位置的数据进行汇总，适用于汇总结构布局完全相同的统计表中的数据。采用 Excel 汇总时，原则上一张统计表匹配一个工作表，这样能保证逻辑清晰，不重不漏，只有在统计表篇幅很小且张数很少的情况下，从方便操作的角度出发，可考虑几张统计表匹配一个工作表。根据统计表是否在同一个工作表中，又分为同一工作表内的表间汇总与不同工作表的表间汇总两种情况。

（一）同一工作表内的表间汇总

同一工作表内的表间汇总步骤如下。

（1）数据录入。将需要汇总的多个统计表按一定顺序录入到一个工作表内，如图 4.9 中所示的表 1、表 2。

（2）设计一个结构相同的汇总表。如图 4.9 所示的表 3（此时应为空表）。

（3）汇总。选中 B17 单元格，输入公式“=SUM（B3,B10）”↙，此时 B17 单元格中显示汇总值 115；再选中 B17 单元格，拖动填充柄向下至 B20 单元格；再选中 B17:B20 单元格区域，拖动填充柄向右至 D20 单元格，其汇总结果如图 4.9 中的表 3 所示。

（二）不同工作表的表间汇总

利用公式汇总的具体操作步骤如下。

（1）数据录入。将需要汇总的各统计表分别录入到不同的工作表中，例如，将图 4.9 中所示的表 1 录入到 Sheet1，表 2 录入到 Sheet2 中。

（2）设计汇总表。在工作表 Sheet3 中设计一个结构布局与表 1 相同的汇总表。

（3）汇总。选中 Sheet3 中 B3 单元格，输入“=SUM（Sheet1!B3,Sheet2!B3）↙”（公式中的工作表标签及单元格名称也可用鼠标录入），此时，Sheet3 中的 B3 单元格显示汇总值“115”，如图 4.10 所示；再选中 Sheet3 中的 B3 单元格，拖动填充柄至 B6 单元格；再选中 B3:B6 单元格区域，拖动填充柄至 D6 单元格，汇总结果如图 4.10 所示。

	A	B	C	D
1	表1 2009年甲市卫生机构、床位与人员情况报表			
2		卫生机构（个）	床位数（张）	人员数（人）
3	综合医院	63	15392	24789
4	中医医院	38	4200	7238
5	其　他	19	3930	5707
6	合　计	120	23522	37734
7				
8	表2 2009年乙市卫生机构、床位与人员情况报表			
9		卫生机构（个）	床位数（张）	人员数（人）
10	综合医院	52	12700	19431
11	中医医院	40	4813	7396
12	其　他	25	5358	6532
13	合　计	117	22871	33359
14				
15	表3 2009年甲乙两市卫生机构、床位与人员情况汇总表			
16		卫生机构（个）	床位数（张）	人员数（人）
17	综合医院	115	28092	44220
18	中医医院	78	9013	14634
19	其　他	44	9288	12239
20	合　计	237	46393	71093

B17　=SUM(B3,B10)

图 4.9　同一工作表内的表间汇总

	A	B	C	D
1	表3 2009年甲乙两市卫生机构、床位与人员情况汇总表			
2		卫生机构（个）	床位数（张）	人员数（人）
3	综合医院	115	28092	44220
4	中医医院	78	9013	14634
5	其　他	44	9288	12239
6	合　计	237	46393	71093

B3　=SUM(Sheet1!B3,Sheet2!B3)

图 4.10　不同工作表的表间汇总

复习思考题

1. 什么是统计汇总？它在统计整理中有何作用？
2. 常用的统计汇总组织形式有哪几种？各有何特点？
3. 统计汇总有哪些步骤？
4. 怎样进行汇总前后的审核？
5. 在计算机汇总（手工录入）的情况下，怎样控制数据录入的质量？
6. 常用的手工汇总技术有哪几种？它们的适用范围分别是什么？
7. Excel 的公式由哪些要素构成？公式与函数有何关系？
8. 统计汇总中最常用的函数是 SUM，怎样利用 SUM 函数进行汇总？
9. 什么是公式的相对引用与三维引用？二者有何不同？
10. 什么是表内汇总？怎样利用“数据”菜单对数据进行分类汇总？
11. 什么是表间汇总？怎样利用“数据”菜单对数据进行表间汇总？

第五章

统计表

【学习目标】

通过本章的学习，要求理解统计表的概念、作用与特点，掌握统计表的构成与种类，熟练掌握统计表的制表规则，能够设计和运用统计表，掌握Excel制表技术。

【案例导入】

从恩格尔系数看我国城乡居民生活水平

恩格尔系数是食品支出与总消费支出的比率，常用于衡量一个国家、一个地区乃至一个家庭的贫困或富裕程度。恩格尔系数越大，表明越贫困；反之，则越富裕。近十年来我国城乡居民的恩格尔系数见表5.1。

表5.1　我国城乡居民恩格尔系数　（单位：%）

项目＼年份	1998	1999	2000	2001	2002	2003	2004	2005	2006	2007	2008
城镇居民	44.7	42.1	39.4	38.2	37.7	37.1	37.7	36.7	35.8	36.3	37.9
农村居民	53.4	52.6	49.1	47.7	46.2	45.6	47.2	45.5	43.0	43.1	43.7

资料来源：国家统计数据库. http://219.235.129.58/

从表5.1可以看出，近十年来，我国城乡居民恩格尔系数呈下降趋势，这表明城乡居民的生活水平不断提高；农村居民恩格尔系数高于同期城镇居民恩格尔系数，但城镇居民的生活水平明显高于农村居民的生活水平，城乡差距依然存在。

启发思考

（1）统计表的外观形式有何特点？

（2）从外观形式上看，统计表一般由哪几个部分构成？

（3）统计表在表达数据资料时有哪些显著的优点？

（4）怎样设计美观实用的统计表？

统计表，是用纵横线条交叉所形成的表格，是用来表现统计资料的一种形式。统计表是统计数据与表格形式的有机结合，比较文字叙述及图形表达而言，统计表具有如下突出的优点：①简明扼要，比文字叙述清晰明了，节省篇幅。②是统计图示的基础，比图形表达更为明细。③能合理、科学地组织统计资料，使其规律外在化，便于计算与比较分析，发现问题，了解现象或过程的内在联系。④能够有条理、有系统地组织和安排大量的统计资料，能装订成册，便于存档保管和系统地积累资料。

第一节 统计表的形式与构成

一、统计表的一般形式

统计表一般为开栏式表格，即左右两侧不封口，上下两端画粗一些的实线，表内各行除标题行与合计行必须以细实线区分外，其他行间的细实线可以省略，表内各栏目之间用细实线隔开，表体为比例协调的长方形。

统计表一般由表头、表体和表脚三个部分构成，见表 5.2。

表头是指在表体之上的部分。一般包括表号、总标题、计量单位、填报单位及资料所属的时间等。

表体是指处于上下两端的粗实线内的部分，是统计表的主体部分。包括行与列标题名称和指标数值。

表脚是指在表体之下的部分。一般包括填表说明及必要的指标解释、资料来源、负责人、填表人、审核人、填报日期等。

表 5.2 2008 年我国土地状况（←总标题） ←表头

按用途特征分类	面积（万公顷）	比重（%）
耕地	12 172	12.68
森林	17 491	18.22
内陆水域面积	1 747	1.82
草地	40 000	41.67
#可利用草地	31 333	32.64
其他	24 590	25.61
合计	96 000	100.00

（表左侧标注：行标题；表右侧标注：←列标题、指标数值、表体）

资料来源：国家统计数据库.http://219.235.129.58/ ←表脚

二、统计表的构成

1. 形式构成

从形式看，统计表主要由总标题、行标题与列标题、格线、指标数值四个部分构成，见表 5.2。

（1）总标题。总标题是统计表的名称，用以概括说明统计表的内容。它是表头中最重要的内容，一般位于表体上方正中央。

（2）行标题和列标题。在统计表中，行标题通常用以表示各组的名称，它代表统计表所要说明的对象，一般位于表体左侧。列标题通常用以表示统计指标的名称，一般位于表体上方。

（3）格线。包括横线和纵线。两条相邻横线中间的区域称为横行（或行），两条相邻纵线中间的区域称为纵栏（或列）。

（4）指标数值。指标数值是统计工作的直接成果。位于各行标题与列标题的交叉处，其含义由行标题与列标题共同说明。

2. 内容构成

从内容看，统计表主要由主词和宾词构成。

（1）主词。即组别栏，是统计表所要说明的总体及其组成部分的名称。一般位于统计表左侧第一个纵栏，常常由一个分组体系构成，形成统计表的组别，见表 5.2 第一列。

（2）宾词。即指标栏，是用来说明主词的统计指标。包括指标名称与指标数值，见表 5.2 中第二列与第三列。

第二节 统计表的种类

统计表按其特点可以分成不同的种类。

一、空表和实表

1. 空表

空表是指没有填写指标数值的统计表，见表 5.3。

表 5.3 主要林产品产、销、存情况统计表

综合机关名称： 20 年 月

产品名称	计量单位	代码	月初库存量	本月生产量	累计生产量	本月销售量	累计销售量	月末库存量
甲	乙	丙	(1)	(2)	(3)	(4)	(5)	(6)
一、木材	m^3	01						
二、竹材	根	02						
三、锯材	m^3	03						
四、木片	实积 m^3	04						
五、人造板	m^3	05						
#1. 胶合板	m^3	06						
2. 木质纤维板	m^3	07						
#中密度纤维板	m^3	08						
3. 刨花板	m^3	09						
六、松香	吨	10						
七、栲胶	吨	11						
八、紫胶	吨	12						
九、木地板	m^2	13						

续表

产品名称	计量单位	代码	月初库存量	本月生产量	累计生产量	本月销售量	累计销售量	月末库存量
合计	—	—						

单位负责人：　　统计负责人：　　填表人：　　报出日期：　　年　月　日

说明：1）以吨为单位的指标取整数，其余指标保留两位小数。

2）表中关系式有：（6）=（1）+（2）-（4）；05≥06+07+09；07≥08。

3）累计生产量=上月累计生产量+本月生产量；累计销售量=上月累计销售量+本月销售量。

一般而言，空表是在调查之前根据调查目的、要求及调查对象的特点设计出来的，是调查方案的核心组成部分，对统计工作起指导规范的作用。

2. 实表

实表是指已填写指标数值的统计表，见表5.2。实表是统计工作最终成果的主要体现。

二、定长表和变长表

1. 定长表

定长表是指分组栏中的项目或组别名称已固定的统计表。每个单位在填报时只能按表中给定的分组来填写，不得变更，见表5.1～表5.3。定长表的优点是便于汇总，缺点是难以适应每个单位的具体情况。主要适用于组别名称可以固定的情况。

2. 变长表

变长表是指分组栏中的项目或组别名称不固定的统计表。变长表的主要特征是组别栏为空栏，不同的填表单位可根据本单位的实际情况具体地填写组别及其相应的指标数值。对于不同单位来说，表格填写的实际长度是可变的，见表5.4。变长表的优点是能反映填报单位的实际情况，特别适用于组别名称无法固定的情况。缺点是对于组别名称的确定，由于统计人员的专业水平不同可能会有不同或不规范。

表5.4 工业企业主要产品产量统计表

主要产品名称	计量单位	代码	本年实际		去年同期	
			本月	累计至本月	去年同月	累计至去年同月
甲	乙	丙	（1）	（2）	（3）	（4）

三、单标志分组表和多标志分组表

1. 单标志分组表

单标志分组表是指对总体按某一个标志分组形成的统计表，是最简单的分组表形式。按分组标志所反映的内容不同，单标志分组表可分为时间分组表、空间分组表和特征分组表。时间分组表按时间顺序排列指标数值，形成动态数列，可用于分析现象的发展规律，见表5.5。空间分组表按地区或单位名称排列指标数值，便于计算有关指标，并进行横向比较分析，见表5.6。特征分组表按除时间和空间以外的标志进行分组，形成的统计表可用于分析总体的内部构成或现象之间的依存关系，见表5.7。

表5.5　2009年1～6月我国社会消费品零售总额

	1月	2月	3月	4月	5月	6月
社会消费品零售总额（亿元）	10 756.6	9 323.8	9 317.6	9 343.2	10 028.4	9 941.6

资料来源：国家统计局.社会消费品零售总额月度统计数据.http://www.stats.gov.cn/tjsj

表5.6　我国东北三省耕地面积

	辽　宁	吉　林	黑 龙 江	合　计
耕地面积（千公顷）	4 085.2	5 535.0	11 838.4	21 458.6

注：本表数据为2007年12月31日时点数。

资料来源：国家统计局.中国统计年鉴－2008.中国统计出版社

表5.7　2009年1季度我国国内生产总值

	第 一 产 业	第 二 产 业	第 三 产 业	合　计
国内生产总值（亿元）	4 700	31 968	29 077	65 745

注：表中数据按现价计算。

资料来源：国家统计局.国内生产总值季度统计数据.http://www.stats.gov.cn/tjsj/jdsj

2. 多标志分组表

多标志分组表是指对总体按两个或两个以上标志进行分组形成的统计表。它可以揭示复杂现象的多种特征，深入研究总体内部的复杂构成。

按分组标志之间的关系不同，多标志分组表可分为平行分组表、复合分组表和不规则分组表。在平行分组表中，各分组标志是平行关系，形成的分组体系是独立的，见表5.8。在复合分组表中，各分组标志是依序递进关系，形成的分组体系是逐步扩展细化的整体，见表5.9。不规则分组表是多标志分组中平行分组与复合分组结合运用所形成的分组表，不规则分组表因其分组十分灵活方便，在实践中广泛使用，见表5.3。

表5.8　某企业在职职工多标志平行分组表

按性别分组	人数（人）	按年龄分组（岁）	人数（人）	按收入水平分组	人数（人）
男	310	20以下	26	高收入	60
		20～30	110		
		30～40	120	中收入	200
女	90	40～50	80		
		50～60	58	低收入	140
		60以上	6		
合计	400	合　计	400	合　计	400

表 5.9 2009 年某地区国有农牧企业的生产经营情况

	单位数（个）	工人数（人）	年产值（万元）	人均年产值（元）
国有农场	24	960	7 680	80 000
盈利	18	760	6 460	85 000
亏损	6	200	1 220	61 000
国有牧场	20	600	3 600	60 000
盈利	16	500	3 100	62 000
亏损	4	100	500	50 000
合计	44	1 560	11 280	72 308

四、单向分组表和双向分组表

1. 单向分组表

单向分组表是指只按一个方向进行分组的统计表。单向分组表表述简便清晰，容量大，能同时反映一个或多个指标，是常用的一种分组表形式，见表 5.9。

2. 双向分组表

双向分组表是指同时按纵横两个方向进行分组的统计表。双向分组表只适用于反映单一指标的情况，一般用来反映总体单位在不同组别中的分布状况，见表 5.10。

表 5.10 某地区某年末企业类型双向分组表 （单位：个）

经济类型 \ 生产规模	大 型	中 型	小 型	合 计
国有经济	24	52	80	156
集体经济	14	40	110	164
私营经济	6	26	124	156
合计	44	118	314	476

第三节 统计表的设计

统计表的设计，是指对统计表的形式与内容进行统筹安排，使其能恰当地表现统计资料。统计表的设计要遵循“科学、实用、简练、美观”的原则，其设计内容一般包括外观形式、主词设计和宾词设计等三个方面。

一、统计表外观形式的设计

1. 开栏式表格

表体两侧无纵线，这是国际通用表格，也是统计表最为突出的形式特点。

2. 长方形表体

表体外观一般呈比例协调的长方形，过于狭长或正方形的表体均为不美观表体。过于狭长的表体主要是由于指标项目较少而数据较多所造成，在这种情况下，可根据具体情况将数据均分为几个部分，采用如表 5.11 所示的方法予以设计；在数据不是太多的情况下，也可将分组项目横置，采用如表 5.5 ~ 表 5.7 所示的方法进行设计。对于正方形表体可通过调整行、列尺寸予以避免。

表 5.11 某日某车间工人产量表 （单位：件）

编号	姓名	产量	编号	姓名	产量	编号	姓名	产量
01	杨海洋	41	05	伍建新	36	09	钱美丽	43
02	李平安	45	06	赵笑天	37	10	万家俊	33
03	李伟平	35	07	王吉华	30	11	孙 宇	38
04	张大慧	42	08	张宏	34	12	刘 畅	36

3. 表格线

表体上下两端用粗实线，以突出显示表体的起止位置。表体内其他表格线一般用细实线，除列标题所在行、合计行的横线必须保留外，其他横线可省略，见表 5.9、表 5.10。

4. 文字与数值

（1）总标题。总标题字体多用黑体字或宋体字加粗，也可以用艺术字体，字号可比表体内字体稍大一些，对齐方式为居中。

（2）表中的其他文字。表中的其他文字是指除总标题以外的文字，包括行标题、列标题、表注及表头其他文字。这些文字多用宋体和楷体字，不用艺术字体，字号一般要比总标题小。行标题的对齐方式多为左对齐或居中，列标题的对齐方式多为居中。

（3）指标数值。字体多用 Times New Roman，字号与行标题或列标题一致，对齐方式多采用右对齐或居中，无论哪种对齐方式小数点均应对齐。

二、统计表主词的设计

统计表主词是统计表所要说明总体及其组成部分的名称，通常体现为一个分组体系。主词的设计一般应遵从如下原则。

1. 符合研究目的

分组标志能体现事物的本质特征，符合研究目的与任务要求；各组别名称含义明确，用词准确。

2. 互斥与穷尽

互斥是指同一层次的组别之间，要有明显的区别，彼此互不包容与重叠；穷尽是指分组体系要能涵盖其所说明总体的各个单位，在不能穷尽的情况下，可设置开口组或“其他”组别；在必要的情况下，也可设计变长表，见表 5.4。

3. 系统性

各组别必须排列有序，可根据具体情况，选择按时间、空间、数值大小、重要程度或内在逻辑关系等排列。

4. 精简性

在满足研究目的与任务要求的条件下，分组标志宜少，分组形式宜简。

5. 灵活性

根据组别名称固定与否、分组标志的多少及分组标志之间的关系，灵活选择与分组体系相匹配的统计表形式，见表 5.4～表 5.10。

根据主词及宾词的多少，灵活确定主词在表体中的位置，可纵置，见表 5.2、表 5.3；可横置，见表 5.5～表 5.7。

三、统计表宾词的设计

统计表中的宾词可以是一个指标，见表 5.5～表 5.7，也可以是多个指标，见表 5.2、表 5.3。指标项目的设置主要取决于统计研究目的和任务要求。指标项目在表中的排列顺序一般是基础指标在前，派生指标在后；总体指标在前，“其中”指标在后；计量单位栏和指标编码栏在前，数值栏在后；有时间顺序的指标按时间顺序排列等。

对宾词的设计，可分为平行设计、复合设计和不规则设计。

1. 平行设计

平行设计是指按不同的分组标志对宾词指标进行平行分组，并在表中平行排列，见表 5.12。

表 5.12　某企业所属职工情况　　（单位：人）

分厂名称	职工人数	性别		工龄			
		男	女	10 年以下	10～20 年	20～30 年	30 年以上
甲	（1）	（2）	（3）	（4）	（5）	（6）	（7）
第一分厂							
第二分厂							
第三分厂							
合计							

2. 复合设计

复合设计是指将宾词指标按两个或两个以上的标志进行复合分组，并在表中递进排列，见表 5.13。

表 5.13　某企业所属职工情况　　（单位：人）

分厂名称	职工人数	10 年以下		10～20 年		20～30 年		30 年以上	
		男	女	男	女	男	女	男	女
甲	（1）	（2）	（3）	（4）	（5）	（6）	（7）	（8）	(9)
第一分厂									

续表

分厂名称	职工人数	10年以下		10～20年		20～30年		30年以上	
		男	女	男	女	男	女	男	女
第二分厂 第三分厂									
合计									

复合设计把几种分组结合起来，可以深入说明总体的特征。但如果分组标志过多，会使宾词指标的栏目数过多，统计表过于复杂，反而不利于反映总体的特征。

3. 不规则设计

不规则设计是指将宾词指标按两个或两个以上的标志进行不规则分组，并在表中平行排列，见表 5.14。不规则设计是最常见、最具灵活性的一种设计，能最大限度地满足实际需要。

表 5.14　某年某企业所属职工情况　（单位：人）

分厂名称	职工人数	性　别		工程技术人员		年内新录用人员	
		男	女	小计	其中：高级工程师	小计	其中：高职毕业生
甲	(1)	(2)	(3)	(4)	(5)	(6)	(7)
第一分厂 第二分厂 第三分厂							
合计							

四、统计表的编制规则

1. 对总标题的要求

总标题概括地反映统计表的基本内容，表明资料所属的时间和地区范围。总标题一定要醒目（可用不同字号或不同字体），其位置应在表的正上方。

2. 对行标题中不同层次间具有包含关系的表述要求

（1）在大层下可以只列出一部分小层。注意必须先列大层的名称，再错后列出小层的名称，并在小层名称前冠以“其中：”或“#”的字样，见表 5.2、表 5.3。

（2）在大层下列出所有小层。先列大层的名称，再错后依次列出各小层即可，见表 5.9。在各小层名称之前不用“其中：”或“#”的字样，但可用阿拉伯数字依次编号。

3. 对列标题中具有包含关系的表述要求

（1）设计“合计”和“其中”字样，见表 5.15。

表 5.15 某年某林业管理局主要产品产量 （单位：m^3）

<table>
<tr><th rowspan="3">企业名称</th><th colspan="3">木材产量</th><th rowspan="3">锯材产量</th><th colspan="4">人造板产量</th></tr>
<tr><th rowspan="2">合计</th><th rowspan="2">原木</th><th rowspan="2">薪材</th><th rowspan="2">合计</th><th colspan="3">其中</th></tr>
<tr><th>胶合板</th><th>纤维板</th><th>刨花板</th></tr>
<tr><td>甲</td><td>(1)</td><td>(2)</td><td>(3)</td><td>(4)</td><td>(5)</td><td>(6)</td><td>(7)</td><td>(8)</td></tr>
<tr><td></td><td></td><td></td><td></td><td></td><td></td><td></td><td></td><td></td></tr>
<tr><td>合计</td><td></td><td></td><td></td><td></td><td></td><td></td><td></td><td></td></tr>
</table>

注：表中关系式有（1）=（2）+（3），（5）≥（6）+（7）+（8）。

（2）不设计“合计”和“其中”字样，见表 5.16。

表 5.16 某年某林业管理局主要产品产量 （单位：m^3）

<table>
<tr><th rowspan="2">企业名称</th><th rowspan="2">木材产量</th><th colspan="2"></th><th rowspan="2">锯材产量</th><th rowspan="2">人造板产量</th><th colspan="3"></th></tr>
<tr><th>原木</th><th>薪材</th><th>胶合板</th><th>纤维板</th><th>刨花板</th></tr>
<tr><td>甲</td><td>(1)</td><td>(2)</td><td>(3)</td><td>(4)</td><td>(5)</td><td>(6)</td><td>(7)</td><td>(8)</td></tr>
<tr><td></td><td></td><td></td><td></td><td></td><td></td><td></td><td></td><td></td></tr>
<tr><td>合计</td><td></td><td></td><td></td><td></td><td></td><td></td><td></td><td></td></tr>
</table>

注：表中关系式有（1）=（2）+（3），（5）≥（6）+（7）+（8）。

（3）逐层分解设计，见表 5.17。

表 5.17 某年各地区农村居民家庭人均现金收入 （单位：元）

<table>
<tr><th rowspan="3">地区</th><th rowspan="3">期内现金收入</th><th colspan="8"></th></tr>
<tr><th rowspan="2">工资性收入</th><th rowspan="2">家庭经营收入</th><th colspan="4"></th><th rowspan="2">财产性收入</th><th rowspan="2">转移性收入</th></tr>
<tr><th>农业</th><th>林业</th><th>牧业</th><th>渔业</th></tr>
<tr><td></td><td></td><td></td><td></td><td></td><td></td><td></td><td></td><td></td><td></td></tr>
<tr><td>合计</td><td></td><td></td><td></td><td></td><td></td><td></td><td></td><td></td><td></td></tr>
</table>

4. 对合计行或合计栏的要求

需要横向合计时，在列标题中最后一列设置“合计”栏；需要纵向合计时，在行标题中最后一行设置“合计”行；不需要或不能够合计时，则不设置“合计”栏（或行）。一般先列项目，后列合计，但也可先列合计，后列项目。在只列部分重要项目的统计表里，应先列合计，后列其中重要项目。

5. 对全表合计数的要求

在多层次分组的情况下，全表的合计数应根据首次分组所形成的各组别数值求和，见表 5.9。

6. 对栏目编号的要求

如果表中栏数较多，通常要加以编号。组别栏、计量单位栏、指标代码栏和属性标志栏，用甲、乙、丙等文字标明；指标栏则用（1）、（2）、（3）等数字编号，必要时，可把表中有关系的栏目以算式列示，见表 5.3、表 5.15、表 5.16。

7. 对行号的要求

如果表中组别较多或组别的层次较多，通常也要加以编号。不同的层次要有不同的数码形式，必要时，还应编制指标代码，见表5.3，具体方法详见第三章第二节介绍的统计编码。

8. 对表中数值填写的要求

表中的数值应填写整齐，对准位数（一般说来，应以小数点为准上下对齐）；数值的书写要规范，易辨认；对于相同的数值应填写原数，不得以“同上”、“同左”或“〃”等表示。对错误数值更正的方法是，用单横线或双横线将其划掉（原数应清晰可辨），再在其上方填上正确数值，必要时还需加盖修改者的名章以示负责。

9. 对计量单位的要求

表中数值必须注明计量单位。横行的计量单位，可以专设“计量单位”栏，也可与行标题写在一起，并加上括号；纵栏的计量单位，要与列标题写在一起，并加上括号；如果全表只用一种计量单位，可统一写在表体的右上角。

10. 对续表的要求

当指标体系较大时，可以设计续表或附表。续表必须在主表之后，且需特殊标明“续表”的字样（注在续表的左上角或右上角均可）。如果只有一张续表，则注明“续表（或附表）”即可；如果有几张续表，则应注明“续一”、“续二”，或“续表一”、“续表二”，或“附表一”、“附表二”等。

11. 对说明或注解的要求

必要时，对某些应该特殊说明的问题或要求，可以在表脚中加以说明，如某些指标有特殊的计算口径、计算方法或取值要求，统计资料的来源等。注解一般不超过5条，如果需要注释的东西太多就应该单独形成“指标解释”。必要时在表脚的最后部分，还应注明“单位负责人:”、“统计负责人:”、“填表人:”、“报出日期:”等事项。

12. 对特殊单元格和特殊数值的要求

在设计空表时，对于不能填写、不要求填写的单元格，用符号“—”填充。在填表时，对于没有数值的单元格以符号“—”表示；对于数值太小经四舍五入为零者，填写“0”；对于应有数值而不详者，用符号“…”表示。

13. 对表中“首席单元格”的填写要求

首席单元格，是指统计表左上角的第一个单元格，它是第一行的第一个单元格，也是第一列的第一个单元格。

（1）空着不填。首席单元格可以空着，不填写，见表5.5～表5.7。

（2）按一个方向填写分组标志。可填写分组标志的名称或填写“按某一具体标志分组”，见表5.2、表5.8、表5.17。

（3）按两个方向填写分组标志。见表5.1、表5.10。

（4）填写“分组”、“项目”等模糊词汇。适用于所用分组标志难以描述，而又要求填写的情况。

第四节 统计表的审核

统计表的审核是统计管理人员的日常工作内容，审核的内容主要有统计表外观形式、内容结构、数值填写与计算三个方面。对于空表，主要是审核统计表的外观形式与内容结构；对于实表，主要是审核数值填写与计算。

一、统计表外观形式的审核

1. 完整性与恰当性审核

审核表头、表体、表脚等各部分所应具备的内容是否有遗漏，表述与位置是否恰当。

2. 规范性审核

审核各类文字字体、字号是否符合要求，表格线是否规范。

3. 美观性审核

审核表体是否为开栏式，是否为长方形，长与宽的比例是否协调；表头、表体、表脚之间是否协调；全表与周围文本、图示是否协调等。

二、统计表内容结构的审核

1. 目的性审核

审核分组标志的选择及组别的划分、指标项目的设置是否符合统计研究的目的和任务要求。

2. 完整性审核

审核分组体系是否完备，指标项目是否全面，计量单位有无遗漏。

3. 系统性审核

审核各个组别、各个指标项目是否分别依序而列；审核各个组别、各个指标各层次的分组设计是否有序、清晰。

4. 简明性审核

审核分组体系与指标项目的设置是否过于繁杂，能否简化。

三、表中数值的审核

1. 审核数值的填写是否规范、录入是否无误

审核数值书写是否清晰、正确，位数是否对齐，所用符号是否规范。

2. 审核数值的计算方法与计算结果是否正确

通过重新计算或验算平衡项目之间的关系来进行审核。在多层次分组情况下，汇总时要注意区分层次，同层次的数值才能计算合计数。

第五节 Excel制表

一、利用工具按钮制表

利用“绘图边框”中的工具按钮制表非常方便。具体操作步骤如下。

（1）录入文字与数据。在打开的Excel工作表中，录入统计表中所需的文字与数据。

（2）设置总标题格式。选中总标题所在行的单元格区域，单击“合并及居中”按钮。选中总标题，设置其字体、字号及加粗处理。

（3）绘制表格线。打开“边框”按钮工具栏（方法：单击“视图”→“工具栏”→“边框”），如图5.1所示；单击左侧的“画笔”，在以上录入的文字与数据中，哪里需要画格线就在哪里“画”即可。

图5.1 “绘图边框”工具栏

（4）修改格线。对于在（3）中画多的格线，用“笔擦”擦掉即可；需要画粗线或不同形式线条的地方，单击“线条选择”右侧的下拉菜单，进行选择即可；若要画出不同颜色的线条，可单击图5.1中右侧的进行画线。

二、利用对话框制表

利用“格式”菜单中的“单元格格式”对话框制表也是一种较为常用的方法。具体操作步骤如下。

（1）录入数据。在打开的Excel工作表中，录入有关数据。

（2）设置总标题格式。选中总标题所在行的单元格区域，选取“格式”菜单中的“单元格”选项，调出“单元格格式”对话框，在“对齐”选项卡中，设置“居中”对齐方式，选中“合并单元格”，如图5.2所示，在“字体”选项卡中，选择所需的字体、字形和字号，单击“确定”按钮。

（3）设置表体格式。选中表体区域，在选中区域右击，在快捷菜单中选取“设置单元格格式”选项，在“单元格格式”对话框的“边框”选项卡中（如图5.3），单击“上框线”按钮和“下框线”按钮，选取粗实线，单击“内部竖框线”按钮和“内部横框线”按钮，选取细实线。分别在“数字”、“对齐”、“字体”选项卡中设置所需格式，单击“确定”按钮。

（4）修改表体格式。选中表体中需要修改格式的单元格区域，在“单元格格式”对话框的“数字”、“对齐”、“字体”、“边框”等选项卡中进行相应的设置后，单击“确定”按钮。

（5）检查与调整制表效果。单击常用工具栏上的“打印预览”按钮，可观察统计表的设计效果，以便对不足之处进行修改。在预览状态下，单击设置(S)...按钮，可进行页面设置，单击[页边距(M)]按钮，可调整列宽及统计表在页面中的位置。

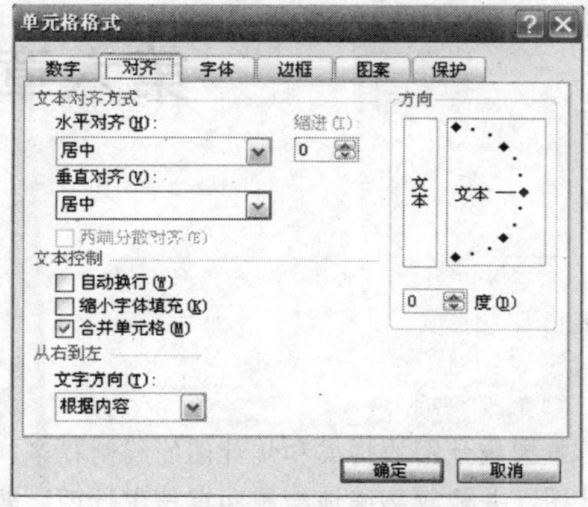

图 5.2 “对齐”选项卡

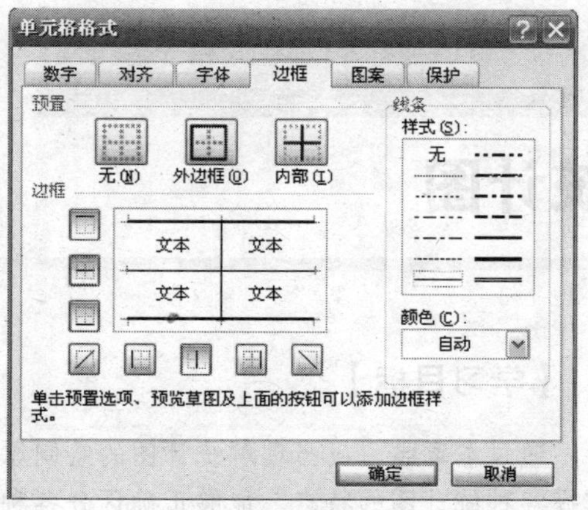

图 5.3 “边框”选项卡

技巧点滴

在 Excel 制表中，怎样去掉表体内可省略的横线？

选中可省去内部横线的单元格区域，在“格式”菜单中选择“单元格”选项，在“单元格格式”对话框的“边框”选项卡中，单击“内部横框线”按钮，单击“确定”按钮。

想一想

利用工具按钮制表与利用单元格格式对话框制表这两种方法各有何优点？可否将两者的优点结合使用？这两种方法的适用范围有区别吗？

复习思考题

1. 统计表的一般形式是什么？
2. 统计表按形式可分为哪几个组成部分？按内容可分为哪几个组成部分？
3. 什么是空表和实表？定长表和变长表？单标志分组表和多标志分组表？平行分组表、复合分组表和不规则分组表？单向分组表和双向分组表？它们各有何特点？
4. 怎样设计统计表？
5. 统计表的编制规则主要有哪些？
6. 怎样审核统计表？
7. 统计表的审核与设计在内容上哪个更为广泛？为什么？
8. 怎样利用 Excel 制表？

第六章 统计图

【学习目标】

通过本章学习应当理解统计图的绘制原则，掌握统计图的构成和统计图的绘制程序。掌握各种统计图的特点，能够正确区分各种统计图，并能较熟练地绘制和审核统计图。熟练掌握 Excel 绘制常用统计图的方法。

【案例导入】

EZCapital 创投报告企业上市分析

据北京 2010-01-27 中国商业电讯：中国经济率先步入复苏及 A 股市场年中重启首次公开募股（Initial public offering，IPO）、开闸创业板的大背景下，中国企业首次公开募股成为全球投行业务中的重头戏。根据《EZCapital2009 中国创业投资年度报告》统计数据显示，2009 年中国创投市场企业上市事件 204 起，已披露募集总金额 3 682.31 亿元人民币。报告显示，中国公司在首次公开募股数量和融资总额方面都出现激增，令中国成为全球首次公开募股最为活跃的国家。

第三季度上市数量较前两个季度有大幅增加，如图 6.1 所示。主要源于国内首次公开募股的重启，第四季度首次公开募股数量又创下一个峰值，这主要得益于国内创业板的启动。

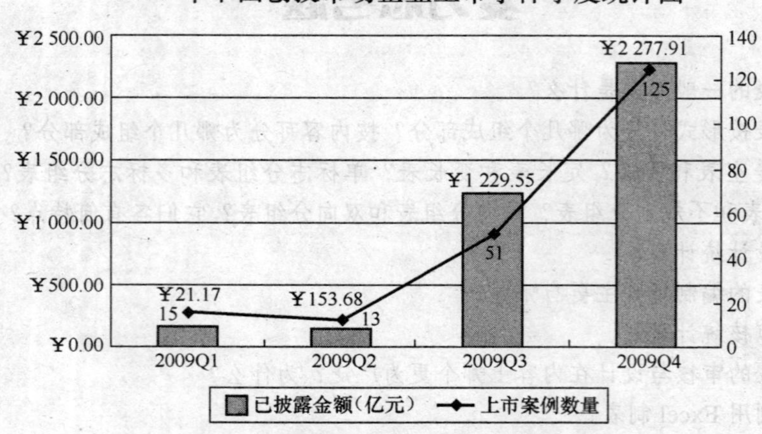

图 6.1　中国创投市场企业上市事件情况

启发思考

（1）从以上统计图中，你可看出什么问题？

（2）如果用文字或统计表来描述上图资料，会比统计图直观、易懂吗？

（3）为什么统计图的应用范围越来越广泛和普及呢？如何理解“统计图是一种特殊的语言”？

统计图是借助点、线、面、几何图形、象形图式等来表示统计资料的一种方法，所以也叫做图示法。它是一种广为人们所接受的分析方法，也是一种特殊的语言方式。图示的语言，在当今开放、融合的世界中已经变为了越来越被人欢迎的“世界语”。

一般来说，统计资料的表现方法有 3 种：文字、表示和图示。它们在说明统计资料的效果和风格上各不相同，统计图能把统计资料化为简单的图形，具有鲜明醒目、便于比较、生动活泼、通俗易懂的特点。不论有无统计知识，也不论文化程度高低，甚至在不同的语言之间，统计图都能让人一目了然，看懂图的内容。另外，统计图示法也是统计分析的一种方法，它能将比较复杂的现象用一种清晰、扼要的图示形式表现出来。所以统计图示法在完成统计任务方面具有特殊的作用。

第一节　统计图的基本知识

一、统计图的构成

（一）统计图的一般形式

统计图的一般形式如图 6.2 所示。

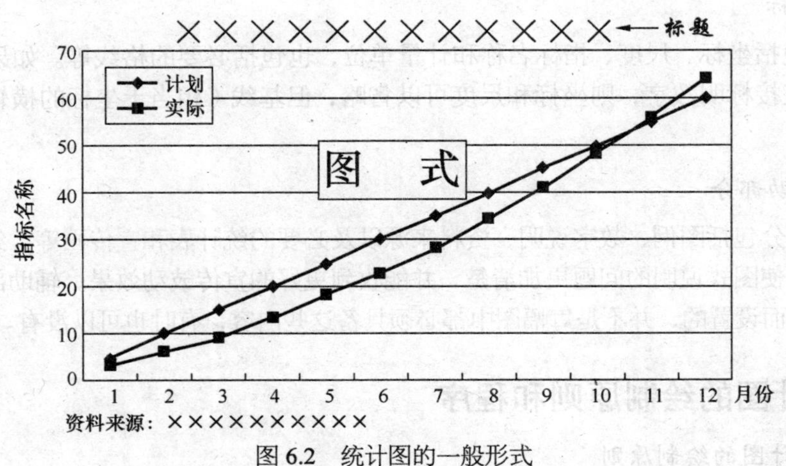

图 6.2　统计图的一般形式

如某公司 4 个企业 2009 年产品抽查合格率情况统计图，如图 6.3 所示。

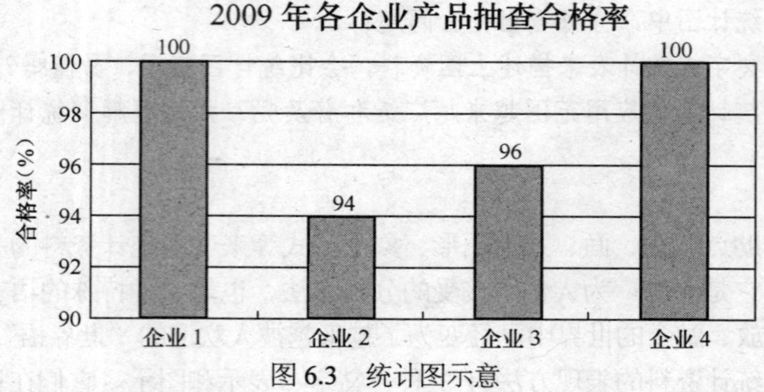

图 6.3 统计图示意

（二）统计图的构成要素

为了绘图和审图的需要，统计图的构成大致可以概括为以下 4 个部分。

1. 标题

标题就是统计图的名称，它说明统计图所反映的主要内容及其所属的时间和空间等因素。标题一般写在图式的正上方，但也有写在图式的左右或下面的。

统计图的标题，一定要大方、醒目。

2. 图式

图式就是在概括统计资料的基础上绘成的圆点、曲线、条形、平面、立体和象形等。不同的图式就构成了不同的统计图。

图式是统计图的主体。所以，图式在图中所占的面积一定要达到“绝大比重”，应在 70% 以上。

3. 尺标

尺标包括坐标、尺度、指标名称和计量单位，也包括必要的格线等。如果统计图中的线形能直接标明数字，则坐标和尺度可以省略，但基线（相当于坐标的横轴）一般不省略。

4. 辅助部分

辅助部分包括图例、数字说明、资料来源以及必要的统计表和宣传画等。统计图的辅助部分可以使图式说明的问题更加清楚，并能收到更好的宣传鼓动效果。辅助部分的内容是根据需要而设置的，并不是每幅图中都必须具备这些内容，有时也可以没有。

二、统计图的绘制原则和程序

1. 统计图的绘制原则

（1）要有严格的科学性。首先，统计资料必须准确无误；其次，表现统计资料的图形比例要准确。不科学的统计图，会给人造成错觉或误导。统计图的科学性是统计人员人格素质的体现。

（2）要有一定的艺术性。统计图的艺术性是统计图的生命，它是工作艺术和工作能力的体现，也是统计人员业务素质的体现。

（3）图示结构要正确、简明、重点突出。一张图不要包括过多的、庞杂的资料。图式的设计应力求通俗化、大众化，便于群众接受。

（4）统计图的设计与绘制，必须与其场合、阅览对象等特点相适应。例如，提供给领导参阅和附在分析报告上的统计图，一般应绘得细致详尽，朴实严格；而面向群众的统计图，则应简明扼要、美观艺术、色彩鲜明等。

2. 统计图的绘制程序

绘图程序是绘图质量和绘图效率的保证。

（1）确定图示的目的和任务。只有明确图示的目的和任务，才能知道制图需要应用什么资料，以及用哪种图式来表达。

（2）选择制图应用的资料。统计资料的选择非常重要，不是什么资料都能符合研究的目的和完成研究的特定任务。例如，图示任务是检查计划时，就应选用与计划检查内容有关的统计资料。

（3）选定图式。选定统计图的图式，必须根据预先确定的图示任务和制图资料的性质来选定适宜的图示。

（4）绘制草图。图式选定以后，在初步设计的基础上，用铅笔画好草图进行审核修改，达到图上各部分排列适宜，布局匀称。这一步骤非常重要，想象的布图与眼见的布图在感受上是很不一样的！

（5）检查复核。绘制好草图之后，要认真复核，首先应按着绘图要素进行检查；其次从图形比例上检查；再次从图形的图例上检查；最后从数字和文字上检查。

（6）正式绘图。根据绘成的草图进行描绘；在着墨填色时，必须十分细致。

三、统计图的种类

统计图可以按照统计资料的性质、图示应用的目的、图式的表现形式等不同方法进行分类。各种分类各有长短，这里主要介绍根据图式的表现形式对统计图进行的分类。

（1）条形图。它又分为单式条形图、复式条形图等。

（2）曲线图。它又分为动态曲线图、依存关系曲线图和计划执行情况曲线图等。

（3）结构图。它又分为条形结构图、圆形结构图等。

（4）象形图。它又分为长度象形图、面积象形图、单位象形图和其他象形图。

（5）分布图。它又分为直方图和统计地图。而统计地图又可分为点地图、线地图、面地图、数字地图和象形地图等。

以上是统计图的基本分类，实际中还可以根据不同情况结合运用。如条形图与曲线图的结合、分布图与象形图的结合等。

四、统计图的绘图方法

统计图的绘图方法，包括图式的具体绘制、线条的选择、着色与配色、图形的取舍与相关的计算等。从严格的意义上说，统计图的绘图没有固定的方法，绘图时可以根据自己的艺术功底“自由”选择。这里只就统计绘图中常用的方法做以介绍。

1. 平面图法与立体图法

平面图法，就是用二维图形构成统计图式的绘图方法。平面图比较简单、实用，多数统计图都采取这种绘制方法，如图 6.1 ~ 图 6.3 所示。

立体图法，就是用三维图形构成统计图式的绘图方法。其艺术性要比平面图高一些，如图 6.9 所示。

2. 单纯图法与装饰图法

单纯图法，就是仅由统计图的主要要素构成统计图式的方法。图中不含有宣传画，如单纯的条形图或线形图等。这种图多在计划、总结、分析报告、论文等比较“正规”的文体中使用，如图 6.1 ~ 图 6.3 所示。

装饰图法，就是在单纯图法的基础上再配有宣传画的绘图方法。其中的宣传画一定要与图中统计资料的内容密切相关。这种统计图多用于宣传群众、鼓舞群众的场合。装饰图法需要较高的艺术性，因此，其难度也较大，如图 6.4 所示。

3. 线纹图法与着色图法

线纹图法，就是由不同的线纹来表示不同内容的统计资料的构图方法。如用左斜线纹表示工业产值，用右斜线纹表示农业产值，用方格网线纹表示交通运输业产值等。如图 6.18 所示，就是用不同的线纹表示不同的人口密度。

着色图法，就是由不同的颜色来表示不同内容的统计资料的构图方法。如用红色表示工业产值，用绿色表示农业产值等。由于人们对颜色的青睐，因而着色图也就比线纹图更受人们的喜欢。

实际中，也可把线纹图法与着色图法结合起来，如用不同颜色的线纹来绘制统计图。

4. 单一图法与复合图法

单一图法，就是只由一种图式构成统计图的方法。如条形图（见图 6.3）、曲线图（见图 6.2）等。

复合图法，就是由多种图式复合起来构成统计图的方法。如条形图与曲线图的复合（见图 6.1），条形图与结构图的复合等。

5. 手工图法与机制图法

手工图法，就是专由手工进行绘图的方法。手工绘图对艺术水平和技术水平的要求都非常高，但它能绘出独特的统计图。一般来说，有创造性的象形图多由手工法绘出。

机制图法，就是由计算机通过一定的绘图软件来绘制统计图的方法。随着计算机技术的发展，多数统计图都可由计算机来完成，而且绘图规范、速度惊人，所以，现在多采用机制法绘图。

现在看来，机制绘图的方法已越来越多，其精细程度和艺术性也越来越高。但在创造性和艺术性上，机制图法还不能完全替代手工图法。

第二节　常用统计图的绘制

统计图式的类型，决定了统计图的特点，因而也决定了统计图的绘制方法。

一、条形图

条形图就是用相同宽度的条形来说明统计资料的统计图。它用条形的高低或长短来说明统计资料的多少或大小。条形可以直立（此时亦可称为柱形图），也可以横排。

1. 单式条形图

单式条形图是将需要对比的指标用单一的条形排列而成的图形，如图 6.4 所示（摘自《奋进的 40 年》，国家统计局编，中国统计出版社 1989 年 7 月第 1 版）。

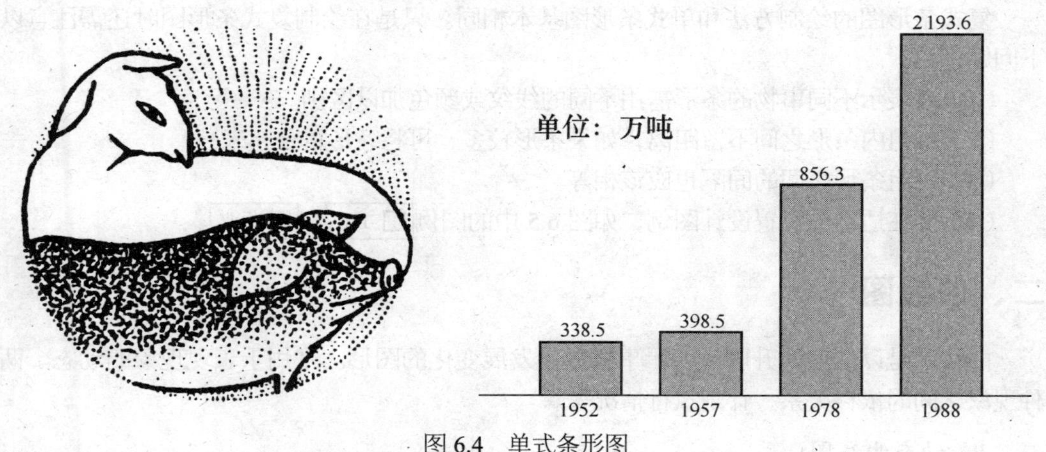

图 6.4　单式条形图

图 6.4 的绘图方法，采取的是平面图法、装饰图法（图中左侧的图案只是一个宣传画）、着色图法、单一图法、机制图法。

在绘制条形图时还需注意以下的一般性问题。

（1）所有条形一定要在同一条基线上。

（2）每个条形的宽度一定要相等，条形之间的间隔也要相等。

（3）各个条形的排列应有一定的顺序。如与时间有关的条形图应以时间的先后为序，否则一般以指标数值的大小为序。

（4）一定要标清相应的统计数字。可以用纵坐标的形式标出，也可以在每个条形的上端标出。

（5）一定要有标题。指出图的基本内容和所在的时间、地点或单位等。

其他问题，就都属于艺术性的问题，可随心所欲，尽情发挥。

2. 复式条形图

复式条形图是以多个条形为一组，在一个图上同时并列若干个组的条形图。该图既可以进行组与组之间的比较，又可以进行组内项目的比较，如图 6.5 所示。

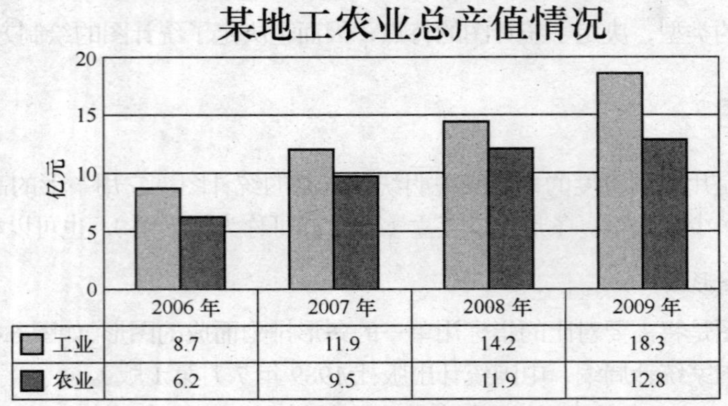

图 6.5　复式条形图

复式条形图的绘制方法和单式条形图基本相同。只是在绘制复式条形图时还需注意以下问题。

（1）对表示不同事物的条形需用不同的线纹或颜色加以区别。

（2）每组内条形之间不留距离，如果条形较多，可将条形重叠起来。

（3）每组条形之间的间隔也应该相等。

（4）要在适当的位置设计图例，如图 6.5 中的图例 工业 和 农业 。

二、曲线图

曲线图是以曲线的升降来表示事物数量发展变化的图形。常用于表现现象的动态、两种现象之间的依存关系、计划执行情况等。

1. 动态曲线图

动态曲线图是利用曲线的升降来说明某种现象在不同时间上变化的图形。它不仅可以说明各个不同时期现象的发展水平，而且还能从曲线斜度的大小上反映出现象发展速度的快慢，如图 6.6 所示。

绘制动态曲线图时应注意以下问题。

（1）图中的曲线均为折线，而不用圆滑曲线连接。其他曲线图也是如此。

（2）要把时间因素设计在横轴上，而且横轴上时间的长度，一定要与线段的长度成比例。

2. 依存关系曲线图

依存关系曲线图是利用曲线来说明现象与现象之间依存关系的图形。它能反映出一个指标对另一个指标的影响程度或依赖程度。其画法与动态曲线图相同，如图 6.7 所示。

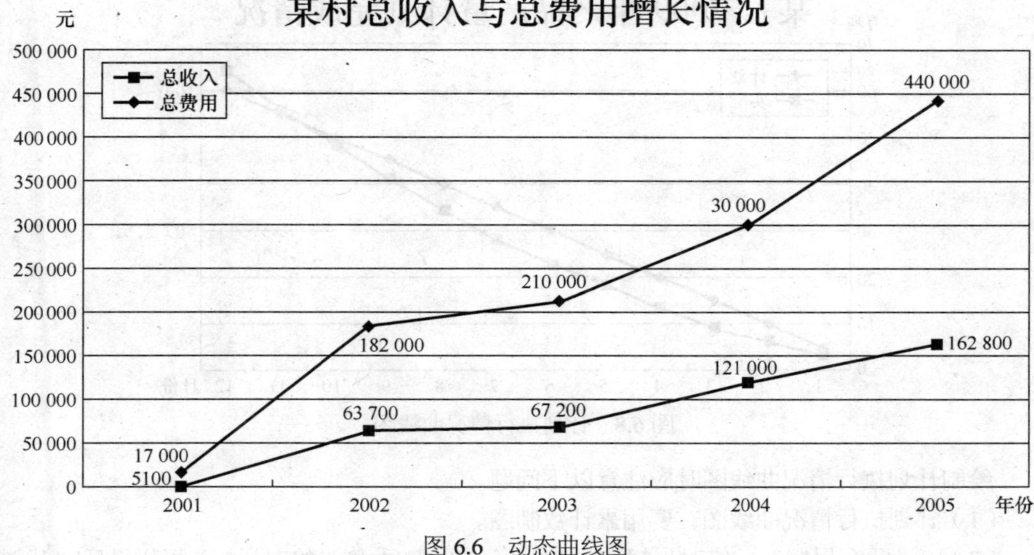

图 6.6 动态曲线图

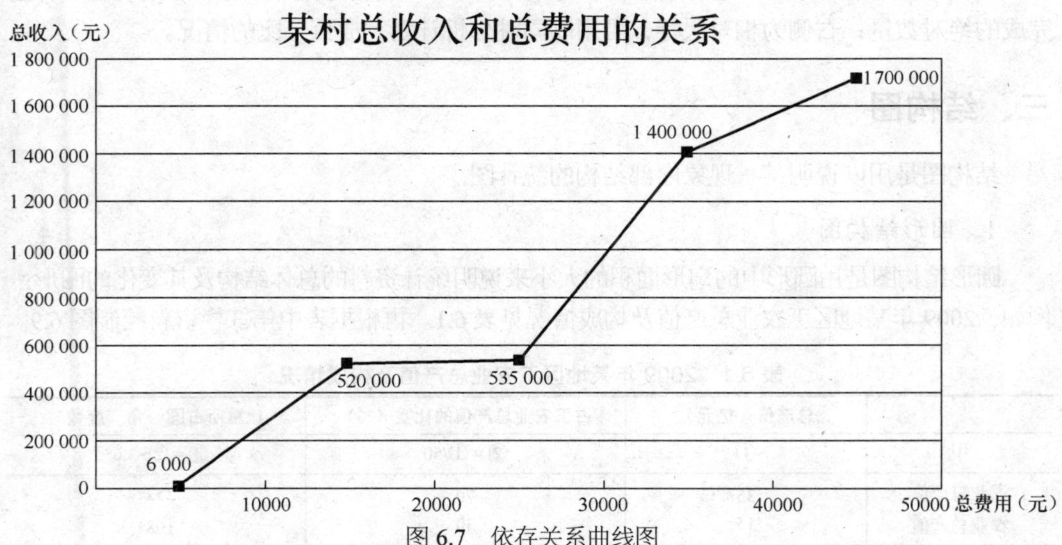

图 6.7 依存关系曲线图

绘制依存关系曲线图时，要把自变量设计在横轴上。

3. 计划执行情况曲线图

计划执行情况曲线图，实质上也就是动态曲线图，所不同的只是图形上所表示的不是各期的数值，而是到各期为止的累计数值，如图 6.8 所示。

计划执行情况曲线图的分析：计划执行情况是从曲线的位置和斜度上进行分析的。实际累计曲线位于计划累计曲线之上，则表示超额完成累计计划；当实际曲线的斜度和计划曲线的斜度相同或大于计划曲线的斜度时，表示该月份完成或超额完成了月计划。反之，当实际曲线的斜度小于计划曲线的斜度时，表示未完成月计划。

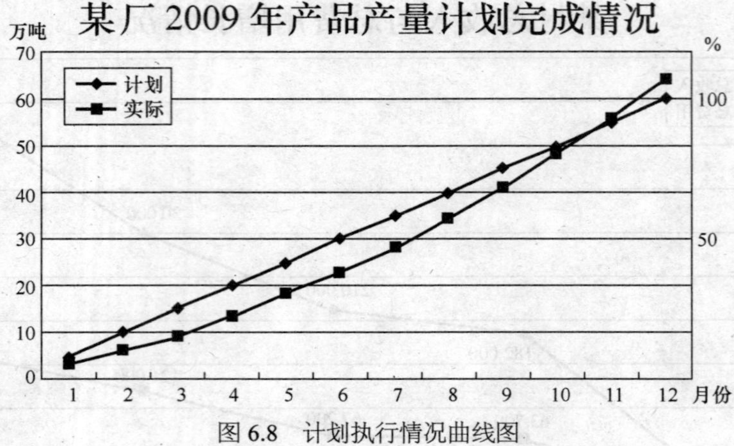

图 6.8 计划执行情况曲线图

绘制计划执行情况曲线图时应注意以下问题。

（1）计划执行情况曲线图，要用累计数制图。

（2）应设两个尺标——绝对尺标和相对尺标。图 6.8 左侧为绝对尺标，可用以反映计划完成的绝对数量；右侧为相对尺标，可用以同时分析计划完成百分比的情况。

三、结构图

结构图是用以说明某一现象内部结构的统计图。

1. 圆形结构图

圆形结构图是用圆形中的扇形面积的大小来说明统计资料的总体结构及其变化的图形。例如，2009 年某地区工农业总产值及构成情况见表 6.1。再根据表中第③栏资料绘制图 6.9。

表 6.1 2009 年某地区工农业总产值及构成情况

	总产值（亿元）	占工农业总产值的比重（%）	比重所占圆心角（度数）
甲	①	②=①/50	③=②×3.6°
工业总产值 农业总产值	35 15	70 30	252° 108°
合计	50	100	360°

绘制圆形结构图时应注意以下问题。

（1）图中扇形的大小一定要精确。

（2）一定要有图例。且图例的位置要适当，如图 6.9 中[工业]与[农业]所示的摆放位置，可使图式产生稳定感。

（3）若在一幅图中包含多个圆形结构图，要把它们绘在同一个基线上。

（4）在一幅图中进行多个圆形的比较时，圆形的面积应有不同的处理方法。若只是比较结构上的变化，则各个圆形的面积应该一样大；若既要比较结构的变化，又要比较绝对量的增长情况，则面积可根据统计数据的大小而不同（关键是半径的确定）。

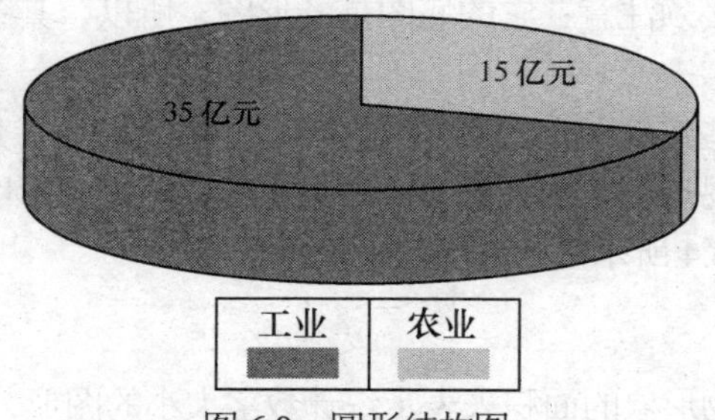

图 6.9　圆形结构图

2. 条形结构图

条形结构图是以条形的全长代表总体（100%），条形内的分段代表总体的各个部分，分段的长短表示各组成部分在总体内所占比重的大小，如图 6.10 所示。

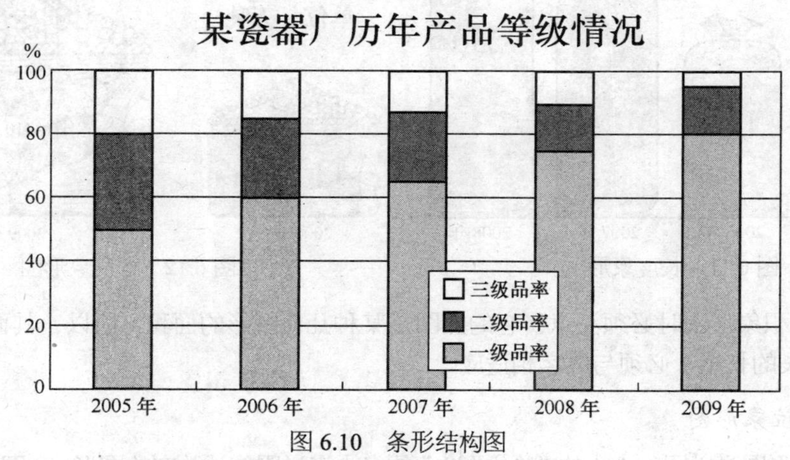

图 6.10　条形结构图

在绘制条形结构图时应注意以下问题。

（1）画图的依据应是比重的资料。这就需要把统计数据的绝对数据转换成相对数据。

（2）总体中不同的部分，要用不同的颜色或线纹。而且排列的顺序应相同。

（3）一定要有图例。在适当位置绘制出图例。

四、象形图

象形图就是用各种实物的具体形象来表示统计数字的一种图形。它比一般统计图表现统计资料时更为生动、形象。所以在评估、竞赛、展览会及宣传工作中，都非常广泛地运用象形图。

1. 长度象形图

长度象形图是以实物形象的长短来表示统计数字大小的图形。这种图式实质上是条形图的变形，所以其绘制方法基本和条形图一样，所不同的只是把条形绘制成各种象形化的实物而已，如图 6.11 所示。

绘制长度象形图时必须注意：它的底图是条形图，所以，其条形的长短必须与数字相适应。

需要说明的是：有些统计图上常常配有宣传画，目的是为了突出图表中文字和数字所要表达的意义，使人容易理解，加强图表的效果。但这不是象形图，因为这些图形本身不代表任何统计数字。图 6.4 所示是条形图而不是象形图。

2. 面积象形图

面积象形图是以实物形象的面积来表示统计数字大小的图形，如图 6.12 所示。

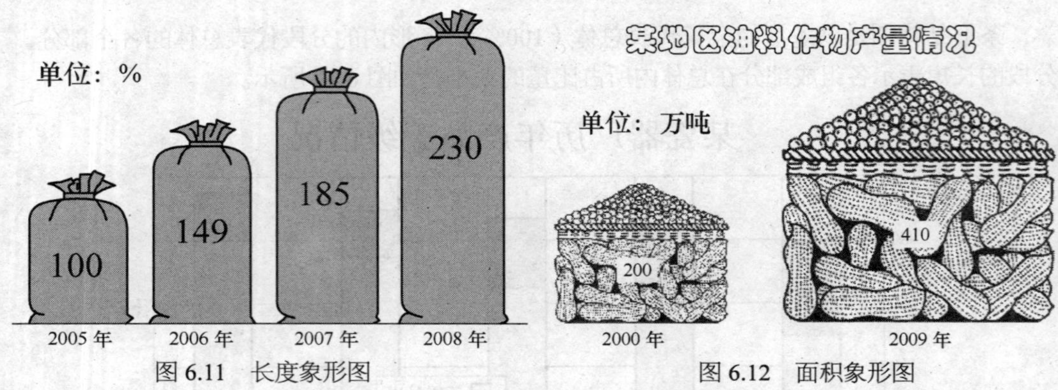

图 6.11 长度象形图　　图 6.12 面积象形图

绘制面积象形图时必须注意：它的底图是某种几何图形的面积，所以，其面积的大小（而不是边长的长短）必须与数字相适应。

3. 单位象形图

单位象形图是以同一大小的“单位形象”的多少来说明统计数字的图形，如图 6.13 所示。

图 6.13 单位象形图

绘制单位象形图时应注意以下问题。

（1）必须设计好构成象形图的“单位象形”。如图 6.13 中的[拖拉机图标]，且要保证图中所有“单位象形”必须一致。其排列也应尽可能整齐，以便于计数和比较。

（2）单位象形图中的“单位象形”应该保持完整。数字不能保证恰好完整时，应用“四舍五入”的办法近似取整。这是因为：象形图一般都是用来宣传群众的，不是用来搞研究的，近似值就可以达到目的；如果让不完整的“单位象形”出现在统计图中，有时会让人不好理解，如“缺少一半”的拖拉机应该是废铁而不再是拖拉机。

（3）一定要有图例。而且要求图例的大小、形状等，必须与图中“单位象形”完全一致；另外，还要把图例放在一个合适的位置。

4. 其他象形图

其他象形图即不具有对比基础，仅以图形说明指标内容而与其大小无关的象形图，如图 6.14 所示（摘自《奋进的 40 年》）。

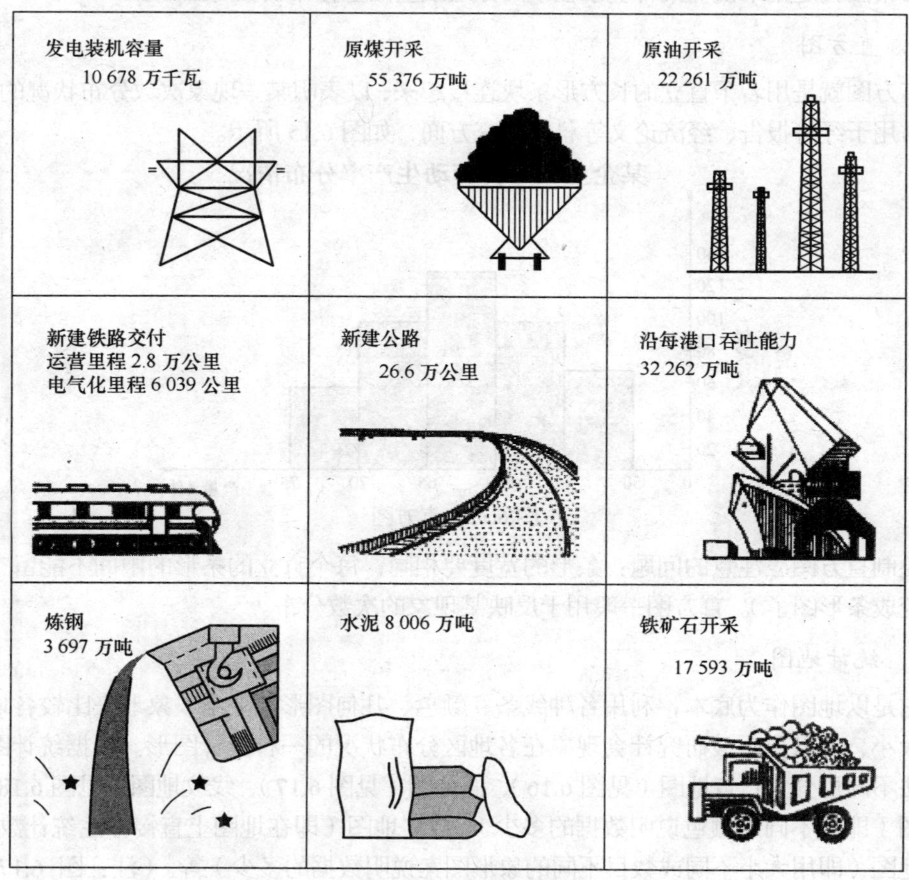

图 6.14 其他象形图

其他象形图中的图式，只要在内容上与它所反映的指标相称即可；在图形的大小、形式上不做任何要求，只要在布局上合理即可。这是因为图中各项指标之间没有对比的基础，因而不用在图式的大小上进行比较。

统计小常识

对象形图你了解多少？

（1）其他象形图与配有宣传画的统计图一样吗？不一样！配有宣传画的统计图，若去掉宣传画还是统计图。但其他象形图，若去掉了图中的图式就不再是统计图了。

（2）绘制象形图时一般应注意什么问题？①反映什么就要画什么；②画什么就要像什么；③要特别注意科学性，即长度象形图其长度要准确，面积象形图其面积要准确，单位象形图其每个“单位象形”要一样大且一模一样。

五、分布图

分布图就是用来说明某种现象在不同分组或空间上分布状况的图形。

1. 直方图

直方图就是用若干直立的长方形条块连接起来，以表明某一现象次数分布状况的图形。它常常用于经济报告、经济论文等科学研究方面，如图 6.15 所示。

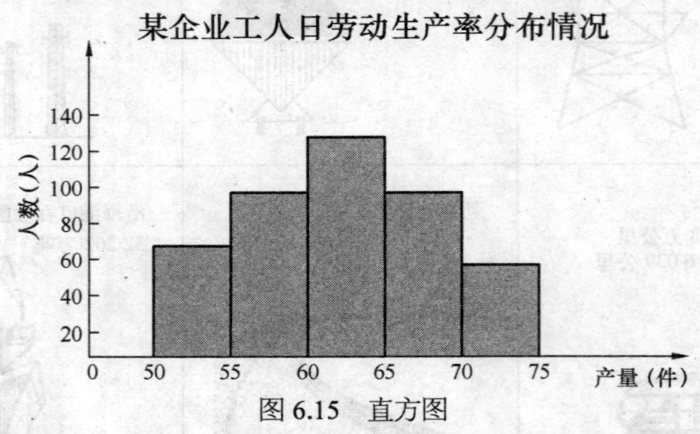

图 6.15 直方图

绘制直方图应注意的问题：条形的宽度要相同，每个直立的条形的中间不能留空（否则就变成条形图了）。直方图一般用于反映某现象的次数分布。

2. 统计地图

它是以地图作为底本，利用各种线条、颜色、几何图形、数字或象形来比较各地区指标的大小，借以显示被研究社会现象在各地区分布状况的一种统计图形。根据统计图的表现手法不同可分为：点地图（见图 6.16）、面地图（见图 6.17）、线纹地图（见图 6.18）、颜色地图（即用不同的颜色说明数据的多少）、数字地图（即在地图上直接标注统计数字）、象形地图（即用大小不同或数目不同的象形图案说明数据的多少）等。（注：图 6.17 和图 6.18 摘自刘秉恒等编著的《统计图的绘制与美术加工》）

从图 6.16 中圆点的分布可看出，其商业网点的分布多在东南沿海一带。

绘制统计地图应注意以下问题。

（1）作为底图使用的地图，其外轮廓线必须画得准确，尤其是国家一级的地图。

图 6.16 统计地图（点地图）

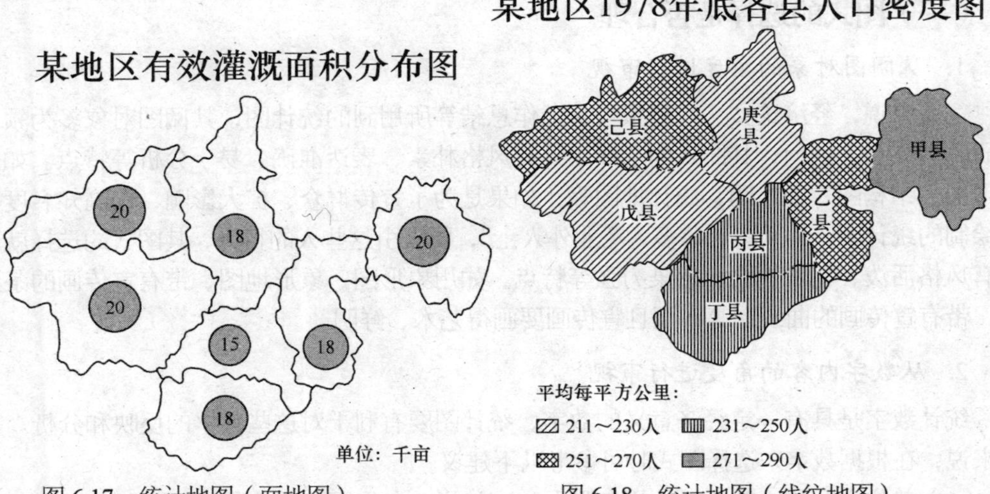

图 6.17 统计地图（面地图）　　图 6.18 统计地图（线纹地图）

（2）内轮廓线（即图内各地区的轮廓线）可以稍粗一点（如用折线勾画），当然，也是能够精确为好。

（3）图示符号的选择要合适，如表现某种指标的数量，可用点、线、面、色彩、象形等表示；如表现分布的密度，可用各种粗、细疏密线纹或深浅颜色表示；如表现各地域结构特征，可用各种表现结构的图形等。

第三节 统计图的审视

统计图的审视，就是统计专业人员或领导对统计图的构成、科学性、艺术性等方面进行的审查。统计图的审视包括外观形式的审视和科学性审视两大方面。

一、统计图外观形式的审视

（1）看统计图的构成要素是否齐全。如标题、图式、尺标或数字、辅助部分等。

（2）看图式是否为统计图的主体。这主要看图式部分所占的面积是否足够大，一般来说，应占 70%以上。

（3）看图式是否逼真、漂亮。这就是统计图的艺术性审核。

（4）看统计图的布局是否合理。如重心是否偏向一方、图式是否过窄或过长、由几个部分构成的图式是否协调、图例位置是否有利于整幅统计图的“平衡”和“稳定”等。

（5）看是否缺少统计数字。这一点非常重要，如果一幅图没有统计数字，那就不是统计图而是宣传画了。

（6）看颜色的搭配是否合适。

二、统计图的科学性审视

（一）图式的选择是否合理

1. 从阅图对象的角度进行审视

一般来说，经济论文、经济报告、工作总结等所用到的统计图，其阅图对象多为领导或研究型人员，因而，其图式的选择应具有风格朴素、表达准确、易于分析等特点。如用条形图、结构图、曲线图、统计地图等；如果是为了宣传群众、扩大影响、提高知名度等而绘制的统计图，其阅图对象多为“业外人士”，要吸引这些人的目光，其图式的选择就应具有风格活泼、艺术性强、感染力强等特点。如用象形图、象形地图、带有宣传画的条形图、带有宣传画的曲线图等，而且宣传画要画得艺术、鲜明。

2. 从数字内容的角度进行审视

统计数字是具有一定经济意义的数字，统计图要有利于对这些数字的反映和分析。一般来说，在根据数字来选择图式时可参考以下建议。

（1）单位之间的比较，可选用条形图。应该说，条形图的用途最广，一般的资料都可用条形图来绘制。

（2）具有动态过程的数字、要突出现象之间依存关系的数字，可选用曲线图。

（3）反映计划和实际的资料，如果只是为了进行各阶段或各单位之间的比较，可选用复式条形图；若是一个单位的资料，且要反映计划执行的全过程，就应选择计划完成曲线图。

（4）反映事物内部结构的资料（即比重），则适合于结构图。但要注意：具有包含关系的资料（如反映某地粮食产量和商品粮产量的资料），应选用条形图而不该选择结构图。这是因为在结构图中，各个部分所占的扇形面积给人感觉就是“它们之间的关系是相互独立的”。

（5）反映总体单位次数分布的资料，一般适合于用直方图。

（6）反映地域分布的资料，应选用统计地图。也可选用条形图。

（7）只要能找到合适的图式，各种资料都可以选用象形图。

（8）如果资料较多、也较复杂，就可以考虑用较复杂的统计图。如条形图与圆形结构图的结合、曲线图与象形图的结合、各种统计图与宣传画的结合等，如图 6.1 及图 6.19 所示。

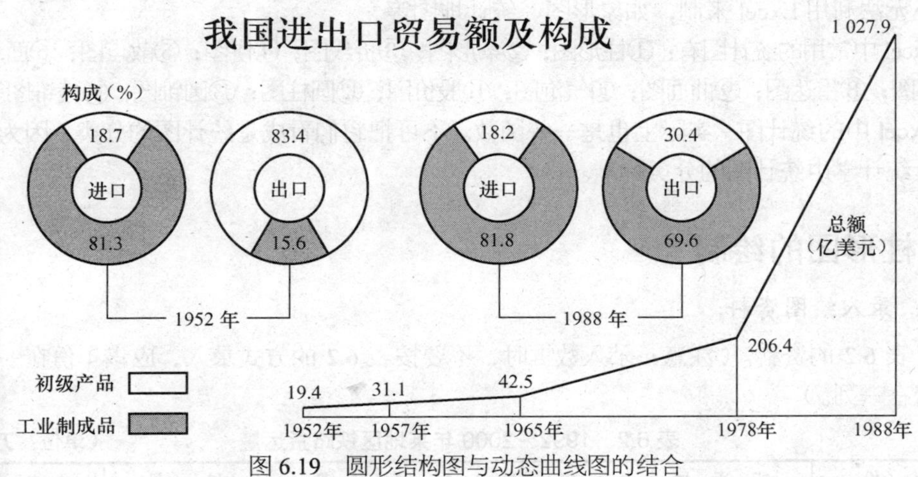

图 6.19 圆形结构图与动态曲线图的结合

（二）图式的比例是否合适

图式的比例是否合适，可通过对数字与图形大小的比较来进行判断，主要的方法是通过计算和测量。

（1）对条形图主要看其条形的长短、宽窄和间隔。

（2）对圆形结构图主要看其圆心角。先算比重，再乘 3.6° 求圆心角并用量角器进行检查。

（3）对曲线图主要看时间的长度。横轴上时间的长度，一定要与横轴上线段的长度成比例。这是因为曲线的陡峭程度可以用来说明事物发展的速度，而曲线的陡峭程度与横轴上线段的长短有着直接的关系。

（4）对长度象形图主要看“条形”的长短。因其实质是条形图。

（5）对面积象形图主要看“边长”的长短。

（6）对单位象形图主要看“单位象形”的个数。对于不能“整除”的数字，一般均按“四舍五入”的规则进行确定。

（7）对于点地图主要看“点”的个数。当用“点数”代表事物分布密度时，就要看“点”的个数是否与它们所代表的指标数值相一致。

（8）对于面地图主要看“面”的大小。即看用以反映指标数值的“面积”是否与指标数值的大小相一致。

（9）对线纹地图主要看图中的线纹。要看这些线纹是否与图例相一致。

第四节 Excel 制图

利用 Excel 制作统计图，是一种非常快捷、有效的方法，所以，统计图的制作是一种非常有用的技能。但一般来说，不懂手工制图的人，用 Excel 也制不好统计图，而且，有些统计图还无法利用 Excel 来制，如象形图、统计地图等。

Excel 中常用的统计图有：①柱形图；②条形图；③折线图；④饼图；⑤散点图；⑥面积图；⑦圆环图；⑧雷达图；⑨曲面图；⑩气泡图；⑪股价图；⑫圆柱图；⑬圆锥图；⑭棱锥图等。

Excel 中的统计图，实际上也是一些函数。不可把它们看成是统计图的分类，因为它们不符合统计学中统计图的分类标准。

一、柱形图的绘制

1. 录入绘图资料

见表 6.2 的资料。（注意：录入数据时，不要按表 6.2 的方式录入，应该年份在一列，货运量在一列。）

表 6.2　1992～2000 年某地区铁路货运量　（单位：万吨）

年　份	货　运　量	年　份	货　运　量	年　份	货　运　量
1992	116	1995	129	1998	125
1993	120	1996	130	1999	128
1994	125	1997	133	2000	139

2. 选定录入的统计资料

如图 6.20 所示。注意：只选“货运量”的数字。

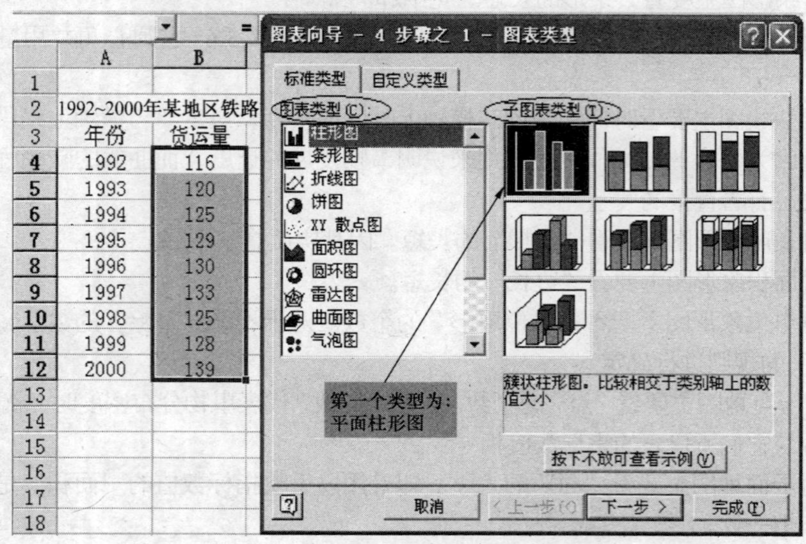

图 6.20　选图表类型——选图式

3. 利用计算机绘图

（1）单击菜单栏的“插入”→“图表”；在图 6.20 的“图表类型”中选“柱形图”；在“子图表类型”中选一种图（如平面柱形图）；单击“下一步”按钮，则出现图 6.21 的对话框。

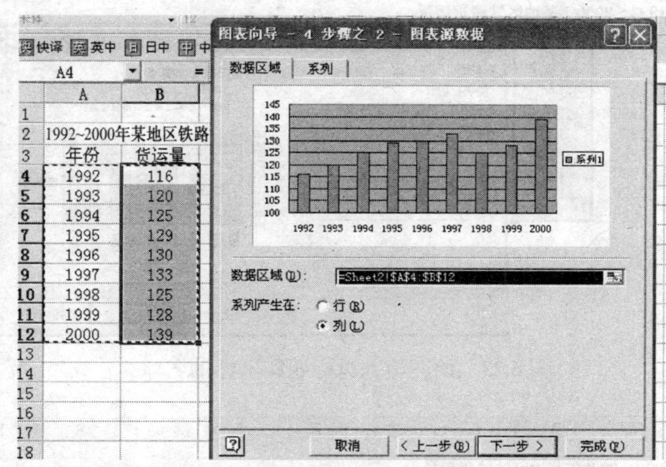

图 6.21　默认数据产生的区域和产生的系列

（2）在图 6.21 中，关键是确定“系列产生在”行还是列，本例默认为“列”即可。

（3）单击图 6.21 对话框中的“系列”标签，则会出现图 6.22 的对话框。

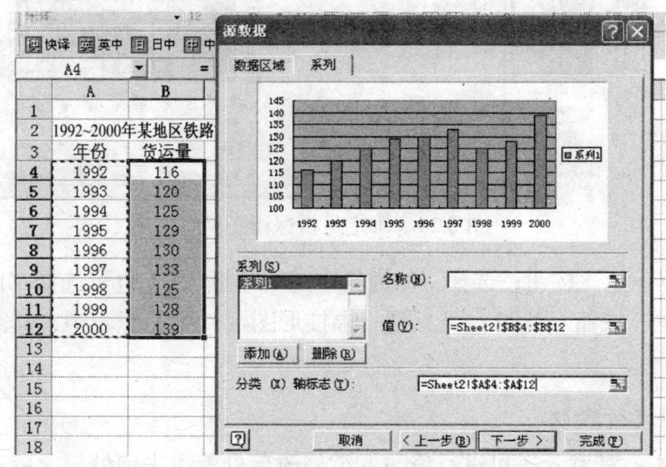

图 6.22　在系列标签下导入 x 轴的数据

（4）在图 6.22 中，最关键的是给“分类（x）轴标志”导入“年份”数据，即把光标移入“分类（x）轴标志”后面的长条框中，再到数据资料中选中所有“年份”的数据，导入后，从图 6.22 中可看出：每个柱形的下面都注上了年份的数值；单击“下一步”按钮，会出现图 6.23 的对话框。

（5）在“标题”的标签下填入有关标题。即给“图表标题”填入“1992～2000 年某地区铁路货运量”；给“分类（x）轴”填入“年份”；给“数值（y）轴”填入“货运量”；单击“图例”标签，去掉“显示图例”前的“√”号（若是复式柱形图则应保留此“√”号），如图 6.24 所示。

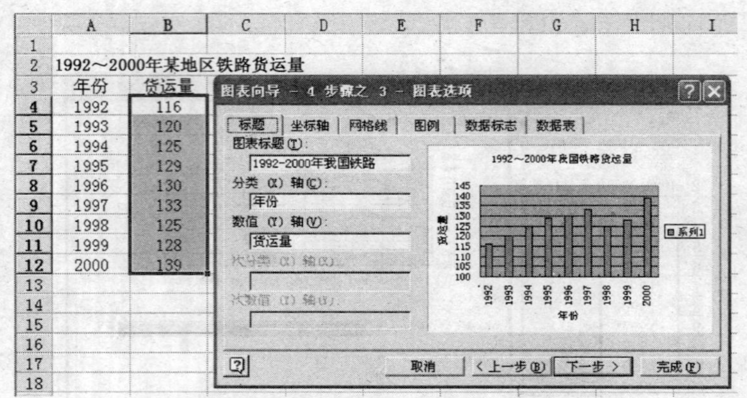

图 6.23　给图填入总标题和坐标轴名称

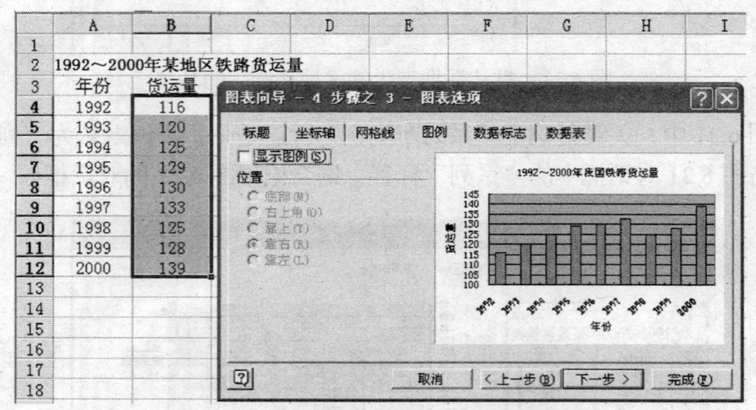

图 6.24　确定是否保留图例

（6）单击“下一步”按钮；选择“作为其中的对象插入”（也可选择“作为新工作表插入”）；单击“完成”按钮。此时，可见到一幅柱形图插入到工作表中，其图表的样式如图 6.24 所示。

4. 对统计图进行修改

若觉得图 6.24 不满意，还可进行修改。欲修改何处就点击何处，之后进行修改即可。如：改变图式的大小；改变字号的大小；把坐标轴的名称拖到你自己认为合适的位置；把纵坐标的名称转变方向等。改变后的统计图如图 6.25 所示。

例如，若想把纵坐标的名称转变方向，其操作方法是：单击“货运量”（见图 6.25 纵坐标左侧的位置），则出现一个边框；右击该边框，则出现一个选项菜单；单击“坐标轴标题格式”（见图 6.26）；单击“对齐”标签；在“方向”中调整角度；单击“确定”按钮即可。其他项目的修改，亦可仿此操作。

图 6.25　修改后的柱形图

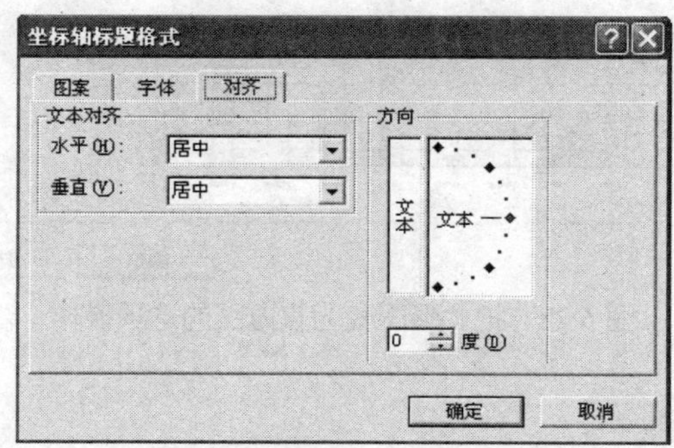

图 6.26　修改坐标轴的名称

二、直方图的绘制

直方图（见图 6.27）的绘制，是在柱形图的基础上进行的。其操作过程如下。

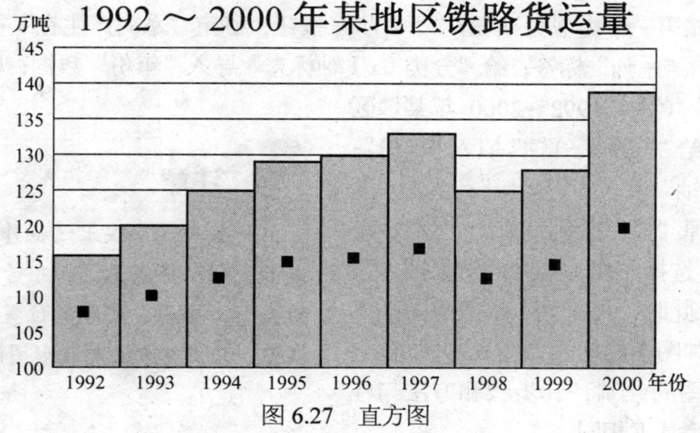

图 6.27　直方图

1. 先制柱形图

操作过程见“柱形图的绘制”。

2. 把柱形图改成直方图

在图 6.25 的基础上，右击图中任意一个条形；在出现的选项菜单中单击“数据系列格式”；在出现的对话框（见图 6.28）中单击“选项”标签；再把“间距宽度”的数值改为 0；单击“确定”按钮即可，形成的直方图如图 6.27 所示。

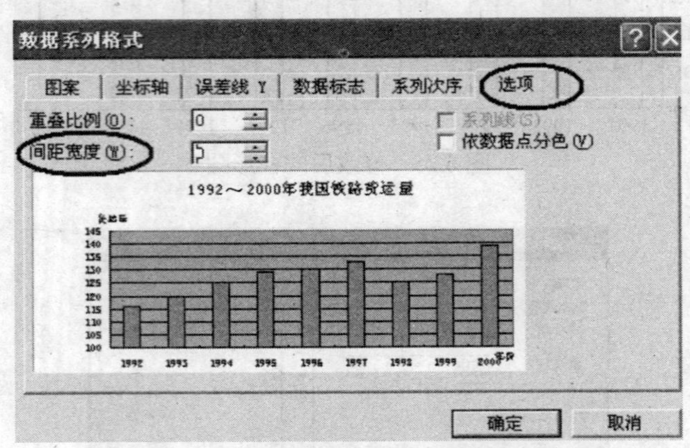

图 6.28　把柱形图变为直方图的选项操作

三、散点图的绘制

散点图是一种非常重要的统计图，尤其在进行回归分析时其作用更加重要。

散点图及其他类型的统计图，其操作过程都与柱形图的操作基本相同。仍以表 6.2 的资料为例，散点图的完整操作过程如下。

录入绘图资料（仍需按两列录入）；选定录入的统计资料（只选“货运量”的数字）；单击“插入”菜单项；单击“图表”；在“图表类型”中选“散点图”；在“子图表类型”中选一种图（如第一个类型）；单击“下一步”按钮；确定“系列产生在”行还是列（如选择“列”）；单击“系列”标签；给“分类（x）轴标志”导入“年份”数据；单击“下一步”；给“图表标题”填入“1992～2000 年某地区铁路货运量”；给“分类（x）轴”填入“年份”；给“数值（y）轴”填入“货运量”；单击“图例”标签，去掉“显示图例”前的“√”；单击“下一步”；选择“作为其中的对象插入”；单击“完成”。此时，可见到一幅散点图插入到工作表中，其图表的样式如图 6.29 所示。

一般来说，按上述操作后所得到的图式不会令人很满意，如字号、字体、图式的大小、布局、文字的位置等，所以还需调整。其调整方法与柱形图的调整相同。

其他统计图的绘制，其步骤和方法与柱形图、散点图等基本相同。

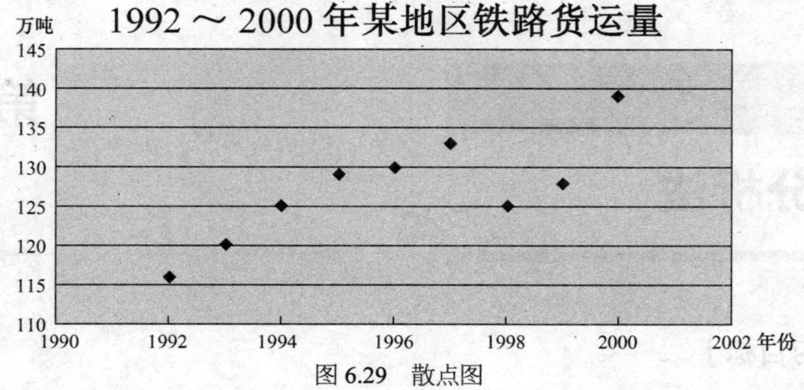

图 6.29　散点图

复习思考题

1. 什么是统计图？它有何特点？
2. 统计图由哪些部分所构成？如何绘制统计图？
3. 统计图的绘制原则包括哪些？如何理解？
4. 如何对统计图进行分类？实际中的统计图，是否可以结合运用？
5. 绘制条形图时应注意哪些问题？
6. 绘制曲线图时应注意哪些问题？
7. 绘制结构图时应注意哪些问题？
8. 绘制象形图时应注意哪些问题？
9. 绘制直方图和统计地图时应注意哪些问题？
10. 如何审视统计图？
11. Excel 中，对统计图是如何分类的？
12. 利用 Excel 制作统计图的程序是什么？为什么还要对其进行修改？如何修改？
13. 如何绘制直方图？

第七章

总量分析法

【学习目标】

通过本章的学习应理解总量指标、期增指标和期减指标等概念；掌握总量指标的分类，时期指标和时点指标的特点；明确总量指标的“常理界限”的含义；熟练计算和运用总量指标，并能应用总量指标分析实际问题；学会运用 Excel 进行统计汇总。

【案例导入】

改革开放的 30 年是我国经济飞速发展的 30 年。

在这 30 年中我国经济迅速走上快速发展的轨道，综合国力不断增强，经济总量连上几个大的标志性台阶。经济的快速增长使经济总量呈现加速扩张态势。国内生产总值由 1978 年的 3 645 亿元迅速跃升至 2007 年的 249 530 亿元。其中，从 1978 年到 1986 年用了 8 年时间上升了 1 万亿元，到 1991 年又用了 5 年时间上升了 2 万亿元，到 2001 年又用了 10 年时间平均每年上升近 1 万亿元；2001 年超过 10 万亿元大关，2002～2006 年进入高速增长期，平均每年上升 2 万亿元，2006 年超过 20 万亿元，在此基础上，2007 年一年又增加 3.76 万亿元。这 30 年是我国逐步摆脱低收入国家，不断向世界中等收入国家行列迈进的 30 年。

案例分析

本案例采用了国内生产总值——总量指标，对我国国民经济发展状况进行了描述，一连用了 9 个总量指标数值充分显示了我国改革开放 30 年来的伟大成就。通过这些描述使得人们对我国这 30 年来经济的发展状况有了具体、生动、形象的认识，特别是在各不同阶段发生的数量上的总变化，客观地记录了我国 30 年来经济发展走过的历程，使人印象深刻、清楚，实实在在地感受到了我国经济的飞速发展，综合国力的不断增强，有较强的说服力。所以，总量指标是认识经济现象总体发展状况不可缺少的工具，合理正确地使用总量指标可以帮助我们准确把握现象的发展状态。

总量指标是反映社会经济现象在一定时间、地点、条件下的总规模和总水平的基本综合指标。它的表现形式是绝对数，又称绝对指标。例如，一个国家的人口数、土地面积、企业数、产品产量、基本建设投资额等都是总量指标。总量分析法就是利用总量指标对社会经济现象进行分析的方法。

总量指标是通过统计记录或直接相加所获得的基础统计指标，是统计中最简单、最直接、最基本的指标，指标的数值大小随总体范围的变化而增减。

总量指标在社会经济统计中具有非常重要的意义。首先，总量指标是对社会经济现象总体认识的起点；其次，总量指标是制定政策、编制计划、检查计划、进行科学管理的重要基本数据；再次，总量指标是计算相对指标和平均指标的基础。

第一节　总量指标的分类

统计中的总量指标，都是在一定时间、地点、条件下社会经济内容的定量表现。我们在研究总量指标时要根据不同的需要，从不同的角度对其进行分类。

一、单位总量和标志总量

总量指标按其所反映的内容不同可分为单位总量和标志总量。

1. 单位总量（总体单位总量）

单位总量是指总体中所含总体单位的个数，也叫总体容量。它是反映总体本身规模大小的总量指标。如研究某市国有企业的经营状况，则该市国有企业总数是单位总量，当研究某企业职工的生活状况时，则该企业的职工人数是单位总量。

2. 标志总量（总体标志总量）

标志总量是指总体中各单位某种标志值的总和。它是反映总体水平高低的总量指标。如研究某市国有企业的经营状况时，该市国有企业的利税总额、职工人数、工资总额等都是标志总量。

二、实物量、价值量和劳动量

总量指标是反映客观实际存在的、具有一定社会经济内容的数字，所以其数字一定具有计量单位。根据计量单位的不同，总量指标可分为实物量指标、价值量指标和劳动量指标三种。

（一）实物量

实物量指用实物单位计量的总量指标或绝对数量。实物单位就是反映事物的自然形态和物理属性的计量单位，包括自然单位、度量衡单位、双重单位、复合单位、折合单位和其他单位。

1. 自然单位

自然单位就是按照被研究现象的自然属性来表现其数量的一种计量单位。如人口以“人”为单位，汽车以“辆”为单位，机器以“台”为单位，牛以“头”为单位等。

2. 度量衡单位

度量衡单位就是按照统一的度量衡制度的规定来度量客观事物数量的一种计量单位。其中重量单位有“千克（kg）”、“吨（t）”等，面积单位有“平方米（m^2）”、“公顷（hm^2）”等，体积单位有“立方米（m^3）”等，容积单位有“升（L）”等。

3. 双重单位

当有的事物用一种计量单位不能准确地反映其真实的规模和水平，需要同时用两个单位分别加以反映，这种计量单位叫双重单位。如电动机以“台/千瓦”来表示，起重机以“台/吨”来表示等。

注意

这种形式表示同时用两种计量单位分别反映该现象的量，两个单位中间的小斜线不是表示两者相除之意。这样的单位形式，目前已基本上不用了，因为这样的数值不便于计算机的处理。

4. 复合单位

复合单位就是用相乘的方法将两种计量单位有机地结合在一起来表示事物的数量。如货物周转量用“吨千米”表示，发电量用“千瓦小时”表示，客运量用“人次”表示等。

5. 折合单位（标准单位）

折合单位也叫标准单位，就是按照统一折算标准来度量被研究现象数量的一种计量单位。某些同类产品由于规格、品种、能力或化学成分含量不同，其使用价值也就不同，因而产品的混合量不能确切反映生产成果。为此，对一些产品要求按一定的折合标准，折算为一种标准规格或标准含量的产品。如“标准台”、“标准吨”、“标准只”等。

6. 其他单位

如：“千瓦（kW）”、“焦耳（J）”、“立方米/秒（m^3/s）”等（注意：m^3/s 不是双重单位）。

实物量指标的优点是能直接反映事物的使用价值或具体内容。其缺点是缺乏综合能力，即不能把不同单位的量加在一起而形成总量。

（二）价值量

价值量指用货币单位计量的总量指标或绝对数量。它使不能直接相加的产品或商品数量过渡到能够加总，用以综合说明不同使用价值的产品总量或商品总量等的总规模或总水平。如国民生产总值、社会商品零售额、产品成本、利润等。

货币单位有人民币和外币之别。如用人民币表示的常用价值量单位有“元”、“万元”、“亿元”等。

价值量指标的优点是综合能力强。其缺点是过于抽象，从它所表现的数字中无法看出它包含的具体内容。

（三）劳动量

劳动量是以劳动时间作为计量单位的总量指标或绝对数量。如“工时”、“工日”等。任何事物、财富都是劳动消耗的产物，劳动量是可以相加的，将生产各种产品所消耗的劳动量相加可以得到劳动消耗总量。

劳动量指标的特点是有一定的综合能力，但又不如价值量。

三、时期数与时点数

总量指标按其反映的时间特点不同，可分为时期数与时点数。

（一）时期数

时期数是指社会经济现象在一定时期内发展过程的总量。如产品产量、商品销售额、国内生产总值等。

1. 统计上常用的时期

统计上常用的时期有日、月、季、年、五年、十年等。

2. 时期数的特点

（1）可连续登记。连续登记是指其指标数值在时间上是连续的，即不丢时间段的登记。而不能把它理解为登记时间的连续。可以是每天一登记，也可以隔几天一登记，但不管相隔多长时间进行登记，都需要把资料所属的时期连续上。

（2）数值的大小与时期长短有直接关系。在一般情况下时期越长指标数值越大，反之则越小。如年产值必定大于年内某月产值，月产值必定大于日产值等。但有些现象如利润等出现负数时，可能出现时期越长数值越小的情况。

（3）时期数具有动态可加性。所谓动态可加性，是指该指标在不同时间上的数值可以累计相加，累加后具有独立的经济意义（即能独立存在和独立运用），表示更长一段时间内事物发展过程的总数量。如月产量等于日产量之和，年产量等于月产量之和等。

（二）时点数

时点数是指社会经济现象在某一时刻（瞬间）上所达到的数量。如人口数、商品库存量、在校生人数等。

1. 统计上常用的时点

（1）以某一时刻或瞬间为时点。如我国第一次农业普查的标准时点为1997年1月1日0时。

（2）以某一天为时点。如月初，月末；季初，季末 ；年初，年末等。其实这类“时点”应该是一个时期，即从0时到24时这段时间，但在统计上常常默认为时点。

统计小常识

以某天作为时点时，统计上默认的规则

把某天作为时点的情况下，其数字可以作为上下期交界的“联结点”。即当在“上期期末数”和“下期期初数”中仅知其一时，可以用其中之一来代替，如常见的有：上月月末数＝下月月初数；上年年末数＝下年年初数等。

2. 时点数的特点

（1）不能连续登记。时点数只能在某一时刻登记得到，无法连续登记。

（2）数值的大小与时间间隔的长短没有直接关系。其数值的大小不会按间隔时间的长短而成比例地增减。如年末设备台数并不一定比年内某月月末设备台数多。

（3）时点数没有动态可加性。如"工人人数"就是时点指标，假设某月 1 日有 500 名工人，2 日有 505 名工人，若把两者相加，所得的 1 005 就没有独立的经济意义，这是因为它既不是全厂的工人数，也不是该厂"两天内的工人总数"，这一数字没有独立存在和独立运用的价值。

综上所述，时期数与时点数有着明显的区别：①两者所反映的时间状态不同。时期数是用来反映现象在一段时期内所积累的总量，从时间上说，有起点、有终点，并包括从起点到终点之间所有时间段上该现象所积累的总量；而时点数所体现的时间状态不是一段时期而是一个时点，它只反映这一时点上现象所达到（或呈现）的总量。②两者的动态可加性不同。时期指标具有动态可加性，而时点指标则不具有动态可加性。③两者指标数值的大小与时间的关系不同。时期数与指标所包含的时期长短有直接关系；而时点数与指标所间隔的长短没有直接关系。

第二节　总量指标的计算

一、总量指标计算中的常用概念及计算

总量指标是统计记录和加总的结果，因此在计算总量指标时常常要进行求和运算。在对总量指标进行求和运算时，常采用"小计"、"总计"、"累计"等不同的计算方法。

（一）小计

小计，就是各个阶段或各个小组的合计数。如表 7.1 中各个季度的合计数都可称为"小计"，第一季度的小计就是 1～3 月份的产量之和，第二季度的小计就是 4～6 月份的产量之和，等等。小计可以分阶段或分小组地来分析现象发展的状态，也有助于进行全阶段或总体数量的计算。

表 7.1　某企业 2009 年各季度的产品生产情况

时　　间		产品产量（台）	各月累计（台）
第一季度	1 月份	50	50（即 1 月份的数值）
	2 月份	50	100（＝50+50）
	3 月份	52	152（＝100+52）
	小计	152（＝50+50+52）	
第二季度	4 月份	52	204（＝152+52）

续表

时　间		产品产量（台）	各月累计（台）
第二季度	5 月份	54	258（＝204+54）
	6 月份	55	313（＝258+55）
	小计	161（＝52+54+55）	—
第三季度	7 月份	55	368（＝313+55）
	8 月份	55	423（＝368+55）
	9 月份	56	479（＝423+56）
	小计	166（＝55+55+56）	—
第四季度	10 月份	56	535（＝479+56）
	11 月份	58	593（＝535+58）
	12 月份	60	653（＝593+60）
	小计	174（＝56+58+60）	—
总计（或合计）		653（有两种计算方法）	—

（二）总计

总计，也可称为合计，它是全阶段或总体的合计数。如表 7.1 中的总计数为 653，它表明全年的总产量为 653 台。总计（合计）表明了现象全阶段或总体的发展状况。该数字的计算有以下两种方法。

（1）根据最小层的数字来计算。即各个月份的数字之和。

（2）根据小计的数字来计算。即各个季度的数字之和。

可见，有了“小计”再计算其“总计（或合计）”就简单得多了。

（三）累计

累计，实际上是一个移动加总的计算过程，它等于从最初阶段到本阶段为止的合计数。如 1 月份的累计数就等于 1 月份的数字；2 月份的累计数就等于 1～2 月份的数字之和；3 月份的累计数就等于 1～3 月份的数字之和；依次类推。

以表 7.1 为例，累计数的计算有以下两种方法。

1. 根据各月数字计算累计数

根据各月数字计算累计数时，其计算公式为

本月份的累计数=1 月份的数字+2 月份的数字+…+本月份的数字

2. 根据已有的累计数和各月数字计算累计数

根据已有的累计数和各月数字计算累计数时，其计算公式为

本月份的累计数=上个月份的累计数+本月份的数字

统计小常识

小计、累计，可提高工作效率

平时多做小计和累计的工作，就相当于把全年的计算工作分散到平时来做了，到年末时自然就提高了工作效率。所以，要学会合理运用小计和累计的方法。

从计算方法上说，小计和累计都是“有规律”的运算。所以，用Excel进行计算，则会更高效。

总量指标的具体计算方法主要有两种，一种是根据统计调查登记的资料进行汇总；另一种是根据社会经济现象之间的各种关系进行推算（统计估算）。

二、运用总量指标应该注意的问题

1. 明确指标的含义和范围

在计算总量指标时，首先要明确规定每项总量指标的含义和范围。有一些总量指标表面看比较简单，但是若不对其含义、范围作出明确规定则很难正确计算其总量。如：要计算国内生产总值，就必须清楚指标的含义和性质，据此确定统计范围和方法。要解决好这一问题，必须正确理解被研究现象的性质、含义，同时要熟悉统计制度的有关规定，才能统一计算口径，正确计算出它们的总量。

2. 计算实物量时，要注意现象的同质性

只有同质现象才能计算实物指标的总量。同质性意味着同样的使用价值和经济内容，是可以综合汇总的；对于不同质的现象则不能简单地相加汇总，这一点非常重要。如我们可以把玉米、小麦、高粱等看作一类产品来计算它们的总量，但不能把钢铁、煤炭等混合起来计算。

3. 要有统一的计量单位

计量单位不同不能相加。包括两种情况：

（1）不同类型的单位不能相加。如固定资产有的按“台”统计，有的按“千瓦”统计，尽管都是固定资产，其实物量也不能相加。

（2）同一类型不同大小的单位不能相加。如粮食产量有的按“吨”统计，有的按“千克”统计，这也不能相加。

4. 不同层次的数字不能相加

不同层次的数字不能相加，是指性质相同、单位也相同，但“层次”不同的数字也不能相加。如表7.1中的“产品产量”就分为两个层次——各月份的数字和各季度的数字，在计算其合计数（653台）时就只能依据其中一个层次的数字来计算，或者依据各个月份的数字来计算，或者依据各季度（即四个“小计”）的数字来计算。如果不分层次地把该栏的所有数字都加起来，其数值就会形成大量的重复计算。

这里需要注意：当某一个层次“不完全”时，就不该用该层次的数字计算其合计数。

5. 不是同一时点的时点数不能相加

所谓同一时点，是指一维时间中的某一时刻，因而它具有唯一性。如2009年12月31日在统计上就可以作为一个时点，它表明2009年的年末，它是唯一的，再没有另一个时点与它相重。“不是一个时点的时点数”，相加的结果没有独立的现实意义，因而不能相加。

6. 时间不连续的时期数不能相加

我们知道时期数是有“动态可加性”的，但这种“动态可加性”的基础是“时期连续”。如果时期不连续，相加的结果也会使其时期变得非常含糊，因而也就失去了现实的意义。

7. 不是总量指标不能直接相加

即相对数、平均数不能直接相加，这个问题在以后相关章节中还要详细讲解。

第三节 总量指标的分析

总体说来，总量指标的计算和分析都是比较容易的，但它的真实性却是非常重要的。实际中，对其真实性的控制具有非常强的“技能性”。

一、总量指标的分析结论

从人们对总量指标的一般心理期望来说，大致可分为三类：期增指标、期减指标和期适指标。人们对这三类指标的期望不同，因而在分析后所下的结论也就不同。

1. 期增指标越大越好

所谓期增指标就是按照人们的一般心理期望增加的指标。如产品产量、产值、利润、收入等。但这类指标是不可以无限增加的，实际上由于各种条件的制约，这类指标的增加也是有限制的，只是不易找到严格的界限罢了。

对期增指标的分析，由于不易找到标准的上限，所以常常采用比较分析法进行分析。如与计划比较、与同类企业比较、与本企业的历史比较等。

对期增指标比较后的结论：增加就比减少好；增加的幅度越大越好。

2. 期减指标越小越好

所谓期减指标就是按照人们的一般心理期望减小的指标。如产品成本、费用、材料消耗等。但这类指标也不是可以无限减少的，实际上由于各种条件的制约，这类指标的减少也是有限制的，也不易找到严格的界限。

对期减指标的分析也与期增指标一样，常常采用比较分析法进行分析。如与计划比较、与同类企业比较、与本企业的历史比较等。

对期减指标比较后的结论：减少就比增加好；减少的幅度越大越好。

3. 期适指标适当为好

所谓期适指标就是按照人们的一般心理既不期望太大也不期望太小的指标。如生产规模、人口数量、劳动时间等。这类指标由于各种条件的制约，应该存在着一个“标准”数值，但这个“标准”也不易找到。

对期适指标的分析，尽管不易找到这个“标准”，但总是可以确定一个比较适用的“标准范围”，再把这类指标与这个“标准范围”进行比较。

对期适指标比较后的结论：不超出“标准范围”为好；小于标准的下限和大于标准的上限都不好；超出“标准范围”越多越不好。

注意

这个“标准范围”不是普遍适用的。各企业、各地、甚至各国都应该有适合自己的“标准范围”；另外，这个“标准范围”也是应该有变化的，一个企业现在适用的标准范围将来也不一定适用。这是因为这一“标准范围”是与各种条件相关的，相关的条件变化了，“标准范围”也应该随之变化。

二、总量指标的“常理界限”

尽管总量指标在实际中很难确定其上限、下限和适中的标准，但它们实际上是有界限的，因为它与企业的规模等有着直接的关系，如果知道了规模等的限定条件，这一界限就好确定了，这就是这里所说的“数字的常理界限”。

各地都应建立适应本地的“数字的常理界限”。这是工作效率的要求和工作水平的体现。

建立了适应本地的“数字的常理界限”，就有利于发现问题，控制本地的统计数据质量。这一方法非常有效，无论对于统计普查、统计报表，还是运用其他统计方法所获得的资料进行审查都是非常有效的。对那些“老统计”来说，“数字的常理界限”不但是他们的工作效率，更是他们的工作能力！

“数字的常理界限”与指标之间的关系不同，指标之间的关系是较为固定的，容易被发现，常常通过计算就能解决问题，只要有计算能力和认真的态度，即使没有工作经验也是能够做到的。但对于那些实际工作中不存在某种直接的指标关系，只有通过一系列特别复杂的运算（或所需要的计算时间特别长，或需要大量的人力或工作量等）才能获得的统计数字，就很难立刻发现问题，如产值的计算、利润的计算、收入的计算等，实际中不是能够很容易计算出来的，也很少有人愿意把每笔这样的数字都重新计算一遍来验证其真实性。对于这些数字，能够建立起当地的“数字的常理界限”就非常必要了。

在确定当地的“数字的常理界限”时，可以利用工作经验，也可以利用各种科学的方法，如回归分析法、比例推算法等，也可以充分利用各项普查中取得的总量和结构系数，或利用抽样调查、典型调查和统计报表等资料，运用科学的统计方法进行科学推算进行确定。

但需要注意，“数字的常理界限”不是一成不变的，因而也不是一劳永逸的方法。“数字的常理界限”的确定，应该是科学与经验的结合。经验使它相对稳定，时间一长就可能形成“过时的皇历”；科学是使其变化的因素，使其永远也不会过时，但它让人“永远也不会安宁”，因而也会使人疲倦，从而使科学的方法处于“刀枪入库”的尴尬局面。只有两者适当地结合，才是最为有效的方法。

第四节　Excel 计算总量指标

一、Excel 计算累计数

【案例】 已知某商店 2009 年上半年各月份商品销售额资料，如图 7.1 中 A、B 两栏所示。要求：计算上半年各月份商品销售额的累计数。其操作过程如下。

方法一：

（1）如图 7.1 所示录入资料。

（2）单击 C4；输入“= B4↙”；单击 C5；输入“= C4+B5↙”；此时在 C5 上出现的 692 即为 2 月份的累计数；再单击 C5；按住填充柄向下拖至 C9 即可。

方法二：

（1）如图 7.1 所示录入资料。

（2）单击 D4；输入“= SUM(B$4：B4)↙”（注意：这里运用了绝对引用“B$4”）；此时在 D4 上出现的 350 即为 1 月份的累计数；再单击 D4；按住填充柄向下拖至 D9 即可。

D4　=SUM(B$4:B4)

	A	B	C	D
1	某商场2009年上半年销售额			
2	月份	商品销售额（万元）	累计数	
3			求法1	求法2
4	1	350	350	350
5	2	342	692	692
6	3	380	1072	1072
7	4	420	1492	1492
8	5	490	1982	1982
9	6	520	2502	2502
10	合计	2502	—	—

图 7.1　Excel 计算累计数

二、不同层次的数字汇总

【案例】 某村××××年农业生产情况如图 7.2 中第 3～10 行的资料所示。

B11　=B3+B7+B8+B9+B10

	A	B	C	D	E
1	项　目	投工量	生产费用	总　产　值（元）	
2		（工日）	（元）	按1990年不变价计算	按现价计算
3	一、种植业	23 154	129 178	360 902	368 268
4	1. 粮食作物	15 868	87 402	218 320	222 776
5	2. 经济作物	5 580	29 678	106 318	108 488
6	3. 其他农作物	1 706	12 098	36 264	37 004
7	二、林业	524	3 200	3 136	3 200
8	三、畜牧业	750	13 270	37 900	38 674
9	四、渔业	5 600	12 934	50 703	51 738
10	五、其他	840	7 500	20 913	21 340
11	合　计	30 868	166 082	473 554	483 220

图 7.2　对总量指标的汇总

（一）小计的汇总

如对图 7.2 中“种植业”的数字汇总。

（1）计算种植业的投工量。把光标定在 B3 上，输入“＝B4+B5+B6↙”即可。

（2）计算种植业的生产费用（C3）、按 1990 年不变价计算的总产值（D3）、按现行价计算的总产值（E3）的数字。利用填充的办法：把光标定在 B3 上，按住填充柄向右拖到 E3 的位置即可。

（二）合计的汇总

如对图 7.2 中最下一行数字的汇总。

（1）计算投工量的合计数。方法：把光标定在 B11 上，输入“＝B3+B7+B8+B9+B10↙”即可。

（2）计算生产费用（C11）、按 1990 年不变价计算的总产值（D11）、按现行价计算的总产值（E11）的数字。也是利用填充的办法：把光标定在 B11 上，按住填充柄向右拖到 E11 的位置即可。

复习思考题

1. 什么是总量指标？其在统计分析中作用如何？

2. 如何区别单位总量和标志总量，时期数和时点数？实物量、价值量和劳动量有什么特点和作用？

3. 何为“小计”、“总计”和“累计”？

4. 计算总量指标时应注意哪些问题？

5. 什么是期增指标、期减指标和期适指标？对这三类指标在分析后应如何下结论？

6. 什么是总量指标的“常理界限”？为什么各地都应建立适应本地的“数字的常理界限”？

7. 为什么说“数字的常理界限”不是一成不变的？为什么说“数字的常理界限”的确定，应该是科学与经验的结合？

8. 如何利用 Excel 计算累计数？

9. 如何利用 Excel 对不同层次的数字进行汇总？

第八章 相对分析法

【学习目标】

通过本章学习理解相对指标的含义和作用； 掌握各种相对指标的性质、特点和计算方法；能够根据不同的资料正确地选择相对数的形式，并能够正确计算和使用各种相对指标；熟练运用相对分析法分析社会经济问题。会用 Excel 计算各种相对指标，并能利用各种技巧简化计算过程。

【案例导入】

受国际金融危机冲击的影响，在 2008 年第四季度我国国民经济增速出现了陡然下滑的情况下，随着扩内需、保增长的一揽子计划和政策措施的贯彻落实，2009 年国民经济形势总体回升向好，取得了举世瞩目的新成绩。以下是对我国 2009 年经济发展状况的描述:

方法一: 据初步统计，2009 年全年国内生产总值 335 353 亿元，分产业看，第一产业增加值 35 477 亿元；第二产业增加值 156 958 亿元；第三产业增加值 142 918 亿元。全年财政收入 68 477 亿元，其中税收收入 59 515 亿元。城乡居民收入继续增长，全年农村居民人均纯收入 5 153 元，城镇居民人均可支配收入 17 175 元。

方法二: 据初步核算，2009 年全年国内生产总值 335 353 亿元，比上年增长 8.7%。分产业看，第一产业增加值 35 477 亿元，增长 4.2%; 第二产业增加值 156 958 亿元，增长 9.5%; 第三产业增加值 142 918 亿元，增长 8.9%。第一产业增加值占国内生产总值的比重为 10.6%，比上年下降 0.1 个百分点； 第二产业增加值比重为 46.8%，下降 0.7 个百分点；第三产业增加值比重为 42.6%，上升 0.8 个百分点。全年财政收入 68 477 亿元，比上年增加 7 147 亿元，增长 11.7%；其中税收收入 59 515 亿元，增加 5 291 亿元，增长 9.8%。全年农村居民人均纯收入 5 153 元，剔除价格因素，比上年实际增长 8.5%；城镇居民人均可支配收入 17 175 元，实际增长 9.8%。农村居民家庭食品消费支出占消费总支出的比重为 41.0%，城镇为 36.5%。

案例分析

方法一运用总量指标将 2009 年我国国内生产总值、各产业发展状态、财政收入状况及城乡居民人均收入水平进行了数量描述，使人们对此有了比较具体的数量上的认识。但这样的数量是大是小，是上升了还是下降了？都让我们很难作出评价。这样描述事物的方法，总有一种“意犹未尽”的感觉。

方法二除将上述经济指标用“总量指标”进行了数量描述之外，还应用了“相对指标”

对其进行了相对分析。这不但在总体数量上描述了我国2009年的经济发展状况，而且进一步在产业构成状况、发展速度等方面进行了描述。这种结合相对分析的方法，会让人形成更加具体、深刻的认识，也更易对经济发展状况作出恰当的评价。可见，在统计上相对数的运用是非常重要的。

任何社会经济现象都不是孤立存在的，都会与某些现象之间存在着相互依存、相互制约等关系。要对社会经济现象进行分析仅仅利用某一项指标，而不把有关指标联系起来进行比较分析，就很难对事物发展规模的大小、变化的快慢以及各种比例是否协调有全面深刻的认识。所以，在对社会经济现象进行研究的过程中经常会使用相对分析法。

第一节　相对分析法概述

一、相对分析法的概念和表现形式

（一）相对分析法的概念

相对分析法是指借助相对指标对社会经济现象进行分析的方法，又称对比分析法。

相对指标是说明现象之间数量对比关系的指标。它是通过两个或两个以上有联系的指标数值对比求得，用以反映现象的发展程度、结构、强度、普遍程度或比例关系等，其结果表现为相对数。如人口的性别比例和年龄构成、人口的出生率、死亡率和自然增长率等。相对指标把两个具体数值抽象化，使人们对现象之间所存在的固有联系在相互对比之中形成较为深刻的认识，所以在现象之间的关系研究中具有广泛的应用。

（二）相对数的表现形式

相对数的表现形式，一般可分为三种：比值形式、比例形式和复名数形式。其中比值和比例形式都是无名数形式。

1. 比值形式

比值形式是相对数最常用的表现形式。又分为以下几种。

（1）倍数（或系数）。它是把分母作为1，用来说明分子是分母的多少倍。当对比的分子与分母数值相差不大时，可用系数来表示；当分子比分母的数值大得多时，常用倍数来表示。实际中对于小于1的倍数，常常表述为系数。

（2）十分数。它是把分母作为10，用来说明分子是分母的十分之几。在农业生产上一般把十分数叫“成数”，例如，今年大豆产量比去年增长一成，即增长了十分之一。在商业上又称其为“折数”，例如，某种商品标价为“8折”，即为原价的十分之八。所以，十分数也可叫成折数。

十分数没有表示它的特有符号，所以用起来也不太方便，因而实际中用的不多。建议用Φ（即小写的希腊字母Φ，又有“把10中数码1和0相重合”之意）作为十分数的表示符号，如：十分之五表示为5Φ（读作十分之五或五成）。

（3）百分数。它是把分母作为100，用来说明分子是分母的百分之几。如学生出勤率、技术工人占职工总人数的比重、产品的合格率等。百分数的表示符号是%，是相对数中最常见的一种形式。

（4）千分数。它是把分母作为1000，用来说明分子是分母的千分之几。如人口出生率、人口自然增长率、人口迁移率等。千分数的表示符号是‰，适用于分子数值比分母数值小很多的时候。

（5）万分数。它是把分母作为10000，用来说明分子是分母的万分之几。万分数在实际中应用的并不是很多，万分数的表示符号是‱，当分子比分母的数值小得非常多时才使用。

2. 比例形式

比例形式是用比例符号“：”把相互对比的指标联系起来所形成的一种形式。该形式不需要计算出比值，其表示方法如1：n或m：1或m：n。如我国第五次人口普查资料显示，男女人口的性别比例为106.74：100。

有时还可以采取连续相比的形式 m：n：g。这种相比的形式非常有用、高效。如甲指标：乙指标：丙指标＝3：1：5。这样一个比例式，可完成三个指标的比例关系，若用其他形式相比则至少要用3个比例式（甲：乙；甲：丙；乙：丙）才能表达完整。

统计小常识

比例形式的高效性

假设有n个指标相比。

用比例形式：用一个比例式即可。形如：甲：乙：丙：…＝3：1：5：…

若用两两相比的形式：则需要有“n中取2的组合C_n^2”个比例式。形如：甲：乙＝3：1；乙：丙＝1：5；丙：丁＝5：7；…

3. 复名数形式

复名数是将分子和分母指标的计量单位同时使用，用两种单位复合起来而形成的单位。如人口密度用“人/km^2”表示，人均粮食产量用“kg/人”来表示等。它常用于相关相对数（强度相对数）的表示形式，也是相对数中唯一“有名数”的一种形式。

我们把相对数的表现形式归纳成表8.1。

表8.1 相对数的表现形式

相对数形式		符号形式	示例
比值形式	倍数（或系数）	倍	0.5（倍）
	十分数	Φ	5Φ
	百分数	%	50%
	千分数	‰	5‰
	万分数	‱	5‱
比例形式		：	2：3
复名数形式		××／××	m^2/人

相对数的表现形式，只是“表现形式”上的不同，它们对相对数的本质没有什么影响。在进行相对分析时，具体该用何种形式来表示相对数，应视其方便程度和普遍容易接受的形式而定

二、相对分析法的作用

相对分析法的作用是多方面的，主要包括以下几方面。

1. 相对分析法可分析、说明现象间对比的程度

总量指标虽然反映了现象的总规模和总水平，但无法对这种规模水平的优劣作出评价，若想对事物的状态作出评价，必须通过对比才会知道其发展状况如何。如我国 2006 年全年进出口总额 17 607 亿美元，其中，出口 9 691 亿美元，进口 7 916 亿美元，仅凭这些指标就难以对外贸经济发展作出分析和评价，如果把它同上年的进出口总额进行对比得出以下相对指标：全年进出口总额比上年增长 23.8%，其中，出口增长 27.2%；进口增长 20.0%。就会对我国 2006 年外贸经济的发展有更加深刻的认识。

2. 相对分析法可以使不能直接用总量指标对比的现象进行直接对比

相对分析法是一种抽象分析的方法，可以使不能直接用总量指标对比的现象找到可以对比的基础。在各种事物之间进行比较分析时，有些总量指标由于受条件的制约不能直接对比，此时我们可以用相对指标比较出事物之间的差别程度，见表 8.2。

表 8.2　某企业两种产品的计划完成情况

产 品 名称	计　划	实　际	相对数（计划完成%）
甲（台）	100	90	90
乙（吨）	50	60	120

从表 8.2 中可知，若不用相对分析法，作为使用价值不同、计量单位不同的甲、乙两种产品，是无法进行比较的。但用计划完成（%）这一相对数的形式，就能够进行比较，而且能够说明乙产品的生产计划完成情况好于甲产品。

第二节　常用的相对分析法

由于研究目的和任务不同，在计算相对指标时采用的对比方法也不同。因此，我们将相对分析法分成了五种：结构分析法、静态对比法、动态对比法、相关对比法和计划完成分析法，可分别用五种相对数来反映和分析。

一、结构分析法

结构分析法是在统计分组的基础上，对现象的内部结构进行分析的方法。结构分析法采用的相对指标是结构相对数，又称比重。

1. 结构相对数的公式形式

$$\text{结构相对数（比重）}=\frac{\text{总体部分数值}}{\text{总体全部数值}} \tag{8.1}$$

【案例】 某年我国第一、二、三产业占国内生产总值的比重见表 8.3。

表 8.3 某年我国第一、二、三产业的构成情况

产 业	增加值（亿元）	比重（%）	比重的计算过程
甲	（1）	（2）=（1）/Σ（1）	（3）
第一产业	24 700	11.8	=（24 700/209 407）×100
第二产业	102 004	48.7	=（102 004/209 407）×100
第三产业	82 703	39.5	=（82 703/209 407）×100
合计	209 407	100.0	=（209 407/209 407）×100

从表中可以看出，农业产值仅为国内生产总值的 11.8%，第二、三产业的生产总值占国内生产总值的 88.2%，我国的国内生产总值主要来源于第二、三产业。

2. 运用结构相对数时应注意的问题

（1）结构相对数必须在统计分组的基础上才能计算。

（2）结构相对数形式多为百分数。这是最习惯、最普遍的用法。

（3）总体中各部分的比重之和应为 100%。这一性质可用来检验各部分的比重计算得是否正确，也可利用这一关系进行推算。但有时在实际中可遇到这种情况：由于“4 舍 5 入”的原因，使各部分的比重相加后不等于 100%，在这种情况下也必须在合计处填为 100%，这是因为此数应为“合计数/合计数”的结果。

（4）只有同一总体的比重才能求和，否则没有实际意义。如甲单位工人占全部职工人数的比重为 68%，乙单位工人占全部职工人数的比重为 78%，不能把两者加起来说明两个单位工人的比重为 146%，因此这一数值没有实际意义。

（5）结构相对指标的分子与分母不能互换。

3. 结构分析法的主要作用

（1）应用结构相对数可以从现象的内部构成说明事物的性质和特征。见表 8.3，通过国内生产总值中各产业增加值的比重可知，我国的国内生产总值主要来源于第二、三产业。

（2）通过不同时期结构相对数的变动情况，可以反映事物的发展趋势，见表 8.4。

表 8.4 某地区人口年龄结构资料

按年龄分组	各组人数占人口总数的比重（%）				发展趋势
	2003 年	2004 年	2005 年	2006 年	
0～14	27.1	26.3	22.5	21.6	逐年下降
15～64	67.4	67.7	70.7	70.6	
65 以上	5.5	6.0	6.8	7.8	逐年上升
合计	100.0	100.0	100.0	100.0	—

注：国际上通常把 65 岁以上人口占总人口的比重达到 7%，作为老龄化社会的标准。

从表 8.4 可以看出，该地区人口已达老年型，各级政府和有关部门应抓紧研究和解决老龄化问题。

二、静态对比法

静态对比法也叫同类对比法，它是对同一时期不同单位同类现象进行对比分析的方法。该方法采用的相对指标是比较相对数。

1. 比较相对数的公式形式

$$比较相对数=\frac{甲单位（或甲组）数值}{乙单位（或乙组）数值} \tag{8.2}$$

比较相对数可用来说明甲、乙两单位（地区、部门）同类现象之间的数量对比关系。

【案例】 甲地区工业总产值为 400 亿元，乙地区工业总产值为 385 亿元，则甲、乙两地区工业总产值的比较相对数 = 400 ÷ 385 = 103.9%。这是把乙地区作为对比标准，即将乙地区的工业总产值作为 100，则甲地区的工业总产值是 103.9。即甲地区的工业总产值是乙地区工业总产值的 1.039 倍。

2. 运用比较相对数时应注意的问题

（1）比较相对数一般用倍数形式或百分数形式来表示。

（2）比较相对数的分子、分母可以互换。究竟以哪个为比较基数，应根据研究目的而定，互换后虽然数值也随之产生了变化，但所说明的问题是不变的。如上例：若用乙地区的工业总产值作为分子，以甲地区的工业总产值作为分母计算，比较相对数 = 385 ÷ 400 = 96.25%，是说若以甲地区的工业总产值为 100，乙地区的工业总产值则是 96.25。这只是对比的标准做了调整，但说明的问题不会变化。

3. 比较相对数的作用

可用来对同类现象在不同国家、地区、部门、单位间进行比较，说明它们之间的数量差距；也可以对先进和落后进行比较，用以赶先进、促后进；还可以对标准水平或平均水平进行比较，来反映自己的工作状况。通过对同类事物间的比较，可以说明它们之间的对比程度，找出差距，促进工作的开展。

三、动态对比法

动态对比法是把某一现象在不同时间上的数值进行对比分析，以观察其动态发展状况的分析方法。该方法采用的相对指标是动态相对数（发展速度）。

1. 动态相对数（发展速度）的公式形式

$$动态相对数=\frac{报告期水平}{基期水平} \tag{8.3}$$

公式中的“报告期”是指作为研究目标的时期，“基期”是作为比较标准的时期。

【案例】 某地 2009 年粮食总产量为 7 859 万吨，2008 年为 7 236 万吨，则 2009 年粮食总产量是 2008 年的 7 859/7 236 = 108.61%，即 2009 年的粮食总产量比 2008 年增长 8.61%。

统计小常识

动态相对数与比较相对数的区别

动态相对数与比较相对数虽然都是同类指标的对比，但动态相对数是“总体单位相同，时间不同”的指标之间的对比，说明现象在不同时间上的变化；而比较相对数则是“总体单位不同，时间相同”的指标之间的对比，说明现象在不同单位之间的差异。

2. 运用动态相对数时应注意的问题

（1）动态相对数（发展速度）一般表现为百分数或倍数的形式。

（2）对时期的确定，一般为基期在前，报告期在后。

（3）计算出来的发展速度以100%为现象增减的界限。数值大于100%者为现象有增长，等于100%者为现象没增没降，小于100%者为现象已下降。

（4）利用发展速度分析问题时，要联系事物的性质。发展速度快好还是慢好？是上升好还是下降好？这要看事物的性质。一般来说，期增指标，其发展速度以上升为好，而且上升得越快越好，如产量、利润等；期减指标，其发展速度以下降为好，而且下降得越快越好，如生产费用、单位成本等。

（5）注意对动态相对指标的正确表述。运用百分数形式的发展速度时，一定要注意概念的精确。如“比过去增长 20%”，即过去为 100，现在是“120%”；“比过去降低 20%”，即过去是 100，现在是“80”；“降低到原来的 20%”，即原来是 100，现在是“20”。

3. 动态对比法的主要作用

（1）反映现象发展的趋势。现象发展的趋势，也就是发展的方向。发展趋势包括增长的趋势和下降的趋势。当发展速度大于100%时，该现象就呈现为增长的趋势；当小于100%时则就呈现为下降的趋势。

（2）反映现象增减的速度。当发展速度越接近于100%时，该现象的增减速度就越慢；越远离100%时则增减速度就越快。

（3）常用于检查“同比增长”的情况。它是用本年某月（或某季）的水平与上年同月（或同季）的水平之比，用来说明某种现象发展变化情况的一种常用方法。所谓“同比”，就是“相同月份（或季度）之比。“同比增长”情况的分析，也是一种动态对比分析，其公式形式为

$$同比增长率=(本年某月水平/上年同月水平)-100\%$$

四、相关对比法

相关对比法即把两个性质不同但又密切相关的现象进行对比分析的方法，用来反映不同事物间的数量对比关系，表明现象的强度、密度和普遍程度等。该方法采用的相对指标是相关相对数，也叫强度相对数。

1. 相关相对数的公式形式

$$相关相对数=\frac{某一现象的数值}{另一相关现象的数值} \quad (8.4)$$

公式中的分子指标，是我们要分析研究的现象；分母指标则是用来作为参照的现象。分子与分母是两个性质不同但必须具有一定联系的指标。

【案例】 某地截至2009年底，有常住居民526万人，该地可用于医疗和疗养的床位共有6 700张。则

每万人拥有床位数=6 700/526=12.7(张/万人)

这里“每万人拥有床位数”就是相关相对数；“可用于医疗和疗养的床位”数是我们研究的对象，该地“常住居民”数则是用来作为参照的现象，这一相关相对数可来说明该地医疗、保健的基本情况。

注意：相关相对数不是系数。相关系数是相关分析法中的特有指标，其含义和计算方法都不相同，详细情况见本书第十一章相关与回归分析法。

2. 运用相关相对数时应注意的问题

（1）相关相对数的表现形式多种多样。如无名数形式一般用倍数、百分数或千分数表示。如人口统计中的出生率、死亡率、自然增长率等。这类相关相对数相对比的分子与分母指标的计量单位相同，对比的结果用抽象化的无名数表示；再如复名数形式，如商业网点密度用“个/千人”、人均粮食产量用“千克/人”、人口密度用“人/km^2”表示等。这类相关相对指标相对比的分子与分母指标的计量单位名称不同，使用双重计量单位才能确切反映现象的数量特征。

（2）计算相关相对数必须从社会经济现象的本质方面去把握它们的内在联系。否则，必将使两个总量指标的对比失去意义。如钢产量与人口数可以对比，但却不能与土地面积对比。在社会经济现象中，某一个总量指标有可能与两个或两个以上总量指标有联系，在这种情况下选择对比的总量指标就要取决于统计研究的任务和目的。

（3）相关相对数表现为“平均”的量，但不是平均数。这是因为它的分子和分母是两个总体、两种现象的数值，而不是一个总体的单位总量和标志总量的关系（两者的区别请参见平均分析法一章）。

（4）相关相对数在计算过程中可以将分子与分母互换。在实际工作中，我们通常把相关相对数中数值大小与现象的发展程度或密度成正比的指标称正指标；将与现象的发展程度或密度成反比的指标称逆指标。正、逆指标往往不同时使用，应根据需要加以选择。

3. 相关相对数的作用

相关相对数可以用来说明相关现象之间的关系比例。它与相关分析中的相关系数相比，略显粗略。相关相对数只是在总体上的比例关系，而不是从分组的角度来反映问题。

由于相关相对数有正指标和逆指标之分，因此，对于正指标来说其数值应越大越好；对于逆指标来说其数值应越小越好。即是说，相关相对数的数值到底大好还是小好，应看两种现象的性质和它们所处的历史条件而定。但在实际中，这类指标常常不是越大越好或

越小越好，而是适度为好。如人口密度，在人烟稀少的地区，应大点为好，但超过了一定限度时就要走向其反面。

五、计划完成分析法

计划完成分析法也叫计划的检查。不管是基层企业还是整个国民经济都离不开计划，周密的计划是我们实现工作目标的保证，而计划是否完成则是对我们工作成果的一种检查。计划完成分析法就是把某现象在某一段时间内的实际完成数与其计划任务数相对比，据以分析其计划完成情况的一种方法。该方法采用的相对分析指标是计划完成程度相对数。

1. 计划完成程度相对数的基本公式形式

$$\text{计划完成程度（\%）}=\frac{\text{实际完成数}}{\text{计划任务数}} \tag{8.5}$$

【案例】 某企业今年计划产值 2 000 万元，而实际产值 2 200 万元。则

计划完成程度=2 200/2 000=110%

即该企业超额 10%完成了产量计划。

2. 根据不同形式的计划指标计算计划完成程度相对数

（1）根据绝对数计算计划完成程度。见计划完成程度相对数的基本公式。

（2）根据相对数计算计划完成程度。

$$\text{计划完成程度相对数}=\frac{\text{实际为上期的百分数}}{\text{计划为上期的百分数}} \tag{8.6}$$

【案例 1】 某企业 2009 年计划总产值比上年提高 10%，实际执行结果比上年提高了 12%，则

$$\text{该企业总产值的计划完成程度}=\frac{100\%+12\%}{100\%+10\%}=\frac{112\%}{110\%}=101.82\%$$

该企业总产值实际比计划超额完成 1.82%。

【案例 2】 某企业计划规定某产品的单位成本比上年降低 5%，实际降低了 7%，则

$$\text{计划完成程度相对数}=\frac{1-7\%}{1-5\%}=\frac{93\%}{95\%}=97.89\%$$

该企业实际成本比计划超额完成 2.11%。

（3）当计划数为平均数时。其计划检查的方法与绝对数形式相同，不再赘述。

3. 计划执行进度情况的检查

一般的计划完成程度指标，都是在计划期末时才进行计算和检查的，这属于“事后检查”，它只能对下一个生产周期起作用。若将其改为“事中检查”就能起到对本期生产更有利的促进作用，这时就要用到“计划执行进度”指标。其计算公式为

$$\text{计划执行进度}=\frac{\text{累计至本期止实际完成数}}{\text{全期计划数}} \tag{8.7}$$

计划执行进度指标的检查标准是“实际进度要与计划进度相同”。在各期计划指标均等的情况下，进度指标的检查标准就变为“指标进度要与时间进度相同”，这就是实际工作中

所说的“时间过半，进度过半”的标准。一般来说，当任务进度小于时间进度时，为没有完成计划执行进度；当任务进度大于时间进度时，为超额完成计划执行进度。

【案例】 某企业的计划产值和实际产值完成情况见表 8.5。

表 8.5 某企业产值的计划进度控制情况

	计划产值（万元）	实际产值（万元）		计划执行进度（%）	情 况 分 析
		各季度	累计		
甲	（1）	（2）	（3）	（4）	
第一季度	2 000	1 800	1 800	22.5	没到 25%，没完成进度计划
第二季度	2 000	2 000	3 800	47.5	没到 50%，没完成进度计划
第三季度	2 000	2 300	6 100	76.25	已超 75%，超额完成了进度计划
第四季度	2 000	2 400	8 500	106.25	已超 100%，超额完成全年计划
合计	8 000	8 500	—	106.25	此指标已变为计划完成程度指标

4. 运用计划完成相对数时应注意的问题

（1）计划完成程度相对数一般用百分数来表示。

（2）计划完成程度相对数的分子与分母不能互换。

（3）要保证分子、分母的可比性。除计划执行进度指标的分子和分母在时间长度上不等外，要求所有计划完成程度相对数的分子、分母项指标的含义、计算口径、计算方法、计量单位、时间长度、空间范围等方面完全一致。

（4）分子、分母皆为“完成数”，而不是“增减数”。分子是实际完成数，是工作完成后的成果；分母是计划完成数，是工作实施前制定的目标。“完成数”包括原来的基数在内，而“增减数”则不包括基数。如：某企业上年产值为 5 000 万元，今年计划比上年增加 500 万元， 而实际比上年增加了 800 万元。这里的“500 万元”和“800 万元”都是“增减数”（即没有包括原来的基数 5 000 万元），而不是“完成数”，因此在计算时应将其还原为“完成数”后再来计算：

$$计划完成程度（\%）=\frac{5\,000+800}{5\,000+500}=105.45\%$$

（5）对计划完成情况的评价，一定要注意指标的性质。一般来说，等于 100%为完成计划；对期增指标来说，大于 100%为超额完成计划；对期减指标来说，小于 100%为超额完成计划。例如，单位成本的计划完成程度为 90%，则说明单位成本比计划降低了 10%，这是超额完成了成本的降低计划。

5. 计划完成分析法的主要作用

（1）可用于检查某项任务的计划完成程度。这是计划完成分析法最主要的任务。

（2）可用于监督某项任务的计划执行进度。这也是计划完成情况分析法的一个重要任务。

（3）可用以分析计划本身是否合理。这不是主要任务。一般情况下，在进行计划检查时，都应默认计划为正确的。但在实际中，如果客观情况发生了变化，而计划又没有及时调整，计划就有可能不符合实际情况。在这种情况下，通过对计划的检查就能发现其问题，这当然也应该是“计划完成分析法”的另一作用。

六、运用相对分析法时应注意的问题

相对指标是一个抽象的比值，要使其在统计分析中起到应有的作用，在计算和应用相对指标时就必须注意以下问题。

1. 指标的可比性

相对指标是表明两个指标间数量对比关系的综合指标，因此，指标的可比性是计算和运用相对指标的前提。如果把不可比的两个指标硬凑在一起进行比较，必然歪曲事实，导致错误。

若使指标间有可比性，进行对比的两个指标首先应该是相互联系的，其次必须在经济内容、总体范围、计算方法、计量单位、时间范围、空间范围等方面协调一致。特别是在国际间统计资料进行对比计算时，许多指标的经济内容、计算口径、计算方法不一致，更应该进行具体分析，经过必要的换算与调整之后才能对比。

2. 相对指标要与总量指标结合起来运用

相对指标是由总量指标抽象化得到的，在有些情况下，如果不将相对指标和有关的总量指标结合起来，就不能深刻说明现象的实质。如我国钢产量发展状况见表 8.6。

表 8.6 我国钢产量发展状况

年 份	1949	1950	2005	2006
产量（万吨）	15.8	61.0	35 580	41 878
增长量（万吨）	—	45.2	—	6 298
发展速度（%）	100.0	386.1	100.0	117.7
增长速度（%）	—	286.1	—	17.7

从表 8.6 中我们可以看到 1950 年我国的钢产量较 1949 年增长了 286.1%，2006 年我国钢产量较 2005 年增长了 17.7%，但我们不能因此就断定 1950 年钢产量生产水平高，从增长的绝对量看 1950 年钢产量比 1949 年增加 45.2 万吨，而 2006 年钢产量比 2005 年增加 6 298 万吨，增加数是前者的 139.3 倍。通过比较我们可以看到，高速度的相对数下不一定是高水平，低速度下不一定是低水平，在分析事物时一定要注意把相对数与绝对数结合起来运用，才能对事物有一个深刻的认识。

3. 将有关相对指标结合运用

任何事物都有多方面的特征，一种相对指标只能反映现象某一方面的特点，要想较全面地认识一个复杂现象，就应将许多相对指标结合起来运用，才能较全面地反映客观经济现象的全貌。同时社会经济现象之间的联系是错综复杂的，一事物与它事物之间的关系发生变化，往往会引起另外事物之间的关系变化。所以，为了全面深入地分析事物的发展变化情况，就需要将各种相对指标结合起来进行分析和研究。

4. 相对指标一般不能相加但能相减

除同一总体的比重外，相对指标是不能直接相加的。因为它们在进行对比时采用的基数不同（即分母指标数值不同）。

但同类的相对指标是可以相减的，相减的结果称为相差的“百分点”。如某企业 2005 年产品计划完成程度为 105%，2006 年完成了 115%，则可以说 2006 年比 2005 年上升了 10 个百分点。

统计小常识

百分数与百分点的区别

百分数是两个指标相除所获得的相对数形式，而百分点是两个相对数相减所获得的相对数形式。例如，我国国内生产总值中，第三产业占的比重由 2008 年的 41.8%上升到 2009 年的 42.6%。我们可以说：国内生产总值中，第三产业占的比重，2009 年比 2008 年上升了 0.8 个百分点（42.6 − 41.8 = 0.8）；但不能说上升 0.8%。

第三节 Excel 计算相对数

相对数就是两个有关系的数字相比的结果，所以在利用 Excel 进行运算时就比较简单了。只要用一般的算术运算和填充运算就可以了。

一、比重的运算

【案例】 2006 年我国第一、二、三产业占国内生产总值的资料，如图 8.1 中 A、B 两栏所示。

要求：运用 Excel 计算第一、二、三产业增加值占国内生产总值的比重。

其操作过程如下。

（1）编制 Excel 表格；

（2）把光标定在 C3 上，输入“= B3/B$6*100↙”；此时在 C3 上出现 11.7952122；再单击 C3；按住填充柄向下拖至 C6 即可。

二、其他相对数的运算

其他相对数，包括静态相对数、动态相对数、强度相对数、计划完成程度相对数，其运算方法也都与比重的计算基本相同。此处仅以动态相对数（发展速度）为例进行说明。

【案例】 某企业产量资料如图 8.2 中第 2、3 行所示。

C3 =B3/B$6*100

	A	B	C
1	2006年我国一、二、三产业所占比重(%)		
2	产业	增加值（亿元）	比重（%）
3	第一产业	24700	11.7952122
4	第二产业	102004	48.7108836
5	第三产业	82703	39.4939042
6	合计	209407	100
7			

图 8.1 Excel 计算比重

D4 =D3/$C$3*100

	A	B	C	D	E	F	G
1	某企业产量资料						
2	年份		2003	2004	2005	2006	2007
3	产量（万吨）		2650	2800	3200	3290	3620
4	发展速度%	以2003年为基期	——	105.7	120.8	124.2	136.6
5		以上年为基期	——	105.7	114.3	102.8	110

图 8.2 Excel 计算动态相对指标

以2003年为基期的动态相对数计算过程如下。

（1）首先编制Excel表格。

（2）把光标定在D4上输入“=D3/$C$3*100↙”；再单击D4；按住填充柄向右拖至G4即可。

以上年为基期的动态相对数计算过程如下。

（1）首先编制Excel表格。

（2）把光标定在D5上输入“=D3/C3*100↙”；再单击D5；按住填充柄向右拖至G5即可。

复习思考题

1. 什么是相对分析法？常用的相对分析法有哪些种类？
2. 相对数的表现形式有几种？
3. 运用相对分析法分析问题时，应注意哪些问题？
4. 为什么要将相对指标与总量指标结合运用来分析问题？
5. 为什么要将各相对指标结合运用来分析问题？
6. 怎样区别各种相对指标？
7. 运用计划完成相对数应注意哪些问题？其主要作用是什么？
8. 什么是计划执行进度指标？它同计划完成程度有什么不同？
9. 如何利用Excel求各组的比重？如何求各时期的计划完成进度？

第九章

平均分析法

【学习目标】

通过本章的学习，要求学生理解平均分析法的概念与主要作用，掌握各种平均分析法的计算方法，能熟练运用 Excel 计算平均指标，正确运用平均分析法分析实际问题。

【案例导入】

从工资“被增长”看我国工资统计制度的缺陷

工资统计是国内生产总值核算的重要内容，也是国家制定收入分配政策的重要依据。作为工资统计最基本的指标，平均工资除了用于反映职工的一般工资收入水平之外，还是计算社会保障基金，确定获得经济适用房的权利，制订最低工资标准、城镇居民最低生活保障标准、优抚救济标准及司法部门确定人身损害司法赔偿等重要的参考依据。

近年来，国家统计局按年度和季度公布的“职工平均工资”数据连遭公众质疑，有网友戏称自己的工资是“被增长”了，工资“被增长”的感受，形象地反映了我国现行工资统计制度存在的缺陷。缺陷之一，统计范围不全。工资统计范围未包括私营单位和个体工商户，而据调查推算，2008 年底，全国城镇私营单位从业人员 6 676 万人，约为现行工资统计制度所包含从业人员的 54.75%，其平均工资 17 071 元，约为现行工资统计制度平均工资的 58.40%。缺陷之二，统计方法单一。平均工资本身所固有的抽象性，掩盖了个体间的差异；采用算术平均法，用工资总额除以职工平均人数求得平均工资，其弱点是易受极端值的影响。

启发思考

（1）为何部分公众有工资“被增长”的感受？

（2）你认为应该从哪些方面改进工资统计制度？

第一节　平均分析法概述

平均分析法，是指利用平均指标对社会经济现象进行分析的方法。平均指标又称平均数，是某一总体中各单位的某一标志在一定条件下所达到的一般水平。平均数是一个代表值，代表总体各单位标志值分布的集中趋势；平均数是一个抽象值，抹掉了总体各单位间的具体差异，凸现总体各单位的一般水平；平均数的取值介于最小变量值和最大变量值之间，依此可粗略判断平均数的计算是否有误；无论离散型变量还是连续型变量，其平均数都可以有小数。

一、平均分析法的主要作用

1. 对现象进行对比分析

利用平均指标可将同类现象的一般水平在不同空间和时间上进行对比分析，以说明现象在不同条件下的差异和现象发展的过程、趋势及变动规律，见表 9.1。

表 9.1　我国历年职工平均货币工资　　（单位：元/人・年）

	2001 年	2002 年	2003 年	2004 年	2005 年	2006 年	2007 年	2008 年
全国	10 870	12 422	14 040	16 024	18 364	21 001	24 932	29 229
国有单位	11 178	12 869	14 577	16 729	19 313	22 112	26 620	31 005
城镇集体单位	6 867	7 667	8 678	9 814	11 283	13 014	15 595	18 338
其他单位	12 140	13 212	14 574	16 259	18 244	20 755	24 058	28 387

注：其他单位包括内资单位（股份合作、联营、有限责任公司、股份有限公司）和外资单位（港澳台商投资、外商投资），不包括乡镇企业、私营单位和个体工商户。

资料来源：国家统计局.统计数据.http：//www.stats.gov.cn/tjsj/

表 9.1 所示的资料表明，同一时期内，国有单位和其他单位职工工资水平差异较小，二者明显高于城镇集体单位；不同单位职工平均货币工资水平逐年提高，国有单位职工平均货币工资增长速度高于其他单位。

2. 分析现象之间的依存关系

在对现象进行统计分组的基础上，结合运用平均指标，可以观察现象之间存在的依存关系，如农作物的耕作深度与单位面积产量之间存在一定的依存关系，商业企业规模的大小和平均流通费用之间存在着一定的依存关系等。

3. 估计或推算

在抽样调查中，利用样本的平均数估计总体平均数；利用平均指标乘以总体单位数来推算总量指标。例如，某县通过抽样调查获得某种农作物单位面积产量样本数据，以此推断全县该种农作物的单产，用单产乘以该种农作物的总种植面积即可推算其总产量。

二、平均分析法的种类

通常将平均分析法分为数值平均法和位置平均法，数值平均法的计算依据是总体各单位的标志值，其计算结果易受极端值的影响，而位置平均法的计算依据是标志值所处的某一位置，其计算结果不受极端值的影响。

数值平均法主要包括算术平均法和几何平均法（详见第十二章第四节），位置平均法主要包括众数法和中位数法。

第二节 算术平均法

算术平均法是利用算术平均数进行平均分析的一种方法，是集中趋势最主要的测度方法，在统计工作和经济管理中具有广泛的应用。算术平均法的基本公式为

$$\text{算术平均数}=\frac{\text{总体标志总量}}{\text{总体单位总量}} \tag{9.1}$$

根据所掌握资料的不同，算术平均法可分为简单平均法和加权平均法。

技巧点滴

运用算术平均法的基本公式时应注意的问题

标志总量的计算依据是数量标志，而品质标志没有标志总量，不能据以计算算术平均数；公式中的标志总量与单位总量属于同一总体，分子中的每一个标志值都是由分母中的相应单位来承担的，分子随分母同向变动。

想一想

算术平均数与强度相对数有何异同？

一、简单平均法

简单平均法是用来计算未分组资料算术平均数的方法。它是将总体各单位的标志值直接相加求得标志总量，再除以单位总量。

1. 公式形式

$$\overline{x}=\frac{x_1+x_2+\cdots+x_n}{n}=\frac{\sum_{i=1}^{n}x_i}{n} \tag{9.2}$$

式中：$\overline{x}$ ——算术平均数；

x_i——各单位标志值；

Σ——求和符号；

n——总体单位数。

如设某生产小组 5 名工人，生产某种产品的日产量分别为 40、44、48、56、60 件，则该生产小组人均日产量为

$$\overline{x}=\frac{\sum_{i=1}^{n}x_i}{n}=\frac{40+44+48+56+60}{5}=49.6(\text{件})$$

2. 适用条件

（1）未经整理的原始资料。

（2）权数相同的已分组资料。

技巧点滴

在计算算术平均数时如何减少极端值的影响

算术平均法有一个弱点，就是计算结果易受极端值的影响。所以，在实际工作中，常常用“去掉一个最大值和一个最小值”的办法，以减少极端值对计算结果的影响。

二、加权平均法

加权平均法是用来计算已分组资料算术平均数的方法。它是用各组的标志值乘以各组的单位数求出各组的标志总量，然后将各组的标志总量相加得到总体标志总量，再除以总体的单位总量。

1. 公式形式

$$\overline{x}=\frac{x_1f_1+x_2f_2+\cdots+x_nf_n}{f_1+f_2+\cdots+f_n}=\frac{\sum_{i=1}^{n}x_if_i}{\sum_{i=1}^{n}f_i} \quad (9.3)$$

式中：f_i——各组单位数（又称权数、频数、次数）；

n——组数。

从公式（9.3）可以看出，加权平均数的大小同时受变量 x 和权数 f 两个因素的影响，当权数表现为结构相对数形式时，公式（9.3）变形为公式（9.4）。

$$\overline{x}=\sum(x\cdot\frac{f}{\sum f}) \quad (9.4)$$

式中：$\frac{f}{\sum f}$——各组比重（又称权重、频率）。

统计小常识

平均数中“加权”的由来

“加权”即在平均数的公式中加上了“权数 f”的因素。权数，是用来衡量总体中各组成部分变量值在总体中作用大小的指标，它能决定总体的结构。权数变动，对应的标志值在总体中的作用就会发生变动，进而平均数也随之变动。即哪一个标志值的权数大，平均数就会趋近于这个标志值；反之，平均数就会远离这个标志值。简言之，f 对某一标志值来说能够起到“权衡轻重”的作用，所以称之为权数。

权数一般有绝对数和相对数两种表现形式，绝对数用频数或次数表示，相对数以频率或比重表示。

2. 根据单项分组资料计算加权平均数

【案例】某车间 50 名工人生产某种产品的日产量分组资料见表 9.2 中第 1 列至第 3 列。要求计算人均日产量。

表 9.2 根据单项分组资料计算加权平均数

已知单项分组资料			计算过程		累计频数（人）	
日产量 x（件）	工人人数 f	比重 $f/\Sigma f$（%）	xf	$x(f/\Sigma f)$	向上累计	向下累计
34	4	8	136	2.72	4	50
35	10	20	350	7	14	46
36	22	44	792	15.84	36	36
37	9	18	333	6.66	45	14
38	5	10	190	3.8	50	5
合计	50	100	1 801	36.02	—	—

方法一：权数为绝对数时，人均日产量的计算：

$$\bar{x}=\frac{\sum xf}{\sum f}=\frac{136+350+792+333+190}{4+10+22+9+5}=\frac{1\,801}{50}=36.02(\text{件})$$

方法二：权数为相对数时，人均日产量的计算：

$$\bar{x}=\sum\left(x\cdot\frac{f}{\sum f}\right)=2.72+7+15.84+6.66+3.8=36.02(\text{件})$$

3. 根据组距分组资料计算加权平均数

【案例】某企业职工工资的分组资料见表 9.3 中第 1 列至第 3 列。要求计算月平均工资。

表 9.3 根据组距分组资料计算加权平均数

已知组距分组资料			计算过程			累计频数（人）	
月工资（元）	职工数 f（人）	比重 $\frac{f}{\Sigma f}$（%）	组中值 x	xf	$x\bullet\frac{f}{\Sigma f}$	向上累计	向下累计
<3 000	10	4.76	2 500	25 000	119.05	10	210
3 000～4 000	50	23.81	3 500	175 000	833.33	60	200
4 000～5 000	120	57.14	4 500	540 000	2 571.43	180	150
5 000～6 000	24	11.43	5 500	132 000	628.57	204	30
≥6 000	6	2.86	6 500	39 000	185.71	210	6
合计	210	100.00	—	911 000	4 338.10	—	—

方法一：权数为绝对数时，月平均工资的计算：

$$\bar{x}=\frac{\sum xf}{\sum f}=\frac{911\,000}{210}\approx 4\,338.10(\text{元/人})$$

方法二：权数为相对数时，月平均工资的计算：

$$\bar{x}=\sum\left(x\cdot\frac{f}{\sum f}\right)\approx 4\,338.10(\text{元/人})$$

4. 适用条件

（1）已分组的资料；

（2）各组权数或比重不同的资料。

想一想

简单平均法与加权平均法有何关系？

三、算术平均法的特殊运用

实际工作中，有时需要根据各组的平均数计算总体的平均数，或根据各组的相对数计算总体的相对数。在计算总体的平均数或相对数时，不能将各组的平均数或相对数直接相加，再除以其组数来计算。正确的处理方法是，根据总体指标的经济含义写出其计算公式，分别计算分子与分母项的总量，代入公式求得。

1. 根据各组的平均数计算总平均数

【案例】 某村粮食产量情况见表 9.4 第 1 列至第 3 列。要求计算该村粮食的单产。

表 9.4　某村粮食产量情况

	单产 x（kg/公顷）	播种面积 f（公顷）	总产量 xf（万 kg）
山地	2 400	18	4.32
丘陵	6 000	90	54.00
平原	15 000	72	108.00
合计	—	180	166.32

计算步骤如下。

（1）写出粮食单产的基本公式。

$$粮食单产=\frac{粮食总产量}{总播种面积}$$

（2）计算粮食总产量。见表 9.4 中最后一栏。

（3）计算全村粮食单产。

$$\bar{x}=\frac{\sum xf}{\sum f}=\frac{166.32\times 10\ 000}{180}\approx 9\ 240(\text{kg/公顷})$$

拓展阅读

调和平均数

调和平均数是各个变量值倒数的算术平均数的倒数，故又称为倒数平均数。调和平均数可分为简单调和平均数和加权调和平均数，在社会经济统计中，广泛应用的是加权调和平均数，其计算公式为

$$H=\frac{\sum_{i=1}^{n} m_i}{\sum_{i=1}^{n}\frac{m_i}{x_i}} \tag{9.5}$$

式中：H——加权调和平均数；

x_i——各组标志值；

m_i——权数，为各组标志总量；

n——组数。

加权调和平均数的计算依据是算术平均数的基本公式，即标志总量除以单位总量，故加权调和平均数只是算术平均数的一种变形，一般用于缺乏总体单位总量资料的情况。

启发思考

（1）表 9.4 中，若已知各组单产和总产量，而无播种面积资料，怎样用公式（9.5）计算该村粮食单产？

（2）表 9.4 中，用公式（9.3）和公式（9.5）计算平均数，其结果是否相同？

2. 根据各组的相对数计算总体相对数

【案例】 某公司 10 个企业产值完成情况资料见表 9.5 中第 1 列至第 3 列，要求计算该公司的产值计划完成程度（即该公司 10 个企业的产值计划平均完成程度）。

表 9.5 某公司各企业产值资料

计划完成程度（%）	企业数（个）	实际总产值 m（万元）	组中值 x（%）	计划总产值 m/x（万元）
90～100	2	190	95	200
100～110	5	840	105	800
110～120	3	575	115	500
合计	10	1 605	—	1 500

计算步骤如下。

（1）写出产值计划完成程度的基本公式。

$$产值的计划完成程度=\frac{实际总产值}{计划总产值}\times 100\%$$

（2）计算计划总产值，见表 9.5。

（3）代入上述公式，产值的计划完成程度为

$$H=\frac{\sum_{i=1}^{n}m_i}{\sum_{i=1}^{n}\frac{m_i}{x_i}}=\frac{1\,605}{1\,500}\times 100\%=107\%$$

第三节 位置平均法

一、众数法

众数法，即通过求得众数以反映变量值一般水平的方法。众数是指总体中出现次数最

多的标志值，它直观地反映了总体的集中趋势。

1. 根据未分组资料确定众数

【案例】 如设某生产小组 7 名工人，生产某种产品的日产量分别为 40、44、48、48、48、56、60 件。

则该生产小组人均日产量的众数为 48（件）。

2. 根据分组资料确定众数

（1）根据单项式分组资料确定众数。

【案例】 仍以表 9.2 为例，确定众数的步骤如下：①找出最大频数或频率。表 9.2 中，最大频数为 22 人（最大频率 44%）。②最大频数或频率所对应的变量值即为众数。表 9.2 中，众数为 36 件。

（2）根据组距式分组资料计算众数。

以表 9.3 为例，计算众数的步骤如下：①找出众数组。表 9.3 中，众数组是最大频数对应的组别 4 000～5 000 元。②众数组的组中值即为众数。所以，表 9.3 中，众数为 4 500 元。

注意

一般来说，根据组距式分组资料计算的众数都是近似值。只有当众数组内的资料呈均匀分布，相邻组的资料又呈对称分布时，其众数才能是精确值。

拓展阅读

插值法计算众数

插值法计算众数是近似程度更好一些的计算方法。

适用范围：根据组距式分组资料且众数组的资料分布不均匀的情况。当众数组的资料分布均匀时，相邻组的资料又呈对称分布时，还是“组中值法”计算最为简捷。

计算公式：分为“上限公式法”和“下限公式法”。

下限公式
$$M_0 = X_L + \frac{f_m - f_{m-1}}{(f_m - f_{m-1}) + (f_m - f_{m+1})} \cdot d \qquad (9.6)$$

上限公式
$$M_0 = X_U - \frac{f_m - f_{m+1}}{(f_m - f_{m-1}) + (f_m - f_{m+1})} \cdot d \qquad (9.7)$$

式中：M_0—— 众数；

X_L、X_U—— 众数组下限、上限；

f_m、f_{m-1}、f_{m+1}—— 众数组频数、众数组前面一组频数、众数组后面一组频数；

d—— 众数组组距。

例如，依据表 9.3 所示的资料计算的众数为

$$M_0 = X_L + \frac{f_m - f_{m-1}}{(f_m - f_{m-1}) + (f_m - f_{m+1})} \cdot d$$
$$= 4\,000 + \frac{120 - 50}{(120 - 50) + (120 - 24)} \times 1\,000 \approx 4\,421.69(\text{元})$$

二、中位数法

中位数法，是通过求得中位数以反映变量值一般水平的方法。将总体各单位某一标志值按大小顺序排列，居于中间位置的标志值即中位数。中位数本身处于中间位置，代表了现象的一般水平。

1. 根据未分组的资料确定中位数

（1）排序。将标志值按大小进行排序。

（2）确定中位数所在位置。当资料的个数为奇数时，数列的中项即为中位数的位置，即位于第$(n+1)/2$ 的位置上；当资料的个数为偶数时，其中位数的位置应在数列最中间两项的中间，即位于第 $n/2$ 和$[(n/2)+1]$两项的中间。

（3）确定中位数。中位数的计算方法如下。

$$M_e=\begin{cases} X_{\frac{n+1}{2}} & n\text{为奇数} \\ \dfrac{X_{\frac{n}{2}}+X_{\frac{n}{2}+1}}{2} & n\text{为偶数} \end{cases} \tag{9.8}$$

式中：M_e——中位数；

n——标志值的个数；

$X_{\frac{n+1}{2}}$、$X_{\frac{n}{2}}$、$X_{\frac{n}{2}+1}$——处于中间位置及其相邻位置的标志值。

【案例】 如设某班组有 7 名工人，生产某产品的日产量（单位：kg）分别为 75、72、68、63、60、59、56，则中位数所在位置为$(n+1)/2=(7+1)/2=4$，中位数为 63kg。

【案例】 如工人数为 8 人，日产量（单位：kg）分别为 75、72、68、63、60、59、56、55，则中位数所在位置为（n+1）$/2=(8+1)/2=4.5$，中位数为$(63+60)/2=61.5$(kg)。

2. 根据分组资料确定中位数

（1）根据单项式分组资料确定中位数。

以表 9.2 所示的资料为例，确定中位数的步骤如下：①计算各组的累计频数。见表 9.2 最后两列。②确定中位数所在组。中位数应在$\Sigma f/2$ 的位置上，所以，包含$\Sigma f/2$ 位置的组即为中位数所在组。本例$\Sigma f/2=50/2=25$，因为第 25 人在“累计人数为 36 人”这一组内，这一组即为中位数组。③确定中位数。中位数组的标志值就是中位数。所以，在表 9.2 中，日产量的中位数为 36 件。

（2）根据组距式分组资料计算中位数。

以表 9.3 所示的资料为例，确定中位数的步骤如下：①计算各组的累计频数。见表 9.3 最后两列。②确定中位数所在组。因为$\Sigma f/2=210/2=105$，第 105 人在“向上累计”人数为 180 人（或“向下累计”人数为 150 人）这一组内，这一组即为中位数组。③中位数组的组中值即为中位数。所以，表 9.3 中，

注意

一般来说，根据组距式分组资料计算的中位数也只能是近似值。只有当中位数组内的资料呈均匀分布时，其中位数才能是精确值。

其中位数为 4 500 元。

插值法计算中位数

插值法计算中位数也是近似程度更好一些的计算方法。

适用范围：根据组距式分组资料且中位数组的资料分布不均匀的情况。当中位数组的资料分布均匀时，还是"组中值法"计算最为简捷。

计算公式：分为"上限公式法"和"下限公式法"。

下限公式
$$M_e = X_L + \frac{\frac{\sum f}{2} - s_{m-1}}{f_m} \cdot d \qquad (9.9)$$

上限公式
$$M_e = X_U - \frac{\frac{\sum f}{2} - s_{m+1}}{f_m} \cdot d \qquad (9.10)$$

式中：M_e——中位数；

X_L、X_U——中位数所在组的下限、上限；

f_m——中位数所在组的频数；

s_{m-1}、s_{m+1}——中位数所在组以前各组累计频数、中位数所在组以后各组累计频数；

d——中位数所在组的组距。

例如，依据表 9.3 所示的资料计算的中位数为

$$M_e = X_U - \frac{\frac{\sum f}{2} - s_{m+1}}{f_m} \cdot d$$

$$= 5\ 000 - \frac{\frac{210}{2} - 30}{120} \times 1\ 000 \approx 4\ 375\text{（元）}$$

第四节　Excel 计算平均数

根据统计资料所处的状况不同，可选择用函数法或公式来计算平均数，对于原始资料，应采用函数法计算平均数；对于已分组资料，可用公式计算平均数。

一、用函数法计算平均数

计算平均数的函数主要有简单算术平均数 AVERAGE、中位数 MEDIAN 和众数 MODE，其操作步骤如下。

（1）在 Excel 工作表中录入原始数据。

（2）选中存放计算结果的单元格。

（3）在"插入"菜单中，选择"函数"命令，或单击工具栏上的"插入函数"按钮 fx，

打开“插入函数”对话框，在“选择类别”中选择“统计”，在“选择函数”列表框中选择函数（如 AVERAGE），单击“确定”按钮，出现“函数参数”对话框。

（4）在“函数参数”对话框中的参数框“Number1”中直接输入原始数据区域（或用鼠标选择区域），单击“确定”按钮即可。

也可直接在目标单元格或编辑栏中输入函数名称及参数，回车即得计算结果。

二、手工操作计算平均数

以表 9.2 为例，用公式计算人均日产量的操作步骤如下。

（1）在 Excel 工作表中录入表 9.2 所示的单项分组资料。

（2）计算各组总产量。如图 9.1 所示，在 D4 单元格中，录入“=A4*B4”，按 Enter 键，选中 D4 单元格，拖动填充柄至 D8 单元格。

E4　fx =A4*C4/100

	A	B	C	D	E
1	表9-2　根据单项分组资料计算加权平均数				
2	已知单项分组资料			计算过程	
3	日产量 x（件）	工人数 f（人）	比重 $\frac{f}{\sum f}$（%）	$x \cdot f$	$x\frac{f}{\sum f}$
4	34	4	8	136	2.72
5	35	10	20	350	7.00
6	36	22	44	792	15.84
7	37	9	18	333	6.66
8	38	5	10	190	3.80
9	合　计	50	100	1801	36.02

图 9.1　Excel 计算加权算术平均数

（3）计算总产量。选中 D4：D8 单元格区域，单击自动求和Σ按钮。

（4）计算平均日产量。选中目标单元格，录入“=D9/B9”，按 Enter 键，其值为 36.02 件。

或如图 9.1 所示。在 E4 单元格中，录入 “=A4*C4/100”，按 Enter 键；再选中 E4 单元格，拖动填充柄至 E8 单元格；最后，再选中 E9 单元格，单击自动求和Σ按钮，即可求出平均数为 36.02 件。

复习思考题

1. 什么是平均分析法？它主要有哪些作用？
2. 如何区别算术平均数与强度相对数？
3. 数值平均法与位置平均法的主要区别是什么？
4. 简单平均法与加权平均法的适用条件有何不同？
5. 加权平均数的计算有哪几种形式？各适用于何种情况？
6. 怎样由各组平均数（或相对数）计算总平均数（或相对数）？
7. 什么是众数？众数法的适用条件是什么？
8. 什么是中位数？为什么计算中位数时要先排序？
9. 怎样利用 Excel 的函数计算平均数？
10. 怎样利用 Excel 进行手工操作计算加权平均数？

第十章

差异分析法

【学习目标】

通过本章学习应当理解差异分析法、标志变异指标的概念，掌握两者之间差异分析及总体内部差异分析的方法。能够将差异分析指标与平均指标结合起来，对社会经济现象进行正确、全面的分析。熟练掌握各种差异分析指标的计算方法和使用方法。

【案例导入】

有甲、乙两个生产小组，各有 5 人。在一次生产技能竞赛中，在单位时间里生产的合格产品数见表 10.1。

表 10.1 两个生产小组生产的合格产品数 （单位：件）

	1	2	3	4	5	合 计	平 均 数
甲	480	490	500	510	520	2 500	500
乙	440	460	500	540	560	2 500	500

从表 10.1 计算结果得知，两个小组完成的合格产品总数都是 2 500 件，其平均数都是 500 件。

启发思考

（1）两组的竞赛成绩应为并列第一名吗？

（2）两组的生产技能真的一样吗？

（3）如果必须让你分出第一名和第二名，又不进行“加时赛”，你能确定出来吗？为什么？

差异分析法，就是对现象之间的差异或某一总体内部各单位之间的差异进行分析的方法。它包括两者之间的差异分析和总体内部的差异分析两种。差异分析法与平均分析法结合运用可以使我们对事物有更全面的认识。

差异分析法是通过差异分析指标来分析问题的。差异分析法的作用如下。

（1）差异分析指标可反映现象分布或发展的均衡性、稳定性和节奏性。一般来说，某现象所表现出来的差异越小，说明该现象分布或发展得越均衡；否则，该现象分布或发展得越不均衡。

（2）差异分析指标可说明平均指标的代表性大小。用平均指标来代表某种现象的一般水平时，其代表性的大小与总体各单位标志值的差异程度有直接关系。一般说来，某一总体内部的差异越小，其平均数的代表性就越大；反之，其平均数的代表性就越小。因此，在研究平均数的代表性时，差异分析就显得非常重要了。

（3）差异分析指标可以用来评价两个总体或两个个体之间的差距程度，以说明工作的好坏。

（4）差异分析指标是科学地进行抽样推断、统计预测应考虑的重要因素。

第一节　两者之间的差异分析

两者之间的差异，即两个总体之间或两个个体之间的差异。它用来说明同一现象在不同总体之间或不同个体间的差异状况，通过比较说明事物的不同点及差异程度。两者间差异测定的基本公式为

$$两者间差异 = x_1 - x_2 \tag{10.1}$$

两者间的差异一般以正值来表示，即用大数减小数。计算出来的数值越大，说明其差异就越大。它可以是两个总量指标的差，也可以是两个相对量或平均量的差。

一、绝对量差的测定

绝对量差，即两个总量指标之差。

1. 常见的绝对量差

（1）甲—乙。即静态的绝对量差，是指某一时间，两个同类总体或两个同类个体绝对量的差。如某年、某季、某月或某一时刻甲乙两个单位或两个地区等同类数值的差。

（2）报告期—基期。即动态的绝对量差，是指同一总体或同一个体在不同时间上绝对量的差。如某一绝对量在两个年份、两个季度或两个月份等数值的差。这种动态的绝对量差，在动态分析时又称为增长量，有关增长量的问题将在动态数列分析法中详细讲解。

（3）实际—计划。即实际数与计划数之差。它是在计划检查时常常用到的指标，说明实际和计划间相差的程度。

2. 使用绝对量差时应注意的问题

（1）应统一计量单位。总量指标的计量单位相同才能进行差值计算。如甲村粮食产量用千克计量，乙村用吨来计量，这种情况不能直接计算差值，必须统一计量单位后才能进行计算。

（2）计算结果的计量单位不变。如原来指标的计量单位是“吨”，则计算出来的绝对量差的计量单位也是“吨”。

（3）对绝对量差的分析结论要视具体情况而定。如在对动态的绝对量差进行分析时，对于期增指标（如产量）来说，则以“正值”为好，且数值越大表明增长得越多，也表明效果越好；而对于期减指标（如成本）来说，则以“负值”为好，且数值越大表明降低得

越多，这样才表明效果越好。

二、相对量差的测定

相对量差，即同一类相对指标在两个总体或两个个体间的差异。

相对量差在数学上是不符合理论要求的，因为它们的计算基数是不相同的。但在实际工作当中，为了计算和使用上的方便且误差又相对很小的情况下，在经济界“开创”了“百分点”的计算和使用，也一度为群众和统计界所接受，形成了相对量差这一统计方法。

1. 常见的相对量差

（1）甲—乙。是指甲单位的相对指标与乙单位同类相对指标的差。它可以是两个单位的“计划完成%”之差、也可以是两个单位的“结构相对数”、“相关相对数”之差等。

（2）报告期—基期。是指报告期的相对指标与基期同类相对指标的差。它也可以是两个时期的“计划完成%”、“结构相对数”、“相关相对数”的差。这类指标在实际中的应用是比较多的，但一般多用于百分数形式之间的相对量差。

2. 使用相对量差时应注意的问题

（1）计算结果的计量单位不变。如甲地的人口密度为150人/平方千米，乙地的人口密度为100人/平方千米，则两地的人口密度之差为50人/平方千米。

（2）百分数之差称为增减的“百分点”。注意：增减的百分点，不能叫做增减了“百分之几”。即是说：“百分点”是用两个“百分数”相减的方法获得的，而“百分数”是用两个绝对量或平均量相除的方法获得的。

三、平均量差的测定

平均量差，即同类平均指标在两个总体或两个个体间的差异。常见的平均量差及其运用，可参见绝对量差部分，此处不再赘述。

第二节 总体内部的差异分析

总体之间存在差异，总体内部各单位之间也存在着差异。在平均分析中，我们把总体内部各单位标志值之间的差异抽象化了，用平均指标来反映某一数量标志值的一般水平，将其作为总体水平的代表值。但是，总体内部各单位标志值之间的差异是客观存在的，有的差异不大，有的相差悬殊，所以，我们在运用平均指标分析问题的同时，还必须对总体内各单位标志值间的差异进行分析，从而全面认识总体的数量特征。

反映总体各单位标志值差异程度的统计指标称为标志变异指标或标志变动度。常见的标志变异指标包括极差与极差系数、平均差与平均差系数、标准差与标准差系数。

一、极差与极差系数

（一）极差

极差也称全距，是指总体内各单位标志值中最大值与最小值之差。极差说明总体标志值变动范围的大小，通常用 R 表示。其计算公式为

$$R = X_{max} - X_{min} \quad (10.2)$$

式中：X_{max}——最大标志值；

X_{min}——最小标志值。

根据掌握资料形式的不同，全距的计算也有所不同。

1. 未分组或单项式分组资料

对于未分组或单项式分组资料，其全距的计算非常简单，只要用其中的最大值减去最小值即可求得。

【案例 1】 假定某车间两个小组工人的日产量资料如下（单位：件），求其全距。

甲组：80，90，100，110，120　　则　$R_甲$=120−80=40（件）

乙组：90，95，100，105，110　　　　$R_乙$=110−90=20（件）

可见，虽然甲、乙两组工人的平均日产量相同，都是 100 件，但两组工人日产量的变动范围不同；甲组为 40 件，乙组为 20 件。这说明甲组工人日产量的变动程度大于乙组。因此甲组工人平均日产量代表性低于乙组。

【案例 2】 某企业工人平均日产量的分组资料见表 10.2，计算其全距。

从表 10.2 可知，最大的标志值 X_{max} = 95（件），最小的标志值 X_{min} = 55（件）。所以，其全距为

$$R=95-55=40（件）$$

2. 组距式分组资料

组距式分组资料有开口组和闭口组两种，一般只对闭口组分组资料计算全距（按变量值从小到大的顺序排列）。其计算公式为

$$R=末组上限-首组下限$$

【案例】 某企业工人平均日产量的分组资料见表 10.3，计算其全距。

表 10.2　某企业工人平均日产量情况

按日产量分组（件）	职工人数（人）
55	100
65	140
75	260
85	600
95	240
合计	1 340

表 10.3　某企业工人平均日产量情况

按日产量分组（件）	职工人数（人）
50～60	100
60～70	140
70～80	260
80～90	600
90～100	240
合计	1 340

从表 10.3 可知，$X_{max}=100$（件），$X_{min}=50$（件）。所以，其全距为

$$R=100-50=50\text{（件）}$$

全距是测定标志变动程度的一种粗略方法。它计算简便，容易理解。但它直接决定于标志的两个极端数值，而不考虑总体内部的分配状况，因而不能充分地反映标志值的实际变动程度。

实际工作中，全距常用于检查产品质量的稳定性和进行质量控制。

（二）极差系数

当所对比的两个总体平均数不同时，要通过计算差异的相对量指标——极差系数，用它来评价平均数的代表性。极差系数的公式为

$$V_R=\frac{X_{max}}{X_{min}} \tag{10.3}$$

极差系数越大，平均数的代表性越小；反之，平均数的代表性越大。

（三）极差与极差系数的优缺点

优点：①计算方法简单、易懂，容易理解。②能说明标志值变动的最大范围。这一点在数值估算、统计分组等工作中都有很重要的意义。

缺点：①不能反映总体所有单位标志值的差异分布情况。②极差的大小完全决定于极端数值的大小，在实际应用中有一定的片面性和局限性。

二、平均差与平均差系数

（一）平均差

平均差是总体各单位的标志值与其平均数的离差绝对值的算术平均数。它能够反映总体单位标志值的变动程度，但由于总体中各单位的标志值与其算术平均数的离差之和恒等于零，即$\Sigma(x-\bar{x})=0$，故对离差取绝对值计算。平均差与极差之间的不同之处，在于它考虑了总体单位标志值的变动影响。平均差通常用 AD 表示。但由于掌握的资料不同，平均差又分为简单式与加权式。

1. 简单平均差

简单平均差适用于未分组资料（或标志值出现的次数均相同时）的情况，其计算公式为

$$\text{AD}=\frac{\Sigma|x-\bar{x}|}{n} \tag{10.4}$$

式中：x——总体各单位标志值；

$\bar{x}$——总体的平均数；

n——总体单位数。

【案例】 两个车间工人生产技能成绩及其平均差的计算资料见表10.4。

表10.4 平均差计算表

第一车间			第二车间		
分组	离差	离差绝对值	分组	离差	离差绝对值
x_1	$x_1-\bar{x}_1$	$\lvert x_1-\bar{x}_1\rvert$	x_2	$x_2-\bar{x}_2$	$\lvert x_2-\bar{x}_2\rvert$
60	–15	15	20	–55	55
70	–5	5	80	5	5
80	5	5	100	25	25
90	15	15	100	25	25
Σ	—	40	Σ	—	110

依据表10.4中的资料计算如下:

$$\bar{x}_1=\frac{\sum x_1}{n}=\frac{300}{4}=75(\text{分}) \qquad \bar{x}_2=\frac{\sum x_2}{n}=\frac{300}{4}=75(\text{分})$$

$$\text{AD}_1=\frac{\sum\lvert x_1-\bar{x}_1\rvert}{n}=\frac{40}{4}=10(\text{分}) \qquad \text{AD}_2=\frac{\sum\lvert x_2-\bar{x}_2\rvert}{n}=\frac{110}{4}=27.5(\text{分})$$

计算结果表明，在两个车间的平均分数相同时，第一车间的平均差（10分）小于第二车间（27.5分），所以，第一车间平均分数（75分）的代表性好于第二车间。

2. 加权平均差

加权平均差适用于分组资料且标志值出现的次数不都相同的情况，其计算公式为

$$\text{AD}=\frac{\Sigma\lvert x-\bar{x}\rvert f}{\Sigma f} \tag{10.5}$$

式中: f —— 权数或标志值出现的次数。

【案例】已知甲组工人的平均工资为767元，其平均差为80元；乙组工人的工资情况见表10.5。

表10.5 平均差计算表

按工资水平分组（元）	组中值 x	工人人数 f	工资总额 xf	离差的绝对值 $\lvert x-\bar{x}\rvert$	离差绝对值乘以次数 $\lvert x-\bar{x}\rvert f$
500～600	550	2	1 100	217	434
600～700	650	3	1 950	117	315
700～800	750	5	3 750	17	85
800～900	850	6	5 100	83	498
900以上	950	2	1 900	183	366
合计	—	18	13 800	—	1 734

$$\bar{x}_{乙}=\frac{\Sigma xf}{\Sigma f}=\frac{13\,800}{18}=767(\text{元})$$

根据表 10.5 中的资料，其平均差的计算如下：

$$AD_{乙}=\frac{\Sigma|x-\bar{x}|f}{\Sigma f}=\frac{1\,734}{18}=96.3(元)$$

计算结果表明，两组的平均工资相同，但乙组工人工资的平均差（96.3 元）大于甲组工人工资的平均差（80 元），所以，甲组工人平均工资的代表性好于乙组。

3. 平均差的运用条件

在说明两个总体标志值差异大小时，当两者的平均数相等时，则应该使用平均差比较其差异状况。

4. 平均差的优缺点

优点：平均差是根据全部变量值计算出来的，不只是受极端数值的影响，所以能比较全面、准确地综合反映总体的离散程度。

缺点：采用绝对值计算，不便于代数运算，实际中应用较少。

（二）平均差系数

平均差系数即平均差与其平均数之比。平均差系数的计算公式为

$$V_{AD}=\frac{AD}{\bar{x}} \tag{10.6}$$

平均差系数的应用条件：当所对比的两个总体平均数不相同或计量单位不同时，要用平均差系数进行比较。

【案例】 甲、乙两组工人的日产量资料见表 10.6。

表 10.6　甲、乙两组工人的日产量的差异比较

	平均日产量 $\bar{x}$	日产量的平均差 AD	日产量的平均差系数（%）
甲组	80	6.00	7.5
乙组	90	6.48	7.2

从表 10.6 可知：乙组的平均差大于甲组的平均差，但不能因此断定乙组的标志变异程度就大。甲、乙两组工人的平均日产量不同，应该用平均差系数进行比较。由于甲组工人日产量的平均差系数大于乙组，所以，正确的结论应该是甲组工人的产量差异大，其平均数代表性小于乙组。

请思考

你能说明在计算平均差的时候，公式中的分子为什么要采用绝对值的形式吗？这样计算有什么局限性？

三、标准差与标准差系数

（一）标准差

标准差是总体各单位标志值与其平均数离差平方的平均数的算术平方根。它是测定标志变异程度最常用、最主要的指标。标准差的意义在于考虑了总体各单位标志值的变动影响，而且标准差采用了平方和的方法来消除正、负离差的影响，更符合数学的运算要求。所以说，标准差不仅具有平均差的优点，而且还弥补了平均差的不足，它是综合反映标志变异程度最理想的指标，在实际工作中得到了极为广泛的使用。标准差一般用σ表示。

根据掌握资料的不同，标准差也有简单式和加权式两种。

1. 简单标准差

简单标准差适用于未分组资料（或标志值出现的次数均相同时）的情况，其计算公式为

$$\sigma=\sqrt{\frac{\Sigma\left(x-\overline{x}\right)^2}{n}} \qquad (10.7)$$

【案例】 两组学生统计学成绩及标准差计算资料见表 10.7。

表 10.7　标准差计算表

第一组			第二组		
分组	离差	离差平方	分组	离差	离差平方
x_1	$x_1-\overline{x}_1$	$(x_1-\overline{x}_1)^2$	x_2	$x_2-\overline{x}_2$	$(x_2-\overline{x}_2)^2$
60	−15	225	20	−55	3 025
70	−5	25	80	5	25
80	5	25	100	25	625
90	15	225	100	25	625
Σ	—	500	Σ	—	4 300

第一、二组平均成绩均为 75 分，其标准差计算如下：

第一组标准差：　$\sigma_1=\sqrt{\frac{\Sigma\left(x_1-\overline{x}_1\right)^2}{n}}=\sqrt{\frac{500}{4}}=11.2$（分）

第二组标准差：　$\sigma_2=\sqrt{\frac{\Sigma\left(x_2-\overline{x}_2\right)^2}{n}}=\sqrt{\frac{4\,300}{4}}=32.8$（分）

计算结果表明，在这两组学生平均成绩相等（$\overline{x}=75$分）的情况下，第一组的标准差（11.2 分）小于第二组的标准差（32.8 分），说明第一组平均成绩的代表性好于第二组。

2. 加权标准差

加权标准差适用于分组资料且权数不完全相同时的情况，其计算公式为

$$\sigma=\sqrt{\frac{\Sigma\left(x-\overline{x}\right)^{2} f}{\Sigma f}} \tag{10.8}$$

【案例】已知甲组工人的平均工资为 767 元，其标准差为 92 元；乙组工人工资情况见表 10.8。

表 10.8　标准差计算表

按工资水平分组（元）	组中值 x	工人人数 f	工资总额 xf	离差平方 $(x-\overline{x})^2$	离差平方乘以次数 $(x-\overline{x})^2 f$
500～600	550	2	1 100	47 089	94 178
600～700	650	3	1 950	13 689	41 067
700～800	750	5	3 750	289	1 445
800～900	850	6	5 100	6 889	41 334
900 以上	950	2	1 900	33 489	66 978
合　计	—	18	13 800	101 445	245 002

乙组工人平均工资亦为 767 元，根据表 10.8 中资料，其标准差计算如下：

$$\sigma_{乙}=\sqrt{\frac{\Sigma\left(x-\overline{x}\right)^{2} f}{\Sigma f}}=\sqrt{\frac{245\,002}{18}}=116.7(元)$$

计算结果表明，在两组工人平均工资相等的情况下，乙组的标准差（116.7 元）大于甲组的标准差（92 元），说明乙组工人平均工资的代表性较甲组差。

3. 标准差的运用条件

当说明两个总体标志值差异大小时，只有当两者的平均数相等时，才可以使用标准差比较其差异状况。

4. 标准差的优缺点

优点：①能全面反映总体分布的差异情况；②用平方法消除正负符号，更便于数学上的处理；③具有更广泛的数学性质，尤其在数理统计中，标准差的应用更为广泛。

缺点：计算麻烦。

（二）标准差系数

标准差系数即标准差与其平均数之比，又称离散系数。其计算公式为

$$V_{\sigma}=\frac{\sigma}{\overline{x}}\times 100\% \tag{10.9}$$

标准差系数的应用条件：当所对比的两个总体，其平均数不同或计量单位不同时，要用标准差系数进行比较。注意此时不能直接用标准差来进行比较。

【案例】 甲商店职工的平均工资为 900 元，标准差为 20 元；乙商店职工的平均工资为 600 元，标准差为 18 元。问哪个商店的平均工资更有代表性？

从资料看，$\sigma_{甲} > \sigma_{乙}$，似乎可以判断乙商店平均工资的代表性好于甲商店。是否如此？我们可以通过计算标准差系数来进行说明。现分别计算如下：

$$V_{\sigma甲}=\frac{\sigma}{\bar{x}}\times100\%=\frac{20}{900}\times100\%=2.2\%$$

$$V_{\sigma乙}=\frac{\sigma}{\bar{x}}\times100\%=\frac{18}{600}\times100\%=3\%$$

计算结果表明，$V_{\sigma甲} < V_{\sigma乙}$，这说明甲商店平均工资的代表性好于乙商店，与我们的直观结果相反。

从以上分析可以看出，离散系数越大，说明平均数的代表性越差；相反，离散系数越小，说明平均数的代表性越好。

第三节 Excel 计算标准差

由于实际中以标准差的应用最多，所以，本节只介绍标准差的计算。标准差的计算有两种办法：一是利用现有函数进行计算；二是手工操作进行计算。

一、简单标准差的计算

目前，Excel 的现有函数只能计算简单标准差。能够进行标准差计算的 Excel 函数有：总体标准差函数（STDEVP）和样本标准差函数（STDEV）。

Excel 中的“总体标准差”，并不是真正意义上的总体标准差，而是指公式中除以 n 的标准差，其公式为式（10.7），即使用样本资料进行计算，也要使用 Excel 的“总体标准差”函数。而 Excel 中的“样本标准差”，也不是真正意义上的样本标准差，它是指公式中除以“n−1”的标准差，其公式为 $S=\sqrt{\frac{\Sigma\left(x-\bar{x}\right)^2}{n-1}}$。这一不标准的概念，在计算器中也是这样运用的。

（一）总体标准差的计算

【案例】 资料如图 10.1，要求计算其总体标准差。其操作过程如下。

1. 插入函数法

（1）首先编制 Excel 表格。

（2）确定存放标准差的位置，如 C14；单击“插入”；单击“函数”；在“选择类别”中选择“统计”；

C14	▼	fx =STDEVP(C3:C12)	
	A	B	C
4	2	张立	2000
5	3	刘月	2200
6	4	李虹	2300
7	5	付玉	2350
8	6	张兰	2520
9	7	李莉	2550
10	8	杨月娇	2600
11	9	李楠	2650
12	10	郑朔	2680
13	平均工资(元)	—	2383
14	总体标准差(元)	—	245.7254566
15	样本标准差(元)	—	259.0173739

图 10.1 Excel 计算标准差

在“选择函数”中选“STDEVP”；单击“确定”；出现对话框，在“Number1”中填写“C3:C12”；单击“确定”即可。其值为245.725 5。

2. 录入函数法

（1）首先编制Excel表格。

（2）在C14单元格中，用手工输入“= STDEVP(C3: C12) ↙”即可。

（二）样本标准差的计算

其操作过程同以上方法，只是在“选择函数”中选择“STDEV”即可。

二、加权标准差的计算

由于利用Excel的现有函数不能直接对整理后带有权数的分组资料进行标准差运算，所以，我们必须掌握手工操作计算标准差的方法。

（一）标准差的计算

【案例】 资料如图10.2所示，要求计算其标准差。

D10 fx =SQRT(E8/C8)

	A	B	C	D	E
2	按考试成绩分组	组中值	人数	xf	$(x-\bar{x})^2 f$
3	50—60	55	5	275	2247.2
4	60—70	65	8	520	1003.52
5	70—80	75	20	1500	28.8
6	80—90	85	10	850	774.4
7	90—100	95	7	665	2474.08
8	合计	—	50	3810	6528
9	平均数			76.2	
10	标准差			11.42628549	
11	标准差系数（%）			14.99512531	
12					

图10.2 Excel计算加权式标准差

（1）首先编制Excel表格。见图10.2中A3: C8。

（2）计算平均数。①先计算D3至D7的数字：光标定在D3单元格上，输入“= B3*C3↙”；单击D3，用填充的办法算出D4至D7的所有数字；②求Σxf：单击D8单元格，对D3至D7求和；③计算平均数：再单击D9，输入“= D8/C8↙”即可得出平均数76.2。

（3）计算$(x-\bar{x})^2 f$的值。单击E3，输入“=（B3 - D$9）^2*C3↙”，得出数据2 247.2；再单击E3，用填充的办法算出E4至E7的所有数字；单击E8，对E3至E7求和；最后再单击D10，输入“= sqrt(E8/C8)↙”即得标准差为11.426 285 49。

（二）标准差系数的计算

把光标定在合适的单元格中，如D11，输入“= D10/D9*100↙”即可求得标准差系数。

利用Excel手工操作的办法还可以计算极差、平均差等，此处不再赘述。

复习思考题

1. 什么是差异分析法？为什么要进行差异分析？
2. 反映两者间差异的指标有哪几类？
3. 常见的绝对量差有哪些？相对量差中的百分数之差称为什么？
4. 反映总体内部差异的指标有哪几种？
5. 什么是极差？什么是极差系数？应如何计算和使用？
6. 什么是平均差？什么是平均差系数？应如何计算和使用？
7. 什么是标准差？什么是标准差系数？应如何计算和使用？
8. 平均差和标准差有什么区别和联系？
9. 差异分析指标有哪些作用？
10. 在 Excel 中，“总体标准差”和“样本标准差”的函数名称各是什么？如何计算？
11. 在 Excel 中，分组资料的标准差应如何计算？

第十一章

相关与回归分析法

【学习目标】

通过本章学习，理解现象之间存在的相关关系；掌握简单线性相关分析、一元线性回归分析的理论与方法；把握相关系数与回归系数的联系与区别；能够依据实际资料具体运用简单线性相关与一元线性回归方法进行分析和预测。

【案例导入】

某医院在进行眼晶状混浊度与患者的年龄的研究中，积累了1 029例记录，见表11.1。

表 11.1 晶状体混浊程度与年龄的关系（眼数）

晶状体混浊程度	患者（人）			
	20～29 岁	30～39 岁	40 岁以上	合　计
+	215	131	148	494
++	67	101	128	296
+++	44	63	132	239
合计	326	295	408	1 029

启发思考

（1）从总体上说，眼晶状体混浊度与年龄之间有关系吗？应该是什么关系？

（2）20～29 岁的人群，眼晶状体混浊度是什么规律？30～39 岁的人群呈现什么规律？40 岁以上的人群呈现什么规律？这三个人群中所呈现的规律相同吗？

（3）眼晶状体混浊度为+者，与不同的年龄段有关吗？混浊度为++者，与年龄呈现什么关系？混浊度为+++者，与年龄呈现什么关系？

（4）为什么在研究眼晶状体混浊度与年龄之间的关系时，要把人群分成不同的年龄段呢？

任何社会经济现象的存在和运动，都或多或少地受到其他现象影响和制约，它们彼此依赖，相互联系，相互影响。经营管理者往往运用现象之间的这种相互关系，分析市场、运筹谋划、决策未来和组织经济活动过程。例如，企业以广告来扩大商品的社会影响，通过增加广告次数和频率，增强对消费者的刺激，进而促进商品销售量的扩大；工厂根据商品的市场状况来组织产品的生产、设计和研制。相关分析就是为了揭示现象之间的联系方向和密切程度；回归分析则是在相关分析的基础上，进一步揭示一事物影响另一事物变动的一般水平。这类统计分析方法，可以帮助经营管理者提高分析问题、预测事物发展变化的精确性和判断、决策的科学性，因而在社会经济活动中得到了广泛的运用。随着计算机的应用与发展，多变量的相关、回归分析不再受手工操作的局限，有了越来越广阔的应用前景。

第一节 相关与回归分析概述

一、函数关系与相关关系

社会经济现象彼此之间都是相互联系、相互依赖、相互制约的，如圆的面积与半径的关系，施肥量与单位面积产量的关系，广告费支出与商品销售额的关系等。总的说来，现象之间的这种关系可以分为两种类型，即函数关系和相关关系。

1. 函数关系

函数关系是指现象之间在数量上存在的严格的对应关系。在这种关系中，对于一个变量的每一个数值，另一个变量都有确定的值与之相对应，如圆的面积与半径的关系即可表示为：$S=\pi r^2$。

2. 相关关系

相关关系是指现象之间在数量上存在的非确定性的依存关系。其主要特点是某一现象与另一现象之间存在一定的依存关系，但它们又不是确定的和严格的数量对应关系。如单产与施肥量之间就不存在严格的数量对应关系，这是因为单产不仅受施肥量一个因素的影响，还受到种子、生产技术条件、自然条件等许多因素的影响，但即使这样，它们之间依然存在着一定的规律性，即在一定范围内，施肥量增加，单产也会相应提高。类似这种关系就是相关关系。再如广告费支出与商品销售额的关系，也是一种相关关系。

统计小常识

统计是认识规律的有效方法

社会是发展的，人们对社会现象的认识也是永远在发展的。对于一时还不能确切认识的现象，要掌握其规律总要有一个过程，但人们并不希望“非要等到有了确切认识”之后再利用规律，而更希望能够“认识多少先利用多少”，这种想法是明智的。而统计的方法恰是实现这一希望的很好途径。

相关分析和回归分析，就是认识相关现象规律的最有效的方法。

二、相关分析法与回归分析法

对相关现象进行分析的方法，可分为相关分析和回归分析两种方法。

1. 相关分析法

相关分析法就是对相关现象进行相关性质和相关密切程度分析的方法。如分析产量与利润之间是否有关系、关系是否密切等。

2. 回归分析法

回归分析法就是对相关现象之间的规律性进行分析的方法。确切地说，回归分析法就是通过对相关现象的实际观察值，采用数学方法回归为直线或曲线形式的方程，以反映现象之间的数量关系及变化规律的一种分析方法。例如，对产量与利润进行回归分析，就是要分析二者之间应是什么样的对应关系、应表现为什么样的具体方程形式（如 $\hat{y}=100+5x$）等。

回归分析法是对动态数列进行分析的常用方法。

三、相关分析与回归分析的关系

（一）相关关系是回归分析的前提

只有现象之间具有较为密切的相关关系，才有进行回归分析的必要，用回归分析所获得的结论才有实际意义。如劳动量与产值之间就存在着相关关系，就可以对其进行回归分析。如果现象之间不具有相关关系或相关程度不密切，对其进行回归分析就没有实际意义。因此说相关关系是回归分析的前提。

（二）相关关系决定回归分析

现象之间的相关关系是很复杂的，它们以不同的方向、不同的程度、不同的形式等相互作用，表现出不同的类型和形态。但无论现象的相关类型呈现为何种状态，它对回归分析都是起决定作用的因素。

1. 相关的类型决定回归的类型

经济现象之间的关系，按其所表现的形式不同可分为直线相关和曲线相关。直线相关的特点是：其观察点基本分布在一条直线带上，如图 11.1 所示。对于直线相关的现象，就只能进行直线回归分析，否则就歪曲了客观事实，这样的回归是没有意义的。

曲线相关的特点是：其观察点基本分布在一条曲线带上，如图 11.2 所示。对于曲线相关的现象，就只能进行曲线回归分析，否则也是歪曲了客观事实，这样的回归也是没有意义的。

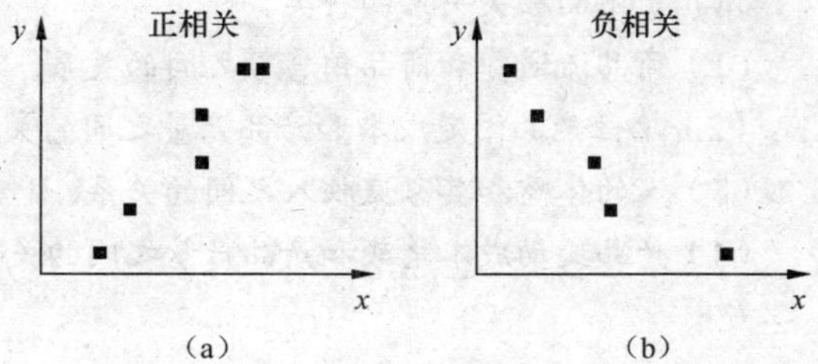

图 11.1　直线相关示意图

2. 相关的性质决定回归系数

经济现象之间的关系，按其性质不同可分为正相关和负相关。如图 11.1、图 11.2 所示。

如在一定范围内施肥量增加，单产也增加，这就表明施肥量与单产属正相关的关系；劳动生产率提高，单位产品的消耗时间就会减少，即为负相关的关系。

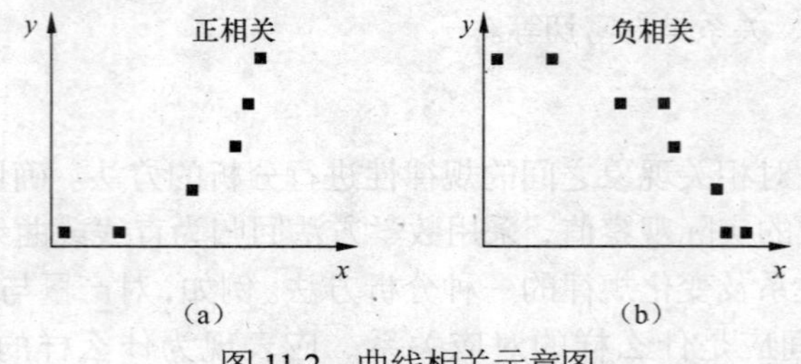

图 11.2 曲线相关示意图

在直线相关的情况下，正相关时回归系数为正，负相关时回归系数为负。即在回归方程 $y=a+bx$ 中，b 为回归系数。正相关时，$b>0$；负相关时，$b<0$。

3. 现象相关的密切程度决定回归预测的准确程度

按现象相关的密切程度可分为完全相关、不完全相关和不相关。其中完全相关即函数关系，不完全相关即前面说的“相关关系”，不相关即现象之间没有关系。以直线关系为例，若现象呈函数关系，则观察点都落在一条直线上，这种情况下进行回归预测，其准确程度可达 100%。若现象呈相关关系，则观察点只能落在一个直线带上，这一直线带越窄，进行回归预测的准确程度就越高；反之，回归预测的准确程度就越低。至于不相关现象，则不存在回归分析问题。

（三）回归分析是相关分析的继续和深入

相关分析只能对现象是否相关和相关的密切程度做出说明；而回归分析却能用数学方程式的形式拟合回归方程，从而说明现象之间的数量对应规律，并能进行回归预测。

可见，相关分析是回归分析的前提和基础，回归分析是相关分析的继续和深入。所以，我们也可以认为相关分析是回归分析的第一阶段。

请思考

请指出下面相关关系的种类。

（1）商品流通费和商品销售额之间的关系。

（2）单位产品固定成本和产品产量之间的关系。

（3）人的体重和其家庭收入之间的关系。

（4）产品变动成本总额和产品产量之间的关系。

第二节　相关分析的常用方法

对现象进行相关分析的常用方法有相关表分析法、相关图分析法和相关系数分析法。

一、相关表分析法

对两种现象作相关分析时，将一系列的成对观察值排列在统计表中，就形成了相关表。从相关表中可观察变量之间的相互关系，如某作物耕作深度与单产的关系见表 11.2。

从相关表中可以看出，耕作深度与单产之间存在着正相关的关系。因为耕作深度增加时，单产也随之增加。

表 11.2　某作物耕作深度与单产相关表

按耕作深度分组（cm）	单产（t/hm^2）
8	6.0
10	7.5
12	7.8
14	9.1
16	10.8
18	12.0

二、相关图分析法

相关图又称散点图或散布图，它是利用直角坐标，将变量值用相对应的坐标点描绘出来，从坐标点的分布状况观察变量之间的相互关系的图形。如上例耕作深度与单产的关系可绘成相关图，如图 11.3 所示。

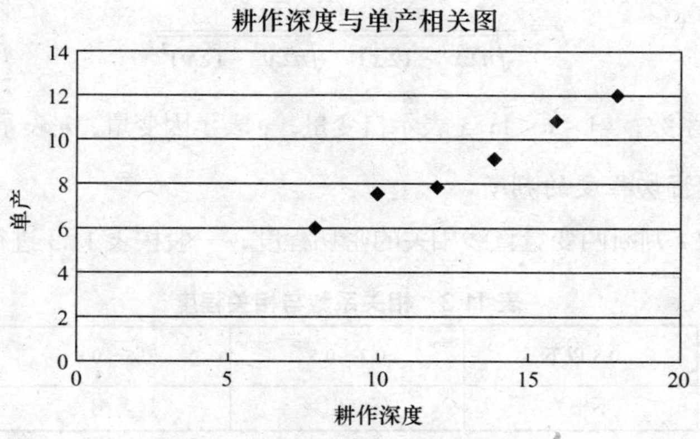

图 11.3　耕作深度与单产的相关图

从相关图上可以看出，耕作深度与单产之间存在比较密切的直线相关关系。

绘制相关图时需要注意：①自变量应置于横轴上。否则，容易给人造成错觉，不易判断是正相关还是负相关。②点与点之间不可用线段连接。因为这些坐标点本来就都是一些独立的试验点，正是在这个意义上，相关图也叫散点图。

相关图的优点比较明显，它直观、易读、信息量大。

几种典型的相关图：

（1）直线相关、正相关，如图 11.1（a）所示；

（2）直线相关、负相关，如图 11.1（b）所示；

（3）曲线相关、正相关（上翘、下翘），如图 11.2（a）所示；

（4）曲线相关、负相关（上翘、下翘），如图 11.2（b）所示；

（5）圆团状不相关，如图 11.4（a）所示；

（6）柱带状不相关，如图 11.4（b）所示；

（7）横带状不相关，如图 11.4（c）所示。

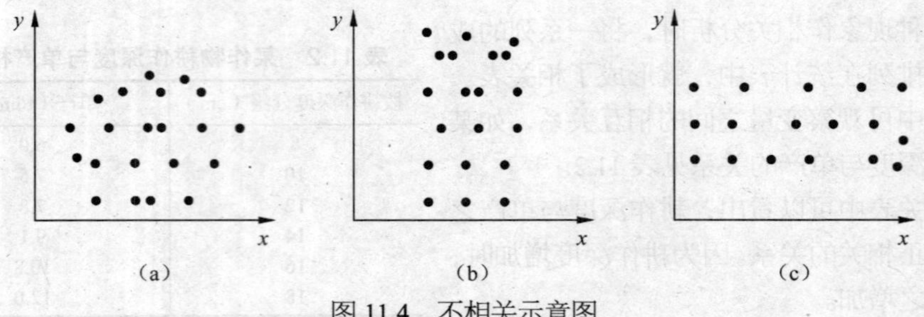

图 11.4　不相关示意图

三、相关系数分析法

相关系数，是判断两种现象在直线相关条件下相关密切程度的统计分析指标。

1. 相关系数的计算公式

$$r=\frac{n\Sigma xy-(\Sigma x)(\Sigma y)}{\sqrt{n\Sigma x^2-(\Sigma x)^2}\cdot\sqrt{n\Sigma y^2-(\Sigma y)^2}} \tag{11.1}$$

式中：r 表示相关系数，$-1<r<1$；x 表示自变量，y 表示因变量，n 表示观测值个数。

2. 相关关系密切程度的判断

根据相关系数 r 判断两变量直线相关的密切程度，一般按表 11.3 进行判断。

表 11.3　相关系数与相关程度

$\|r\|$	0.3 以下	0.3～0.5	0.5～0.8	0.8～1
相关程度	不相关	低度相关	显著相关	高度相关

3. 相关系数的计算

一般通过编制“相关系数计算表”来辅助计算。

【案例】下面以表 11.4 中的观察资料计算 10 个企业生产性固定资产价值与工业增加值之间的相关系数。

表 11.4　相关系数计算表　（单位：百万元）

序　号	生产性固定资产价值 x	工业增加值 y	x^2	y^2	xy
1	3	14	9	196	42
2	4	16	16	256	64
3	5	25	25	625	125
4	6	28	36	784	168
5	6	30	36	900	180
6	8	32	64	1 024	256
7	8	36	64	1 296	288

续表

序 号	生产性固定资产价值 x	工业增加值 y	x^2	y^2	xy
8	9	42	81	1 764	378
9	10	45	100	2 025	450
10	12	47	144	2 209	564
合计	71	315	575	11 079	2 515

$$r=\frac{10\times 2\,515-71\times 315}{\sqrt{10\times 575-(71)^2}\cdot\sqrt{10\times 11\,079-(315)^2}}=0.973$$

计算结果表明生产性固定资产价值和工业增加值之间存在高度的正相关关系。通过以上的计算与分析过程，我们看到，统计所研究现象之间的相关关系，应该是真实的、客观存在的联系关系，而不是主观臆造，或形式上的偶然巧合。这就要求在实际进行相关关系分析时，应依据有关的科学理论，通过观察和试验，在对现象作深入分析的基础上，来确定这种联系关系，而且还要经过理论和实践的进一步检验。只有这样，才能得到正确的结论。

请思考

相关分析中自变量和因变量可以互换吗？

如果将上例中的自变量和因变量互换位置，重新计算相关系数，你能得出什么结论？

计算相关系数，可用这种列表的方法，也可用函数型计算器，还可用 Excel 中的统计函数，但最好的方法应该是计算器。

当两变量是曲线相关时，反映其相关关系密切程度用相关指数表示，此处不予研究。

第三节 回归分析与回归预测

如果我们知道两种现象之间是相关的，又要对其进行预测，那就要进行回归分析。

回归分析法中所用的数学表达式叫回归模型（如 $y=a+bx$），根据具体的观测数据对回归模型求其参数后所获得的具体结果则称为回归方程（如 $\hat{y}=50+10x$）。

回归分析法具有多种类型。①按回归模型的类型不同可分为直线回归和曲线回归（本书只讲直线回归分析法）；②按回归模型中自变量的多少可分为一元回归和多元回归（本书只讲一元回归分析法）；③按自变量是否为时间因素，分为静态回归和动态回归。

一、静态直线回归及预测

只有当两种现象之间呈现为直线相关时，才能运用直线回归法进行直线回归。直线回归，也叫线性回归。它又有静态回归和动态回归之分。

静态直线回归，即没有时间变量的线性回归。

静态直线回归法的一般程序如下。

1. 确定自变量和因变量

自变量一般用 x 来表示，因变量一般用 y 来表示。何者为自变量和因变量，需要根据不同的研究对象来具体确定，如单位面积施肥费用与单产之间，其自变量应为单位面积施肥费用；单产与单位面积收益之间，其自变量应为单产。

2. 整理资料

至少应有 5 对以上的资料，否则保证不了回归的质量，也必然影响预测。

3. 判断相关性质及密切程度

主要看是直线相关还是曲线相关，以及相关的密切程度如何。其方法可选用三种相关分析方法之一，但实际中以绘制相关图的方法居多。这是因为这种方法既简便又直观，一般不易出错。

4. 确定回归模型

直线相关时只能选择直线回归模型，曲线相关时就只能选择曲线回归模型。

【案例】 仍以表 11.4 为例，就只能选择直线回归模型：$y=a+bx$。

其中：a 为截距；b 为斜率，也称回归系数。a 与 b 也可称参数或待定参数。

关键是确定 a、b 的值。当 a、b 不确定时，$y=a+bx$ 就只能称为直线回归模型；当 a、b 确定以后，把 y 改成 $\hat{y}$ 后，$\hat{y}=a+bx$ 就称为直线回归方程了。

5. 求参数 a、b

接上述案例。

其方法是利用“最小二乘法”对下式求极小值：

$$S=\Sigma(y-\hat{y})^2=\Sigma[y-(a+bx)]^2=\Sigma(y-a-bx)^2$$

解

$$\begin{cases}\dfrac{\partial s}{\partial a}=2\Sigma(y-a-bx)\cdot(-1)=0\\ \dfrac{\partial s}{\partial b}=2\Sigma(y-a-bx)\cdot(-x)=0\end{cases}$$

得 a、b 的通用公式：

$$\begin{cases}b=\dfrac{n\Sigma xy-(\Sigma x)\cdot(\Sigma y)}{n\Sigma x^2-(\Sigma x)^2}\\ a=\dfrac{1}{n}(\Sigma y-b\Sigma x)\end{cases}\tag{11.2}$$

当参数 a、b 确定以后，即可建立一元线性回归模型。

仍以表 11.4 的资料为例，对生产性固定资产价值与工业增加值建立回归模型。设 $\hat{y}=a+bx$，式中，$\hat{y}$ 代表工业增加值（因变量），x 代表生产性固定资产价值（自变量）。

$$r=\frac{10\times 2\,515-71\times 315}{\sqrt{10\times 575-(71)^2}\cdot\sqrt{10\times 11\,079-(315)^2}}=0.973$$

依据公式计算如下：

$$b=\frac{n\Sigma xy-(\Sigma x)\cdot(\Sigma y)}{n\Sigma x^2-(\Sigma x)^2}=\frac{10\times 2\,515-71\times 315}{10\times 575-71^2}=3.93$$

$$a=\frac{1}{n}(\Sigma y-b\Sigma x)=\frac{1}{10}\left(315-3.93\times 71\right)=3.6$$

6. 确定直线回归方程

接上述案例。

将 a、b 值代入 $\hat{y}=a+bx$ 中即可。如上例当 $a=3.6$ 和 $b=3.93$ 时，直线回归方程为

$$\hat{y}=3.6+3.93x$$

7. 直线回归预测

回归分析法的作用绝不仅仅是描绘两种现象之间的数量对应关系，更重要的是利用这种关系对观察数据进行补值和对现象进行预测。当把 x 的赋值范围限定在观察值的范围之内时，利用回归方程获得回归值 $\hat{y}$ 的方法即为补值；当把 x 的赋值范围扩大到观察值的范围之外时，利用回归方程获得回归值 $\hat{y}$ 的方法即为预测。可见，补值和预测的方法是一样的，其区别只在于对 x 赋值的范围不同。

从表 11.4 的资料可知，x 的变化范围是 3 ~ 12 百万元，所以，若求 $3<x<12$ 时所对应的 $\hat{y}$ 值就是补值，若求 $x>12$ 时所对应的 $\hat{y}$ 值就是预测。

若想预测"当生产性固定资产价值增至 15 百万元时"工业增加值可达到多少？其方法就是将 $x=15$ 代入已知的回归方程中，求出 $\hat{y}$ 的值即可：

$$\hat{y}=3.6+3.93x=3.6+3.93\times 15=62.55\text{（百万元）}$$

即当生产性固定资产价值增至 15 百万元时，工业增加值可达到 62.55 百万元。

二、动态直线回归及预测

动态直线回归，即自变量为时间变量时的线性回归，所谓时间变量就是表示时间的变量，如 x 的值为年份数或月份数等。

动态直线回归法的一般程序如下。

1. 确定自变量和因变量

自变量一般用 x 来表示，因变量一般用 y 来表示。但作为动态回归，x 只能是表示时间的变量。

2. 整理资料

至少应有 5 个时期以上的资料，否则就保证不了回归的质量，也必然影响预测。

3. 判断相关关系及密切程度

这里的相关关系是指某种经济现象与时间因素之间的相关关系，即看随着时间的变化该种现象是否有上升或下降的趋势。可用相关图的方法进行判断。

4. 确定回归模型

直线相关时只能选择直线回归模型，曲线相关时就只能选择曲线回归模型。

【案例】某企业 1998～2006 年的利税额见表 11.5。通过散点图可知应选择直线回归模型。

表 11.5 某企业利税额回归分析计算表

年 份	利税额（万元）y	x	x^2	xy
1998	85	1	1	85
1999	180	2	4	360
2000	230	3	9	690
2001	240	4	16	960
2002	260	5	25	1 300
2003	285	6	36	1 710
2004	295	7	49	2 065
2005	330	8	64	2 640
2006	400	9	81	3 600
Σ	2 305	45	285	13 410

5. 求参数 a、b

接上述案例。

其方法仍是利用 a、b 的通用公式进行计算。为了方便计算，应列出直线回归计算表（见表 11.5），并将表中相应数据代入公式得

$$b = (9\times13\ 410-45\times2\ 305)/(9\times285-45^2) = 31.42$$

$$a = (2\ 305-31.42\times45)/9 = 99.01$$

6. 确定回归方程

接上述案例。

$$\hat{y} = 99.01+31.42x \quad (x = 1 \text{ 时为 } 1998 \text{ 年})$$

这里需要注意的是：在对动态数列确定回归方程时，必须标明 $x = 1$ 时为哪一年份，以便预测时使用。

7. 对 2007 年进行预测

接上述案例。

即当 $x = 10$ 时的回归值 $\hat{y}$：

$$\hat{y} = 99.01+31.42x = 99.01+31.42\times10$$

$$= 413.21 \text{（万元）}$$

它表明根据近年来的发展规律可以预测出该企业 2007 年利税额应在 413.21 万元左右。

注意

预测的时期不可往后推得太远，否则其预测值是不可靠的。

第四节 Excel 在相关与回归中的运用

一、Excel 计算相关系数

使用的函数名称：CORREL

1. 输入形式

其输入形式为 = CORREL（Array1，Array2）↙

即　　　　r = CORREL（x 值的范围，y 值的范围）

其中：Array1 为第一个变量 x 的观察值（或数组），Array2 为第二个变量 y 的观察值（或数组）。例如，某项试验中有关 X 与 Y 的试验数据如图 11.5 所示。

CORREL　=CORREL(A2:A11,B2:B11)

	A	B
1	X	Y
2	25	107
3	26	120
4	20	112
5	34	135
6	40	140
7	56	156
8	62	168
9	70	165
10	72	180
11	80	200
12	相关系数:	0.976464
13		

CORREL

Array1 A2:A11 = {25;26;20;34;40;5

Array2 B2:B11+I15 = {107;120;112;135

= 0.976464498

返回两组数值的相关系数。

Array2 第二组数值单元格区域。

计算结果 = 0.976464498　确定　取消

图 11.5　相关系数的计算

若用输入形式计算相关系数，则输入：= CORREL(A2：A11，B2：B11)↙

回车后其结果为：0.976 464（见图 11.5 中的单元格 B12；注意：用输入形式计算时，没有图 11.5 中的对话框）。当相关系数为 0.976 464 时，按表 11.3 的标准进行判断，X 与 Y 的关系应为“高度相关”。

2. 导入形式

仍如图 11.5 中的资料，要求计算其相关系数，则操作过程如下。

先确定存放相关系数的位置（如放在 B12 的位置；为了过后也能知道 B12 的数字是相关系数，可在 A12 中输入“相关系数:”作为其提示）；导入函数；单击“确定”后会出现一个函数参数对话框；先在 Array1 后导入 X 的数据（A2 至 A11）；再在 Array2 后导入 Y 的数据（B2 至 B11）；再单击“确定”即可。此时，B12 的位置会出现 0.976 464，即相关系数为 0.976 464。

二、Excel 在回归分析中的应用

直线回归，即数学模型为 $y = a+bx$ 的回归。其中 a、b 为待定参数。

（一）求截距 *a*

使用的函数名称为：INTERCEPT

1. 输入形式

其输入形式为 = INTERCEPT（Known_y's，Known_x's）↙

即　　　　a = INTERCEPT（y 值的范围，x 值的范围）

注意

在式中的括号里，应先输入 y 的取值，后输入 x 的取值。如：对于图 11.6 中的资料，其输入形式为

= INTERCEPT（B2：B11，A2：A11）↙

回车后，其取值应为：82.565 6，见图 11.6 中的单元格 B13。它表明，对于该资料来说，其直线回归的截距为 82.565 6。

2. 导入形式

仍如图 11.6 中的资料，若对其求 a，则操作过程如下。

先确定存放回归截距的位置（如放在 B13 的位置）；导入函数；单击“确定”后会出现一个函数参数对话框（见图 11.6）；先在 Known_y's 导入 Y 的数据（B2 至 B11）；再在 Known_x,s 后导入 X 的数据（A2 至 A11）；再单击“确定”即可。此时，B13 的位置会出现 82.565 6，即回归截距为 82.565 6。

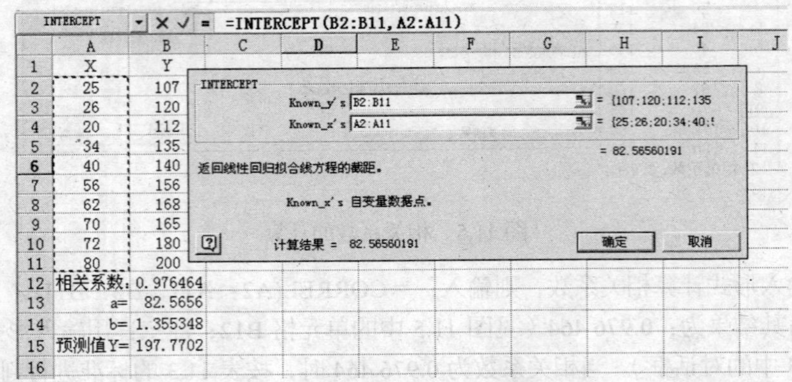

图 11.6 回归预测示意图

（二）求斜率 b

使用的函数名称：SLOPE

1. 输入形式

其输入形式为 = SLOPE（Known_y's，Known_x's）↙

即 b = SLOPE（y 值的范围，x 值的范围）

如对于图 11.6 中的资料，其输入形式为 = SLOPE（B2：B11，A2：A11）↙

回车后，其取值应为：1.355 348，见图 11.6 的单元格 B14。它表明，对于该资料来说，其直线回归的斜率为 1.355 348。

2. 导入形式

其操作与 a 的导入基本相同，只是把导入函数的名称换为 SLOPE 即可。

（三）求预测值 Y_0

使用的函数名称：FORECAST

1. 输入形式

其输入形式为 = FORECAST（X_0，Known_y's，Known_x's）↙

即 Y_0 = FORECAST（给定的 X_0 值，y 值的范围，x 值的范围）

仍如图 11.6 中的资料。若当 X = 85 时，预测 Y 值应为多少？其输入形式为

=FORECAST（85，B2：B11，A2：A11）↙

可得预测值为：197.770 2（见图 11.6 中的 B15 单元格）。

2. 导入形式

方法与上基本相同，此处从略。

复习思考题

1. 举例说明什么是函数关系、什么是相关关系。

2. 什么是相关分析法？什么是回归分析法？它们具有什么关系？

3. 在对现象进行相关分析时，常用的方法有哪些？为什么说相关图分析法是最好的一种方法？

4. 用相关图进行相关分析时，如何判断直线相关和曲线相关？如何判断正相关和负相关？如何判断完全相关、相关（或称一般相关）和不相关？

5. 用相关图如何判断直线相关的密切程度？

6. 如何计算相关系数？如何用相关系数来判断相关程度？

7. 什么叫回归模型？什么叫回归方程？什么叫静态回归和动态回归？为什么在获得了动态回归方程后，还必须标出“$x=1$ 时为哪一年份”？

8. 直线回归法的一般程序是什么？如何计算 a、b 的值？

9. 为什么在进行回归时，至少应有 5 个时期以上的资料？为什么在利用回归方程进行预测时，预测的时期不可往后推得太远？

10. 如何利用 Excel 计算相关系数？

11. 在直线回归分析中，如何利用 Excel 计算 a、b 的值？如何预测？

第十二章

动态数列分析法

【学习目标】

通过本章的学习，要求理解动态数列的概念、构成与作用，掌握动态数列的编制规则，能够正确区分各种动态数列并计算各种动态分析指标，学会运用各种动态分析方法。

【案例导入】

2009 年我国国内生产总值实现“保八”增长目标

据初步测算，2009 年我国国内生产总值（GDP）为 335 353 亿元，按可比价格计算，比上年增长 8.7%，增速比上年回落 0.9 个百分点，较改革开放 30 年（1978～2008 年）间的年平均增长速度 9.8%低 1.1 个百分点。

2009 年国内生产总值分季度看，第一季度同比增长 6.2%，第二季度同比增长 7.9%，第三季度同比增长 9.1%，第四季度同比增长 10.7%。分产业看，第一产业增加值 35 477 亿元，增长 4.2%；第二产业增加值 156 958 亿元，增长 9.5%；第三产业增加值 142 918 亿元，增长 8.9%。

尽管受国际金融危机的严重冲击和极其复杂的国内外形势影响，2009 年我国仍然完成国民经济“保八”的增长水平，实现了国民经济总体回升向好。

启发思考

（1）什么是可比价格？国内生产总值及其增长速度为什么要按可比价格计算？

（2）百分数与百分点有何不同？

（3）什么是同比增长速度？该指标有何优点？

（4）什么是环比增长速度？它与平均增长速度有何关系？

第一节　动态数列概述

动态数列分析法是指利用动态数列来研究现象发展变化的方向、水平与速度，揭示其变化规律并据以预测未来的方法。

一、动态数列的概念及构成

动态数列，又称时间数列，是将反映某一现象的某种指标的一系列数值按时间先后顺序排列而成的分组表，见表 12.1。

表 12.1 2009 年 1～3 季度我国国内生产总值

季 度	1 季 度	2 季 度	3 季 度
国内生产总值（亿元）	65 745	139 862	217 817

注：表中数据为初步核算数据，按现价计算。

资料来源：国家统计局.国内生产总值季度统计数据.http：//www.stats.gov.cn/tjsj/jidusj/

由表 12.1 可以看出，动态数列一般由两个基本要素构成，即现象所属的时间及与时间相对应的反映该现象的某种指标数值。

二、动态数列的作用

动态数列描述了现象的发展过程与结果，是进行各种动态分析的前提条件，在统计分析中具有重要作用，主要表现在以下几个方面。

（1）反映现象在一定时间上的状况和水平。

（2）研究现象的发展速度和发展趋势。

（3）分析现象发展变化的规律性，科学预测现象的未来。

（4）比较分析现象在不同地区或国家之间的发展情况。

三、动态数列的种类

动态数列按数列中指标表现形式的不同，可以分为绝对数动态数列、相对数动态数列和平均数动态数列。绝对数动态数列是基本数列，后两类则是以前者为基础计算得出的派生数列。

（一）绝对数动态数列

绝对数动态数列是指将说明某一现象的某种总量指标的一系列数值，按照时间先后顺序排列而成的动态数列。根据数列中总量指标所反映现象的性质，分为时期数列和时点数列。

1. 时期数列

时期数列是指数列中的每个指标数值反映的是现象在一段时期内发展过程总量的动态数列，见表 12.1。

2. 时点数列

时点数列是指数列中的每个指标数值反映的是现象在一定时点所达到水平的动态数列，见表 12.2。时点数列按其时间的间隔状况不同，可分为连续时点数列和间断时点数列。

表 12.2　我国历次普查总人口

普查时间	1953 年 7 月 1 日零时	1964 年 7 月 1 日零时	1982 年 7 月 1 日零时	1990 年 7 月 1 日零时	2000 年 11 月 1 日零时
总人口数（万人）	59 435	69 458	100 818	113 368	126 583

资料来源：国家统计局.人口普查.http：//www.stats.gov.cn/was40/gjtjj_detail

（1）连续时点数列。连续时点数列是指逐日登记的资料所形成的时点数列。连续时点数列分为两种情况：按日排列的连续时点数列和按连续时段排列的时点数列，见表 12.3。

表 12.3　某车间某月上旬的职工人数

日　期	1～4 日	5～8 日	9～10 日
人数（人）	420	410	416

（2）间断时点数列。间断时点数列是指数列中各指标数值在时间上出现间断的时点数列，可分为间隔相等和间隔不等两种情况，见表 12.4 和表 12.2。

表 12.4　某企业上半年职工人数

时　间	1 月 1 日	2 月 1 日	3 月 1 日	4 月 1 日	5 月 1 日	6 月 1 日	7 月 1 日
月初人数（人）	4 120	4 200	4 200	4 300	4 300	4 200	4 220

（二）相对数动态数列

相对数动态数列是指将说明某一现象的某种相对指标的一系列数值，按照时间先后顺序排列而成的动态数列。如由各月计划完成程度所形成的动态数列 c 见表 12.5。

表 12.5　某商业企业第一季度各月商品销售情况

	1　月	2　月	3　月
实际销售额（万元）a	1 080	1 120	980
计划销售额（万元）b	1 000	1 100	950
计划完成程度（%）c	108	102	103

（三）平均数动态数列

平均数动态数列是指将说明某一现象的某种平均指标的一系列数值，按照时间先后顺序排列而成的动态数列。如由各月劳动生产率所形成的动态数列 c 见表 12.6。

表 12.6　某企业第一季度的生产情况

	1　月	2　月	3　月
产量（件）a	14 000	12 600	12 384
月初工人数（人）b	200	168	172
劳动生产率（件／人）c	76	74	70

注：3 月末工人数为 180 人。

第二节　动态差异分析法

动态差异分析法是用减法对动态数列中的指标数值进行差异分析，从而反映现象变动状况的方法。

一、发展水平

在动态数列中，每个指标数值称为发展水平。发展水平是计算其他动态分析指标的基础，它可以是总量指标，也可以是相对指标或平均指标。

在动态数列中，第一项指标数值称为最初水平，最后一项指标数值称为最末水平，其余各项指标数值称为中间水平。本章以 $a_0,a_1,a_2,\cdots,a_n$ 代表动态数列中的各项发展水平，见表 12.7。其中 a_0=7 488.3 为最初水平，a_n=7 668.4 为最末水平，$a_1,a_2,\cdots,a_7$ 为中间水平。

表 12.7　2007 年 1～9 月我国社会消费品零售情况

月　份		1 月 a_0	2 月 a_1	3 月 a_2	4 月 a_3	5 月 a_4	6 月 a_5	7 月 a_6	8 月 a_7	9 月 a_8
社会消费品零售总额（亿元）		7 488.3	7 013.7	6 685.8	6 672.5	7 157.5	7 026.0	6 998.2	7 116.6	7 668.4
增长量（亿元）	逐期	—	−474.6	−327.9	−13.3	485.0	−131.5	−27.8	118.4	551.8
	累计	—	−474.6	−802.5	−815.8	−330.8	−462.3	−490.1	−371.7	180.1
发展速度（%）	环比	—	93.7	95.3	99.8	107.3	98.2	99.6	101.7	107.8
	定基	100	93.7	89.3	89.1	95.6	93.8	93.5	95.0	102.4
增长速度（%）	环比	—	−6.3	−4.7	−0.2	7.3	−1.8	−0.4	1.7	7.8
	定基	—	−6.3	−10.7	−10.9	−4.4	−6.2	−6.5	−5.0	2.4
增长 1%的绝对值（亿元）		—	74.883	70.137	66.858	66.725	71.575	70.260	69.982	71.166

资料来源：国家统计局.社会消费品零售总额月度统计数据.http：//www.stats.gov.cn/tjsj/

在动态分析中，将所研究的那一时间的指标数值称为报告期水平或计算期水平，而将用来作为比较基础的那一时间的指标数值称为基期水平。

二、增长量分析

增长量是现象的报告期水平与基期水平之差，用以说明现象在一定时期内增长变化的绝对数量。增加时为正值，减少时为负值。因采用的基期不同，增长量可分为逐期增长量、累计增长量和年距增长量。

1. 逐期增长量

逐期增长量是现象的报告期水平与其前一期水平之差，说明报告期较前一期增长的绝对数量。其计算公式为

$$逐期增长量=a_i-a_{i-1} \tag{12.1}$$

式中：i=1,2,…,n。逐期增长量的计算见表 12.7。

2. 累计增长量

累计增长量是现象的报告期水平与某一固定时期水平（通常为最初水平）之差，用以说明现象在某一较长时期内的总增长量。其计算公式为

$$累计增长量=a_i-a_0 \tag{12.2}$$

式中：i=1,2,…,n。累计增长量的计算见表 12.7。

统计小常识

累计增长量与逐期增长量之间的换算关系

一定时期的累计增长量是相应时期内各逐期增长量之和，如公式（12.3）所示。利用这一关系，可以进行相系推算，如两个相邻的累计增长量相减，即得相应的逐期增长量。

$$a_n-a_0=\sum_{i=1}^{n}(a_i-a_{i-1}) \tag{12.3}$$

3. 年距增长量

年距增长量，又称为同比增长量，是现象的报告期水平与去年同期水平之差，用以说明现象报告期比去年同期增长的绝对数量。年距增长量可消除季节变动的影响，在实践中应用广泛。其计算公式为

$$年距增长量=本期发展水平-去年同期发展水平 \tag{12.4}$$

第三节　动态平均分析法

动态平均分析法是指对动态数列中的指标数值计算序时平均数，以反映现象在一段时间内发展所达到的一般水平的分析方法。通过动态平均分析，可以消除现象在短时间内偶然波动的影响，便于观察现象长期发展趋势，便于进行更广泛的对比分析。

一、平均增长量

平均增长量是动态数列中各项逐期增长量的简单算术平均数，用以反映现象的平均增长水平。其计算公式有以下两种形式：

$$平均增长量=\frac{\sum_{i=1}^{n}(a_i-a_{i-1})}{n} \tag{12.5}$$

$$平均增长量=\frac{a_n-a_0}{n} \tag{12.6}$$

式中：n——逐期增长量的项数。

在表 12.7 中，2007 年 1～9 月我国社会消费品零售总额（以 1 月份为基期）月平均增长量为

$$\frac{a_n-a_0}{n}=\frac{7\ 668.4-7\ 488.3}{8}=\frac{180.1}{8}\approx 22.5(\text{亿元})$$

二、平均发展水平

平均发展水平是动态数列中各项发展水平的平均数，又称为动态平均数或序时平均数，从动态上说明现象在一段时间内发展的一般水平。平均发展水平一般用$\overline{a}$来表示。

1. 根据时期数列计算平均发展水平

采用简单算术平均法，计算其平均发展水平。其公式为

$$\overline{a}=\frac{\sum_{i=1}^{n}a_i}{n} \tag{12.7}$$

根据表 12.1 所示的资料，2009 年 1～3 季度，我国国内生产总值的平均发展水平为

$$\overline{a}=\frac{\sum_{i=1}^{n}a_i}{n}=\frac{65\ 745+139\ 862+217\ 817}{3}\approx 141\ 141.3(\text{亿元})$$

2. 根据连续时点数列计算平均发展水平

（1）根据按日排列的连续时点数列计算平均发展水平。

采用简单算术平均法，计算其平均发展水平。其计算公式用式（12.7）表示。

（2）根据按连续时段排列的时点数列计算平均发展水平。

采用加权算术平均法，计算其平均发展水平。其计算公式用式（12.8）表示。

$$\overline{a}=\frac{\sum_{i=1}^{n}a_i f_i}{\sum_{i=1}^{n}f_i} \tag{12.8}$$

式中：f ——权数，代表两个时点间的时间间隔长度。

根据表 12.8 的资料，某车间某月上旬的平均职工人数为

$$\overline{a}=\frac{\sum_{i=1}^{n}a_i f_i}{\sum_{i=1}^{n}f_i}=\frac{420\times4+410\times4+416\times2}{4+4+2}\approx 415(\text{人})$$

表 12.8　某车间某月上旬的职工人数

日　期	1～4 日	5～8 日	9～10 日
人数（人）a	420	410	416
权数（日）f	4	4	2

3. 根据间断时点数列计算平均发展水平

(1) 根据间隔相等的时点数列计算平均发展水平。

采用“首尾折半法”，计算其平均发展水平。其计算公式为

$$\overline{a}=\frac{\dfrac{a_1}{2}+a_2+a_3+\cdots+a_{n-1}+\dfrac{a_n}{2}}{n-1} \tag{12.9}$$

根据表 12.4 所示的资料，该企业上半年平均职工人数为

$$\overline{a}=\frac{\dfrac{4\ 120}{2}+4\ 200+4\ 200+4\ 300+4\ 300+4\ 200+\dfrac{4\ 220}{2}}{7-1}\approx 4\ 230(\text{人})$$

(2) 根据间隔不等的时点数列计算平均发展水平。

采用分段加权平均法，计算其平均发展水平。其计算公式为

$$\overline{a}=\frac{\dfrac{a_1+a_2}{2}\times f_1+\dfrac{a_2+a_3}{2}\times f_2+\cdots+\dfrac{a_{n-1}+a_n}{2}\times f_{n-1}}{\sum\limits_{i=1}^{n-1}f_i} \tag{12.10}$$

式中：f ——权数，代表两个时点间的时间间隔长度。

如表 12.9 资料，该企业年均钢材库存量为

$$\overline{a}=\frac{\dfrac{60+70}{2}\times 3+\dfrac{70+90}{2}\times 4+\dfrac{90+64}{2}\times 5}{3+4+5}=75(\text{吨})$$

表 12.9 某企业某年库存钢材量

日 期	1 月 初	3 月 末	7 月 末	12 月 末
钢材库存量（吨）a	60	70	90	64
权数（月）f	—	3	4	5

4. 根据相对数或平均数动态数列计算平均发展水平

由静态相对数或平均数构成的动态数列都是由两个有联系的绝对数动态数列相比得到的，计算其平均发展水平的基本方法如下。

(1) 列出基本数列。列出形成相对数或平均数动态数列的两个绝对数数列，如表 12.5、表 12.6 的分子数列 a 与分母数列 b 。

(2) 分别计算分子数列和分母数列的平均发展水平 $\overline{a}$ 与 $\overline{b}$ 。

(3) 计算平均发展水平 $\overline{c}$ 。将 $\overline{a}$ 与 $\overline{b}$ 进行对比求得。其计算公式为

$$\overline{c}=\frac{\overline{a}}{\overline{b}} \tag{12.11}$$

如表 12.5 中数列 c ，计算其平均计划完成程度的方法是：先列出分子（实际销售额）数列 a 和分母（计划销售额）数列 b ，根据分子数列和分母数列的种类选择计算 $\overline{a}$ 与 $\overline{b}$ 的公

式，再计算$\overline{c}$。

$$\overline{c}=\frac{\overline{a}}{\overline{b}}=\frac{\sum_{i=1}^{n}a_i}{n}/\frac{\sum_{i=1}^{n}b_i}{n}=\sum_{i=1}^{n}a_i/\sum_{i=1}^{n}b_i=\frac{1\ 080+1\ 120+980}{1\ 000+1\ 100+950}=\frac{3\ 180}{3\ 050}\approx 104\%$$

如表12.6中数列c，计算其第一季度平均月劳动生产率的方法是：先列出分子（产量）数列a和分母（月初工人数）数列b，根据分子数列和分母数列的种类选择计算$\overline{a}$与$\overline{b}$的公式，再计算$\overline{c}$。其结果为

$$\overline{c}=\frac{\overline{a}}{\overline{b}}=\frac{38\ 984}{530}\approx 74(\text{件/人})$$

第四节　动态速度分析法

动态速度分析法是指对动态数列中的指标数值计算相对数，以反映现象在一段时间内发展变化的程度及方向的分析方法。主要包括发展速度、增长速度、平均发展速度和平均增长速度的计算与分析。

一、发展速度

发展速度是现象报告期水平与基期水平的比值，用以表明现象的报告期水平已发展到基期水平的若干倍或百分之几。其计算公式为

$$\text{发展速度}=\frac{\text{报告期水平}}{\text{基期水平}} \tag{12.12}$$

由于对比的基期不同，发展速度分为环比发展速度、定基发展速度和年距发展速度。

1. 环比发展速度

环比发展速度是现象报告期水平与其相邻前一期水平的比值，用以说明现象逐期的发展速度。其计算公式为

$$\text{环比发展速度}=\frac{a_i}{a_{i-1}} \tag{12.13}$$

式中：$i=1,2,\cdots,n$。环比发展速度的计算见表12.7。

2. 定基发展速度

定基发展速度，又称总速度，是现象报告期水平与某一固定时期水平（通常为最初水平）的比值，用以说明现象在较长时期内总的发展速度。其计算公式为

$$\text{定基发展速度}=\frac{a_i}{a_0} \tag{12.14}$$

式中：$i=1,2,\cdots,n$。定基发展速度的计算见表12.7。

统计小常识

环比发展速度与定基发展速度之间的换算关系

一定时期的定基发展速度等于相应时期内的各环比发展速度的连乘积，如公式（12.15）所示。利用这一关系可以进行推算，如两个相邻的定基发展速度相除，即得相应的环比发展速度。

$$\frac{a_n}{a_0}=\prod\frac{a_i}{a_{i-1}} \tag{12.15}$$

3. 年距发展速度

年距发展速度，又称同比发展速度，是现象的报告期水平与去年同期水平的比值，用以说明现象报告期相对于去年同期发展的程度。年距发展速度可消除季节变动的影响，在实践中应用广泛。其计算公式为

$$\text{年距发展速度}=\frac{\text{本期发展水平}}{\text{去年同期发展水平}} \tag{12.16}$$

二、增长速度

增长速度是增长量与基期水平的比值，用以表明现象的报告期水平比基期水平增长了若干倍或百分之几。其计算公式为

$$\text{增长速度}=\frac{\text{增长量}}{\text{基期水平}}=\frac{\text{报告期水平}-\text{基期水平}}{\text{基期水平}}=\text{发展速度}-1 \tag{12.17}$$

当发展速度大于 1 时，增长速度为正值，表明现象增长的程度；当发展速度小于 1 时，增长速度为负值，表明现象降低的程度。由于对比的基期不同，增长速度分为环比增长速度、定基增长速度和年距增长速度。

1. 环比增长速度

环比增长速度是现象的逐期增长量与前一时期水平的比值，用以说明现象报告期水平比其前一期增长了若干倍或百分之几。其计算公式为

$$\text{环比增长速度}=\frac{\text{逐期增长量}}{\text{前一期水平}}=\text{环比发展速度}-1 \tag{12.18}$$

环比增长速度的计算见表 12.7。

2. 定基增长速度

定基增长速度，又称总增长速度，是现象的累计增长量与最初水平的比值，用以说明现象在较长时期内总的增长程度。其计算公式为

$$\text{定基增长速度}=\frac{\text{累计增长量}}{\text{最初水平}}=\text{定基发展速度}-1 \tag{12.19}$$

定基增长速度的计算见表 12.7。

技巧点滴

环比增长速度与定基增长速度之间的关系

二者之间并无直接的换算关系，但具有间接的推算关系。其关系式为

$$定基增长速度=\prod(环比增长速度+1)-1 \tag{12.20}$$

3．年距增长速度

年距增长速度，又称同比增长速度，是现象的年距增长量与去年同期发展水平的比值，用以说明现象报告期比去年同期增长的程度。其计算公式为

$$年距增长速度=\frac{年距增长量}{去年同期水平}=年距发展速度-1 \tag{12.21}$$

统计小常识

“倍”与“番”

倍数和翻番数都是用来描述数量对比关系的相对数，但二者的含义和计算方法截然不同。

倍数是按算术级数计算的，既可用于静态的同类对比，亦可用于动态对比。例如，某年甲地人均国内生产总值 10 000 元，为乙地 4 000 元的 2.5 倍，A 城市 2009 年人均住房使用面积达到 16.8 平方米，为 1978 年 5.8 平方米的 2.9 倍。

翻番数是按几何级数计算的，一般用于动态对比。翻一番为基数的 2^1 倍，翻两番为基数的 2^2 倍，翻三番为基数的 2^3 倍，等等。例如，十六大报告中提出的全面建设小康社会的目标，即在优化结构和提高效益的基础上，国内生产总值到 2020 年力争比 2000 年翻两番，综合国力和国际竞争力明显增强，也就是说 2020 年我国的国内生产总值将是 2000 年的 4 倍。翻番数的计算公式为

$$n=\frac{\lg(报告期水平/基期水平)}{\lg 2} \tag{12.22}$$

4．增长 1%的绝对值

增长速度分析利用的是相对数，具有相对数所固有的局限性，需要将增长速度与绝对水平结合起来进行分析，计算增长 1%的绝对值，以弥补其局限性。

增长 1%的绝对值，是现象的逐期增长量与环比增长速度的比值，用以说明现象每增长一个百分点所增加的绝对数量。其计算公式为

$$增长1\%的绝对值=\frac{逐期增长量}{环比增长速度\times 100}=\frac{前一期水平}{100} \tag{12.23}$$

增长 1%的绝对值计算见表 12.7。

三、平均速度

平均速度的分析包括平均发展速度和平均增长速度的计算和分析，它们常用于长期计

划的编制和检查。平均发展速度是现象各期环比发展速度的平均数，用以反映现象在一段较长的时期内发展变化的一般速度。平均增长速度用以表明现象在一段较长的时期内增长变化的一般程度，二者的关系可用公式表示为

$$\text{平均增长速度} = \text{平均发展速度} - 1 \tag{12.24}$$

根据所研究现象的不同特点，平均发展速度的计算通常采用水平法或累计法。

1. 水平法

水平法，又称几何平均法，是先计算现象各项环比发展速度连乘积，再对其连乘积按环比发展速度的项数求方根的计算方法。其计算公式为

$$\overline{X} = \sqrt[n]{\prod X_i} = \sqrt[n]{\frac{a_n}{a_0}} = \sqrt[n]{R} \tag{12.25}$$

式中：X_i——各期环比发展速度，i=1,2,…,n;

n——环比发展速度的项数；

a_0——动态数列最初水平；

a_n——动态数列最末水平；

R——全期总速度（定基发展速度）。

（1）计算公式。公式（12.25）包括了三个计算公式，可根据所掌握的资料不同，选用相应的计算公式。

（2）计算工具。目前常用的计算工具有四种：①《对数表》和《反对数表》；②《平均增长速度查对表》；③函数型计算器；④电子计算机。其中以函数型计算器最为便捷。

（3）应用范围。水平法侧重于考查最末一期的水平是否达到规定水平的情况，适用于水平计划的编制与检查。如人口、产量、产值、国民收入、工资总额、劳动生产率、单位成本、商品流通费等的增长，通常考查长期计划的最末一年应达到的数值水平，宜采用水平法计算平均速度指标。从公式（12.25）可看出，以水平法计算的平均发展速度实质上取决于最末水平与最初水平的比值，不受中间水平的影响。

如表 12.7 资料，如果用水平法计算其平均发展速度，式（12.25）中三个计算公式都可选用，最简捷的计算为

$$\overline{X} = \sqrt[n]{R} = \sqrt[8]{102.4\%} = 100.3\%$$

2. 累计法

累计法，又称方程法，是从最初水平 a_0 出发，设每期按固定的平均发展速度 $\overline{X}$ 发展变化，列出各期计算水平之和等于各期实际水平之和的方程式，通过求解方程式来计算平均发展速度的方法。

（1）方程式。用累计法计算平均发展速度，没有简捷的计算公式，只能利用求解方程式的办法获得。

$$\text{各期计划水平之和} = a_0\overline{X} + a_0\overline{X}^2 + a_0\overline{X}^3 + \cdots a_0\overline{X}^n$$

$$\text{各期实际水平之和} = a_1 + a_2 + a_3 + \cdots + a_n$$

列出方程式，整理后为

$$\overline{X}+\overline{X}^2+\overline{X}^3+\cdots+\overline{X}^n=(\sum_{i=1}^{n}a_i)/a_0 \qquad (12.26)$$

（2）计算工具。目前常用的工具有两种：①《平均增长速度查对表》，见表 12.10；②电子计算机。两种工具中以前者更为便捷。

表 12.10　平均增长速度查对表

平均每年增长%	各年发展水平总和为基期水平的%			
	2 年	3 年	4 年	5 年
⋮	⋮	⋮	⋮	⋮
7.6	223.38	347.95	482.00	626.23
7.7	223.69	348.62	483.16	628.06
7.8	224.01	349.28	484.32	629.90
⋮	⋮	⋮	⋮	⋮

利用《平均增长速度查对表》求值的步骤如下。

第一步，计算$(\sum_{i=1}^{n}a_i)/a_0$。

第二步，确定 n 值，n 即年数，不包括基期在内。

第三步，查表求出平均增长速度。在相应的年数栏中找到与“总发展速度”最相近的数值，该数值所对应平均每年增长%加上 1 即为所求平均发展速度。

（3）应用范围。累计法侧重于考查整个计划期内各年的发展水平之和能否达到规定的总水平的情况，适用于总额计划的编制与检查。如基建投资额、造林总面积等，通常考查长期计划的累计完成量，宜采用累计法计算平均速度指标。从式（12.26）可看出，以累计法计算的平均发展速度受各期发展水平的影响。

表 12.11　某地“十五”计划期间各年的基建投资额

年　度	2001	2002	2003	2004	2005
基建投资额（亿元）	19	24	27	30	32

注：基期为 2000 年，基建投资额为 21 亿元。

如表 12.11 资料，以累计法求其五年计划期间基建投资额的平均增长速度。具体计算如下。

第一步，计算$(\sum_{i=1}^{n}a_i)/a_0$值。

$$(\sum_{i=1}^{n}a_i)/a_0=(19+24+27+30+32)/21=628.57\%$$

第二步，确定 n 值。n=5 年。

第三步，查《平均增长速度查对表》，确定平均增长速度。在表 12.10 中“5 年”一栏中查得与 628.57 最为相近的值为 628.06，与此数字相对的“平均每年增长%”为 7.7，即该地“十五”期间基建投资额的平均增长速度为 7.7%。

第五节　Excel 计算动态分析指标

动态数列分析指标包括本章前四节所涉及的各项动态分析指标，其计算特点是作为计算依据的数据不多，但需要计算的指标多，利用 Excel 可快速准确地获得计算结果。现以图 12.1 所示的资料为例自造运算器，图中虚线框内 C3：G3 单元格区域为其入口，有阴影的单元格区域为其出口，其构建及运用技巧如下。

H6　　fx =(G7/100)^(1/4)*100

	A	B	C	D	E	F	G	H
1	我国历年国内生产总值动态分析表							
2	年　份		2001	2002	2003	2004	2005	平均值
3	国内生产总值（亿元）		107449.7	117208.3	128958.9	141964.5	156775.3	130471.3
4	增长量（亿元）	逐期	—	9758.6	11750.6	13005.6	14810.8	12331.4
5		累计	—	9758.6	21509.2	34514.8	49325.6	
6	发展速度（%）	环比	—	109.1	110.0	110.1	110.4	109.9
7		定基	100	109.1	120.0	132.1	145.9	
8	增长速度（%）	环比	—	9.1	10.0	10.1	10.4	9.9
9		定基	—	9.1	20.0	32.1	45.9	
10	增长1%绝对值（亿元）		—	1074.497	1172.083	1289.589	1419.645	1239.0
11	说明：国内生产总值按2000年不变价格计算。							
12	资料来源：国家统计局. 统计数据. http://www.stats.gov.cn/tjsj/							

图 12.1　动态分析指标的计算

一、构建自造运算器

1. 在 Excel 工作表中设计一个动态分析指标计算表

如图 12.1 所示。

2. 设计运算器出口

（1）计算逐期增长量。选中 D4 单元格，录入“= D3 − C3”↙；再选中 D4 单元格，拖动填充柄至 G4 单元格。

（2）计算累计增长量。选中 D5 单元格，录入“= D3 − $C3”↙；再选中 D5 单元格，拖动填充柄至 G5 单元格。

（3）计算环比发展速度。选中 D6 单元格，录入“= D3/C3*100”↙；再选中 D6 单元格，拖动填充柄至 G6 单元格。

（4）计算定基发展速度。选中 D7 单元格，录入“= D3/$C3*100”↙；再选中 D7 单元格，拖动填充柄至 G7 单元格。

（5）计算环比增长速度。选中 D8 单元格，录入“= D6 − 100”↙；再选中 D8 单元格，拖动填充柄至 G8 单元格。

（6）计算定基增长速度。选中 D9 单元格，录入“= D7 − 100”↙；再选中 D9 单元格，拖动填充柄至 G9 单元格。

（7）计算增长 1%绝对值。选中 D10 单元格，录入“= C3/100”↙；再选中 D10 单元格，拖动填充柄至 G10 单元格。

（8）计算平均发展水平。选中虚线框内 C3：G3 单元格区域，单击“自动求和”按钮Σ·右侧下拉菜单，选择“平均值”，或选中 H3 单元格录入“=AVERAGE(C3：G3)”↙。

（9）计算平均增长量。选中 D4：G4 单元格区域，单击“自动求和”按钮Σ·右侧下拉菜单，选择“平均值”，或选中 H4 单元格录入“=AVERAGE(D4：G4)”或“=G5/4” ↙。

（10）计算平均发展速度。选中 H6 单元格，录入公式“=(G7/100)^(1/4)*100”↙。

（11）计算平均增长速度。选中 H8 单元格，录入公式“=H6－100”↙。

二、自造运算器的使用

（1）在自造运算器入口（即图 12.1 所示虚线框内）录入或改变数据。

（2）在自造运算器出口（即图 12.1 所示阴影部分）取数。此时，各项动态分析指标的计算结果，就会随着每 1 步的数据录入而自动显示在阴影区域相应的单元格中。

为了使自造运算器能够适合更长的动态数列，可以把自造运算器的入口设计得更长一点，如在 G3 的右面再留出一些空的单元格，以备将来之用。

一位养猪专业户的统计经

按常理，养猪与统计是两码事，毫不相干，但北山乡的养猪专业户文支书与统计却成了黄金搭档。

创业，缘于统计。文支书 20 世纪 80 年代初就在村里负责村财务会计和统计，他勤思考、爱琢磨，做事有板有眼，从不马虎草率。他所负责的账目和统计报表，除了账本外和统计报表外，在他的笔记本中大部分也能找到。他 80 年代初开始跑拖拉机，之后，小四轮、大货车、小面的，一路捣鼓过来，又开了一间农机维修店。20 世纪 90 年代末，随着运输车辆的增多，运输市场竞争激烈，僧多粥少，修理店生意还算红火，怎耐年岁不饶人，加上孩子大了，汽车交给了儿子，另谋出路的想法应运而生，但思来想去不知干什么好。

2000 年年底的一个中午，忙了一天修理的他，想坐下来休息片刻，顺手拉开抽屉，找出一个笔记本翻了翻，翻了几页后，一组全村历年屠宰税数据映入眼帘，每年的征收头数和税金历历在目。出于好奇，他又翻开了全村历年的总人口、总户数资料，计算出户均出栏数，结果发现：全村生猪出栏从 1980 年开始，保持较大的增长势头，到 1998 年全村出栏猪最多，户均 2.1 头，以后逐年减少，取消屠宰税的前一年，全村户均出栏只有 0.4 头，其中 20 世纪 90 年代中期减少最多，户均养猪从 1994 年的 1.6 头下降到 1998 年的 0.6 头，1998 年以后，基本保持在户均 0.4～0.6 头。农户养猪数量逐年减少，这不是一条创业之路吗？经过近半年的张罗，2001 年 8 月，养猪场终于有了眉目，当时只有 4 间临时栏舍，第一批饲养肉猪 36 头，接着又有了第二批、第三批……

发展，倚仗统计。文支书发现了统计数据的作用后，更加重视数据的搜集与整理。为核算生猪养殖收益，他买来了账本，分批记录收支情况。2002 年，通过对 3 批出栏猪出售价格、饲养期和饲料消耗对比分析，他发现赢利与饲养周期长短、肉价和仔猪价格密切相关，但影响最大的是仔猪价格。仔猪价格波动大，外购仔猪移栏后适应期长，何不来个自繁自育！说干就干，2002 年年底，他引进了 6 头良种母猪和一头公猪。2003 年 11 月，自繁自育的第 1 批肉猪 36 头出栏，每头猪赢利 250 元，经对比计算，每头赢利比外购仔猪高 60 元。从积累投入产出资料，充分挖掘资料价值中受益的文支书，更增强了利用统计资料指导生产经营的信心，从 2004 年年初开始，他设计出一套统计台账，对以前的资料进行了精心整理。为更准确地核出每一窝猪的饲养收益，他对每一窝仔猪的饲养周期、饲料成本、出售价格、净收益一一登记，根据这些资料，确定各个饲养段的时间长短和饲料配比，计算出最佳饲养时间，适时出栏，确保饲养效益最大化。

壮大，寄希望于统计。文支书对自己的猪场很满意，他对今后的发展也充满信心，他说："4 年前，基于对农户生猪养殖情况的了解，下决心办起了养猪场，4 年来，全面记录了养猪场的生产、消耗、销售情况，搜集了各方面的信息，适时改变饲养方式，使猪场规模不断扩大，这些都有统计的功劳，今后要做大做强，更离不开统计的帮助。要有意识地搜集、积累自己感兴趣的资料，如蔬菜瓜果播种面积与价格、上市时间与价格等方面的资料，利用养猪场丰富的有机肥料，生产出适销对路的蔬菜、瓜果，增加收益。"

在充满信心的同时，文支书也毫不掩饰自己的忧虑。他说："从目前的情况来看，农户养猪数量短期内难以大幅增长，但猪肉保持了近两年的高价位，养猪专业户的数量和规模都有大幅增长，可获取这方面的数据困难较大，如果不能准确掌握这方面的情况，一旦市场波动，对养猪大户的影响是将难以估量，甚至是致命的。我在挖掘统计资料方面尝到了甜头，希望有更多的人，能够从所掌握的资料中发掘商机、抓住商机。现在，已有很多的人有适时获取外界统计资料的愿望。希望有关部门能搭起一个平台，使每一个需要统计资料的人，能方便快捷地获取所需的统计资料，减少盲目投资和重复投资，提高投资回报。"

资料来源：湖南统计信息网 2007 年 5 月 21 日转载自中国信息报，作者肖升初

复习思考题

1. 怎样理解动态数列？它有何作用？
2. 时期数列和时点数列有何区别？
3. 为什么说绝对数动态数列是基本数列？
4. 逐期增长量、累计增长量及平均增长量之间有什么关系？
5. 怎样计算各种动态数列的平均发展水平？
6. 定基发展速度与环比发展速度之间有何关系？
7. 发展速度与增长速度间有何关系？
8. 水平法和累计法有何异同？

第十三章 常用统计指标

【学习目标】

通过本章的学习，要求理解各种常用统计指标的含义与作用，能正确计算与运用各种常用统计指标，熟练计算和运用人口与劳动力资源统计指标、企业常用统计指标、企业主要财务分析指标。

【案例导入】

中国人口老龄化与人口红利

人口老龄化是指总人口中因年轻人口数量减少、年长人口数量增加而导致的老年人口比重相应增长的动态过程。国际上通常把 60 岁以上的人口占总人口比重达到 10%或 65 岁以上人口占总人口的比重达到 7%，作为一个国家或地区是否进入老龄化社会的标准。按此划分标准，我国于 1999 年进入老龄化社会，截至 2008 年年底，60 岁及以上人口 15 989 万人，约占全国总人口的 12%，65 岁及以上人口 10 956 万人，占全国总人口的 8.3%。

人口红利，亦称为人口黄金时期，是指一个国家劳动年龄人口占总人口比重较大，总抚养系数低于 50%，于经济发展十分有利的时期。以 65 岁为老年人口的下限年龄计算，我国的人口机会窗口在 1990 年开启之后，总抚养系数一直呈下降趋势，到 2009 年达到最低值 38.22%，然后开始回升，预计到 2033 年将超过 50%，人口黄金时期结束。这是一个人口年龄结构最佳的黄金时期，为我们提供了一个人口负担最轻的战略机遇期。2033 年以后，我国人口负担不断加重，21 世纪后半叶，老年抚养比将保持在 58%左右，总抚养比保持在 85%左右，是人口负担很沉重的时期。

启发思考

（1）案例中涉及的人口统计指标主要有哪些？

（2）人口老龄化对总抚养系数有什么影响？

（3）人口统计有何现实意义？

第一节 基本国情统计常用指标

一、人口与劳动力资源统计指标

（一）人口统计指标

1. 人口数量统计指标

（1）人口总数。人口总数是在一定地域范围内某时点上具有特定标志的全部人口数，是有生命的个人的总和。统计人口数量时，必须明确统计人口的时间标准、地理范围和统计的人口范围。如我国第五次人口普查的人口数所反映的时点是2000年11月1日0时，地域范围是中国境内，人口范围是拥有中华人民共和国国籍且在中国境内居住的人口。

（2）平均人口数。平均人口数是指在一定时期内各个时点上人口的平均数。其计算方法参见第十二章第三节“根据间断时点数列计算平均发展水平”。

（3）现有人口。现有人口是指在一定时点上居住在该地域范围内的全部人口。包括外来暂住人口，不包括本地暂时外出人口。

（4）常住人口。常住人口是指在常住地公安机关有户籍登记的人口。包括居住本地暂时外出人口，不包括外地人在本地暂时居住的人口。

现有人口与常住人口间的关系为

$$\text{现有人口}=\text{常住人口}+\text{外来暂住人口}-\text{常住人口中暂时外出人口} \tag{13.1}$$

（5）人口密度。人口密度是一定时期某一地区的人口数与该地区的面积数之比，常用每平方千米的人口数来表示，用以反映该地区的人口稠密程度。其计算公式为

$$\text{人口密度}=\frac{\text{某地区人口数}}{\text{某地区土地面积}} \tag{13.2}$$

2. 人口变动统计指标

（1）出生人数与出生率。出生人数是指某一地区在一定时期内出生后有生命现象的婴儿数，包括出生后有生命现象，但以后由于各种原因死亡的婴儿。

出生率是指一定时期内（一般为一年）的出生人数与同期平均人口数之比，用千分数表示，用以反映某地区在一定时期内人口出生的强度。其计算公式为

$$\text{出生率}=\frac{\text{年内出生人数}}{\text{年平均人口数}}\times 1\,000‰ \tag{13.3}$$

（2）死亡人数与死亡率。死亡人数是指一定时期内由于各种原因失去生命的全部人数。

死亡率是指一定时期内（一般为一年）的死亡人数与同期平均人口数之比，用千分数表示，用以反映某地区在一定时期内人口死亡的强度。其计算公式为

$$\text{死亡率}=\frac{\text{年内死亡人数}}{\text{年平均人口数}}\times 1\,000‰ \tag{13.4}$$

（3）人口自然增长量与人口自然增长率。人口自然增长量是某地区一定时期内的出生人数与死亡人数之差，即净增人口数。

人口自然增长率是一定时期内（一般为一年）的人口自然增长量与同期平均人口数之比，一般用千分数表示，用以反映人口的自然变动引起的增长。其计算公式为

$$人口自然增长率=\frac{年内人口自然增长量}{年平均人口数}\times1\,000‰=出生率-死亡率 \quad (13.5)$$

（4）迁入人口数与人口迁入率。迁入人口数是指某地区在一定时期内已在新住地的户口管理机关办妥了户籍迁入手续的人数。

人口迁入率是一定时期内的迁入人口数与同期平均人口数之比。其计算公式为

$$人口迁入率=\frac{一定时期内迁入人口数}{同期平均人口数}\times1\,000‰ \quad (13.6)$$

（5）迁出人口数与人口迁出率。迁出人口数是指某地区在一定时期内已在原常住地户口管理机关办妥了迁出手续的人数。

人口迁出率是指一定时期内的迁出人口数与同期平均人口数之比。其计算公式为

$$人口迁出率=\frac{一定时期内迁出人口数}{同期平均人口数}\times1\,000‰ \quad (13.7)$$

（6）人口机械增长量与净迁移率。人口机械增长量是指某地区在一定时期内迁入人口数与迁出人口数之差。

净迁移率是指一定时期内的净迁移人数与同期平均人口数之比，是人口迁入率与迁出率之差，也称人口机械变动率或人口迁移变动系数。其计算公式为

$$净迁移率=\frac{一定时期的净迁移人数}{同期平均人口数}\times1\,000‰=迁入率-迁出率 \quad (13.8)$$

（7）总迁移率。总迁移率是一定时期内迁移的总人口数与同期平均人口数之比，是人口迁入率与迁出率之和，用以反映人口迁移总的变动程度。其计算公式为

$$总迁移率=\frac{一定时期的迁入人口数+迁出人口数}{同期平均人口数}\times1\,000‰=迁入率+迁出率 \quad (13.9)$$

（8）人口增长量与人口增长率。人口增长量是指某地区在一定时期内人口增长的总规模，包括由于人口的出生、死亡所引起的自然增长规模，以及由于迁入、迁出引起的机械增长规模，是人口自然增长量与机械增长量之总和。

人口增长率是指一定时期内的人口增长量与同期平均人口数之比，是人口自然增长率与净迁移率之和，反映一定时期内人口的自然变动和机械变动两方面因素所引起的人口总的增长程度。其计算公式为

$$人口增长率=\frac{一定时期的人口增长量}{同期平均人口数}\times1\,000‰=人口自然增长率+净迁移率 \quad (13.10)$$

3. 人口构成统计指标

（1）人口的性别构成。常用性别构成比重和性别比例两种指标。其计算公式为

$$性别构成比重=\frac{男性或女性人口数}{总人口数}\times 100\% \quad (13.11)$$

$$性别比例=\frac{男性人口数}{女性人口数}\times 100\% \quad (13.12)$$

（2）人口的年龄构成。按国际通用标准，将人口按年龄分为三个组：0～14 岁（少年儿童组），15～64 岁（成年组），65 岁以上（老年组）。常用指标有少儿人口系数、老年人口系数、总抚养系数（或总负担系数，总人口抚养比，总抚养比）。其计算公式为

$$少儿人口系数=\frac{14岁以下人口数}{总人口数}\times 100\% \quad (13.13)$$

$$老年人口系数=\frac{65岁以上人口数}{总人口数}\times 100\% \quad (13.14)$$

$$总抚养系数=\frac{14岁以下人口数+65岁以上人口数}{15\sim 64岁人口数}\times 100\% \quad (13.15)$$

（3）人口的地区构成。人口的地区构成是指各地区人口数占人口总数的比重。常用的指标有各行政区域人口比重和城乡人口比重。

（4）人口的民族构成。人口的民族构成是指各个民族的人口数占人口总数的比重。常用的指标有汉族人口比重和少数民族人口比重。

（5）人口的文化教育程度构成。人口按受教育程度不同一般分为不识字或识字很少、小学、初中、高中、大专及以上五个组别，计算各个组别的人口数占总人口的比重，即可反映人口的文化教育程度构成。也可用成人文盲率来反映，其计算公式为

$$成人文盲率=\frac{15岁及15岁以上文盲和半文盲人口数}{15岁及15岁以上人口数}\times 100\% \quad (13.16)$$

成人文盲和半文盲是指在 15 岁及 15 岁以上人口中，不识字或识字不足 1 500 个字，不能阅读通俗书报、不能写便条，没有达到扫盲标准的人。

（二）劳动力资源统计指标

1. 劳动适龄人口数

劳动适龄人口数是指在法定的劳动年龄范围内的人口数。目前我国规定的劳动年龄为男性 16～60 岁，女性 16～55 岁。

2. 劳动力资源总数

劳动力资源总数是指年龄在 16 岁及以上具有劳动能力的人口数。包括超过劳动年龄而实际经常参加社会劳动并取得劳动报酬或经营收入的人口数，但不包括在劳动年龄内不具有劳动能力的人口数。劳动力资源包括经济活动人口和非经济活动人口两部分。

3. 经济活动人口数与劳动力资源利用率

经济活动人口数是指年龄在 16 岁及以上，有劳动能力，参加或要求参加社会经济活动的人口数，包括就业人数和失业人数。

劳动力资源可能利用率是指在劳动力资源总数中，最大可能参与社会经济活动的人数所占比重。其计算公式为

$$劳动力资源可能利用率=\frac{经济活动人口数}{劳动力资源总数}\times100\% \quad (13.17)$$

劳动力资源实际利用率是指在劳动力资源总数中，实际参与社会经济活动的人数所占比重。其计算公式为

$$劳动力资源实际利用率=\frac{就业人数}{劳动力资源总数}\times100\% \quad (13.18)$$

4. 非经济活动人口数

非经济活动人口数是指年龄在16岁及以上，有劳动能力，未参加或不要求参加社会经济活动的人口数。包括在校学生、离退休未能再就业人员、其他丧失劳动能力人员和没有就业愿望的人员。

5. 就业人数与劳动就业率

就业人数是指在经济活动人口中，从事一定社会劳动并取得劳动报酬或经营收入的人口数。

劳动就业率是指就业人数与经济活动人口数之比，用以表明就业的程度。其计算公式为

$$劳动就业率=\frac{就业人数}{经济活动人口数}\times100\% \quad (13.19)$$

6. 失业人数与失业率

失业人数是指在经济活动人口中，在调查期间无工作，当前有就业的可能并以某种方式寻找工作的人口数。

失业率是失业人数与经济活动人口数之比，用以表明失业的程度。其计算公式为

$$失业率=\frac{失业人数}{经济活动人口数}\times100\%=1-就业率 \quad (13.20)$$

二、自然资源统计指标

（一）土地资源统计指标

1. 土地资源总量指标

土地资源总量指标一般用土地总面积来表示，是指一个国家或地区的全部土地面积，包括陆地面积和水域面积。

2. 土地资源的构成及利用指标

（1）土地利用率。土地利用率是指已被利用的土地面积占土地总面积的比重，表明土地已被利用的程度和土地利用的潜力。

（2）土地垦殖率。土地垦殖率是指耕地面积占土地总面积的比重，反映土地资源与种植业发展的关系。

（3）农业用地比重。农业用地比重是指农业用地面积占土地总面积的比重，表明农业生产在国民经济中的相对规模。

（4）草原覆盖率。草原覆盖率是指草原面积占土地总面积的比重，反映一个国家或地区草原资源的丰富程度。

（二）森林资源统计指标

（1）森林总面积。包括林木覆盖的面积和林内沼泽地、草原、湖泊等的面积。

（2）森林覆盖面积。又称森林面积，是指郁闭度在 0.3 以上，或生长稳定、成活保存株数不低于合理造林株数 85%的自然林和人工林面积。

（3）森林密度。森林密度是森林覆盖面积和森林总面积之比，用以说明某一林区森林生长的质量情况。

（4）森林覆盖率。森林覆盖率是森林覆盖面积与土地总面积之比，用以说明一个国家或地区森林资源的丰富程度。

（5）木材蓄积量。又称林木蓄积量，是指森林的各种活林木可能出材的数量，用以说明森林资源的规模。

此外，还有矿产资源和水资源统计指标。

三、生产总值核算的基本指标

（一）国内生产总值

国内生产总值，简称 GDP，是指一个国家（地区）所有常住单位在一定时期内生产活动的最终成果。从价值形态看，国内生产总值是所有常住单位在一定时期内生产的增加值之和；从收入形态看，国内生产总值是所有常住单位在一定时期内所创造并分配给常住单位和非常住单位的初次分配收入之和；从产品形态看，国内生产总值是最终使用的货物和服务与进口货物和服务之差。

国内生产总值是按“国土原则”计算的。这里的“国土”是指一国的经济领土。所谓经济领土，是指以一国政府控制或拥有的地理领土为基础，加上该国因外交、军事、科研或其他目的而在国外所控制或拥有的地域，如该国驻外使领馆、科研站、军事基地、新闻办事处、援助机构等，同时相应地扣除外国政府在该国地理领土上使用的上述性质的地域。所谓常住单位，是指在一国经济领土上拥有一定的活动场所（住宅、厂房或其他建筑物），从事一定规模的经济活动，并超过一定时期（一般以一年为标准）的经济单位。

国内生产总值是对最终产品的计量。所谓最终产品，是指一定时期内生产的被用于最终消费、积累或出口等最终用途的产品。与最终产品不同的是中间产品，中间产品是指用于其他生产单位的中间投入并在生产过程中被完全消耗或形态被改变的产品。

国内生产总值可用下述三种方法计算，三种方法分别从不同的方面反映国内生产总值及其构成。

1. 生产法

生产法是指从国内生产总值形成的过程来计算的方法。其计算公式为

$$\text{国内生产总值} = \sum \text{各部门增加值} = \sum(\text{各部门总产出} - \text{各部门中间消耗}) \qquad (13.21)$$

式中，增加值是一定时期内所有常住单位在生产过程中新创造的价值，即所有常住单位在一定时期内所生产的全部货物和服务价值超过同期投入的全部非固定资产货物和服务价值的差额；总产出是指所有常住单位在一定时期内生产的全部货物和服务的总价值，既包括新增价值，也包括转移价值；中间消耗也称中间投入，可分为中间物质消耗和中间劳务消耗，中间物质消耗包括消耗的外购原材料、燃料、动力等实物产品及向外单位支付的运输费、邮电费、加工费、修理费、仓储费等服务费用，中间劳务消耗是指支付给非物质生产部门（如金融、保险、文化教育、科学研究、医疗卫生、行政管理）的服务费用，如利息支出、广告费、保险费、职工教育费、差旅费等。

2. 收入法

收入法是指从收入初次分配的角度来计算的方法。增加值被生产出来后，必然要在国家、企业和个人之间进行分配，形成各种生产要素和政府管理的收入，将各部门这些收入项目加总，即得增加值。其计算公式为

$$\text{国内生产总值} = \text{各部门固定资产折旧} + \text{各部门劳动报酬} + \text{各部门生产税净额} + \text{各部门营业盈余} \qquad (13.22)$$

式中，劳动报酬包括所有货币形式或实物形式的劳动收入；生产税净额是生产税与生产补贴的差额，代表政府参与生产单位生产所获得的收入；营业盈余是生产单位的总产出扣除中间消耗、固定资产折旧、劳动报酬、生产税净额后的余额，代表除劳动以外的土地、资本及管理等生产要素所得收入。

3. 支出法

支出法是指从增加值的最终使用角度来计算的方法。其计算公式为

$$\text{国内生产总值} = \text{最终消费} + \text{资本形成总额} + \text{货物和服务净出口总额} \qquad (13.23)$$

式中，最终消费是指一定时期内在非生产过程中所使用的货物和服务价值，是消费者为获得这些货物和服务所花费的最终消费支出，包括居民消费和政府消费两个部分；资本形成总额是用于积累的货物和服务价值，主要包括固定资本形成和存货增加两个部分；货物和服务净出口总额是货物和服务出口与进口的差额。

从理论上讲，上述三种方法的计算结果是一致的，但由于资料来源和状况的不同，计算结果往往不一致。各国一般都同时采用三种方法进行计算，以满足不同的分析研究需要，并验证计算结果。

国内生产总值是一个基础性的核心经济指标，常用于计算经济增长率、各产业结构比重、各收入要素所占比重、消费率、投资率、人均国内生产总值等指标。

（二）国内生产净值

国内生产净值，简称NDP，是国内生产总值扣除固定资产折旧后的价值。其计算公式为

国内生产净值＝国内生产总值－固定资产折旧　　（13.24）

（三）国民总收入

国民总收入，简称GNI，原称国民生产总值（GNP），是一个国家所有常住单位在一定时期内（通常是一年）获得的劳动者报酬、生产税、补贴、固定资产折旧、营业盈余和财产收入等原始收入总额。

国内生产总值是一个生产概念，而国民总收入则是一个收入概念，是按“国民原则”计算的。一国常住单位从事生产活动所创造的增加值在初次分配过程中主要分配给本国的常住单位，但也有一部分以劳动者报酬和财产收入等形式分配给本国的非常住单位，同时，国外生产所创造的增加值也有一部分以劳动者报酬和财产收入等形式分配给本国的常住单位，国民总收入等于国内生产总值加上来自国外的劳动者报酬和财产收入减去付给国外的劳动者报酬和财产收入，其计算公式为

国民总收入＝国内生产总值＋国外要素收入净额　　（13.25）

式中，国外要素收入净额是指本国常住单位在国外进行投资或提供劳务所取得的收入与外国常住单位在本国进行投资或提供劳动所取得的收入之间的差额。

拓展阅读

人均国民总收入

人均国民总收入，是国民总收入与年均人口数的比值，与人均国民生产总值相等，与人均国内生产总值大致相当，常用于衡量一个国家的经济发展水平。

人均国民总收入和人均收入是两个不同的概念。人均国民总收入既包括企业所得和政府所得，也包括居民个人所得，而人均收入只包括居民个人所得。

世界银行是按人均国民总收入，把世界各国经济发展水平分成四组，即低收入国家、中等偏下收入国家、中等偏上收入国家和高收入国家，划分标准随着经济的发展不断进行调整。2008年公布的划分标准为：人均国民总收入低于975美元为低收入国家，976～3 855美元为中等偏下收入国家，3 856～11 905美元为中等偏上收入国家，高于11 906美元为高收入国家。2008年，我国人均国民总收入为2 770美元，属中等偏下收入国家。

世界银行从1996年开始提供人均国民总收入居世界位次年度排序，1996年人均国民总收入居世界位次有157个国家和地区参加排序，我国居第103位；1997年人均国民总收入居世界位次有209个国家和地区参加排序，我国居第145位；2008年人均国民总收入居世界位次有210个国家和地区参加排序，我国居第127位。

第二节　企业常用统计指标

一、企业人员统计

（一）企业从业人员数量

1. 从业人员总数

从业人员总数是指在企业单位工作并取得劳动报酬的全部人员。包括在岗职工人数和再就业的离退休人员、在企业工作的外方和港澳台方人员、借用的外单位人员、兼职人员、从事第二职业的人员等。

2. 在岗职工人数

在岗职工人数是指在本企业工作并由本企业支付工资的人员数以及有工作岗位，但由于学习、病伤、产假等原因暂未工作，仍由本企业支付工资的人员数。

常用期末人数和平均人数来反映企业从业人员的数量。

（二）企业人员构成

企业人员构成是指将企业从业人员按不同的标志进行分组，所计算的各组人员占全部人员的比重。

1. 岗位构成

岗位构成是指将在岗职工人数按工作岗位分组，所计算的各岗位职工人数占在岗职工人数的比重。其计算公式为

$$\text{某岗位职工的比重}=\frac{\text{某岗位职工人数}}{\text{在岗职工人数}}\times 100\% \tag{13.26}$$

不同行业的企业按工作岗位可以进行不同的分组，对工业和建筑业企业，按工作岗位可分为工人、学徒、工程技术人员、管理人员、服务人员和其他人员六类。该指标常用于研究企业定员及确定各类人员比例关系。

2. 素质构成

常用的指标有在岗职工学历构成比重和专业技术人员技术职称构成比重。通常将在岗职工按学历分为中专及中专以下、大专、大学及大学以上三类，将专业技术人员按技术职称分为初级、中级、高级三类。

二、劳动生产率统计

劳动生产率是劳动者在一定时期内生产产品的效率，是生产成果与劳动消耗量之间的对比关系。

（一）实物劳动生产率

实物劳动生产率是按产品实物量计算的劳动生产率。只能按同类产品计算，便于生产同类产品的不同企业（或地区、国家）进行横向比较。其计算公式为

$$实物劳动生产率=\frac{产品实物量}{劳动消耗量} \tag{13.27}$$

（二）价值劳动生产率

价值劳动生产率是按产品的价值量计算的劳动生产率指标，可以综合多种不同类别的产品产量，便于综合评价企业经济效益。其计算公式为

$$价值劳动生产率=\frac{产品价值量}{劳动消耗量} \tag{13.28}$$

目前，我国常用全员劳动生产率来综合考核企业生产技术水平、经营管理水平、职工技术熟练程度和劳动积极性。所谓全员劳动生产率是指按全部在岗职工人数计算的劳动生产率。以工业企业为例，其计算公式为

$$全员劳动生产率=\frac{工业增加值（或总产值）}{同期全部在岗职工平均人数} \tag{13.29}$$

三、企业原材料统计

（一）原材料库存量统计

1. *原材料库存量*

原材料库存量是某一时点上各种原材料的实际结存数量，表明现有原材料的资源情况和储备实力。其核算原则是“谁支配谁统计”，即凡是本企业有权支配动用的某一时点实际结存的原材料，都应统计为库存量。

2. *原材料库存总值*

原材料库存总值是用货币表现的某一时点上实际结存的全部原材料的总量，反映原材料储存的总规模、总水平。其计算公式为

$$原材料库存总值=\sum(原材料库存量\times该种原材料的实际购进价格) \tag{13.30}$$

式中，原材料的实际购进价格包括买价、运杂费、运输途中的合理损耗、入库前的挑选整理费用及购入原材料所负担的税金、外汇差价和其他费用等五个部分。

（二）原材料消耗量统计

1. *原材料总消耗量*

原材料总消耗量是一定时期内投入生产，实际消耗的原材料总量。总消耗量以产品、生产段落或机械为对象进行计算，有实物指标和价值指标两种形式，实物指标反映每种原材料消耗总量，价值指标综合反映所有原材料消耗总额。

2. 单耗

单耗是指生产单位产品或完成单位工作量消耗的原材料数量，用以说明原材料的利用程度。单耗越高，说明原材料的利用程度越低；单耗越低，说明原材料的利用程度越高。其计算公式为

$$\text{单位产品（或工作量）原材料消耗量}=\frac{\text{某种原材料总消耗量}}{\text{产品产量（或工作量）}} \tag{13.31}$$

（三）原材料供应及利用情况分析

1. 原材料供应情况分析

（1）原材料库存量对生产的保证天数。用以反映原材料库存量对生产的保证程度。其计算公式为

$$\text{原材料库存量对生产的保证天数}=\frac{\text{报告期初库存量}}{\text{平均每日计划消耗量}} \tag{13.32}$$

（2）原材料储备定额执行情况指标。用以分析原材料储备的合理程度。其计算公式为

$$\text{原材料储备定额执行情况指标}=\frac{\text{原材料实际储备天数（或储备量）}}{\text{原材料定额储备天数（或储备量）}} \tag{13.33}$$

原材料储备由经常储备、保险储备和季节性储备构成。其中保险储备一般固定不变，经常储备在进货后达最高点，在下次进货前为最低点，季节性储备在需要储备的季节为最高点，下次季节到来之前为最低点，因而储备定额分为最高和最低储备定额。分析原材料是否超储，以最高储备定额为准；分析原材料是否不足，以最低储备定额为准。

（3）原材料周转速度。常用周转次数或天数来表示。原材料周转的次数越多，所需周转天数就越少，说明周转速度快，占用流动资金少，资金利用效果好。其计算公式为

$$\text{原材料周转次数}=\frac{\text{原材料消费量}}{\text{同期原材料平均库存量}} \tag{13.34}$$

$$\begin{aligned}\text{原材料周转天数}&=\frac{\text{报告期日历日数}}{\text{周转次数}}\\&=\frac{\text{报告期日历日数}\times\text{同期原材料平均库存量}}{\text{同期原材料消费量}}\end{aligned} \tag{13.35}$$

式中，原材料消费量是指企业在一定时期内实际使用的原材料的全部数量。总消费量以整个企业为对象进行计算，既包括用于产品生产的原材料消耗，也包括用于维修、技改、劳保、科研等非产品生产的原材料消耗，是编制原材料供应计划的主要依据。

2. 原材料利用情况分析

（1）原材料消耗定额执行情况指标。用以考核生产过程原材料消耗的节约程度。其计算公式为

$$\text{原材料消耗定额执行情况指标}=\frac{\text{实际单耗}}{\text{定额单耗}}\times 100\% \tag{13.36}$$

（2）原材料利用率。原材料利用率是产品产量与所消耗的原材料的比率。一般用于分析能形成产品实体且在产品成本中所占比重较大的主要原材料的利用率。其计算公式为

$$\text{原材料利用率}=\frac{\text{产品产量}}{\text{原材料总消耗量}}\times 100\% \tag{13.37}$$

（3）原材料利用定额执行情况指标。用以进一步评价利用程度。其计算公式为

$$\text{原材料利用定额执行情况指标}=\frac{\text{实际利用率}}{\text{原材料计划利用率}}\times 100\% \tag{13.38}$$

此外，还可统计原材料回收的种类、数量、金额与回收率，分析原材料回收复用所产生的效益。

四、企业生产设备统计

（一）生产设备的分类

生产设备是直接作用于劳动对象或参加产品生产工艺过程，改变劳动对象的物质形态或化学成分及存在位置，形成相应产品的固定资产。根据研究目的及具体需要，可对生产设备进行不同的分类。

1. 按在生产过程中的作用分类

按在生产过程中的作用不同，可分为基本生产设备和辅助生产设备。基本生产设备是指直接参与产品生产过程的设备，辅助设备是指不直接参与产品生产过程，但为保证生产过程正常进行提供必要保证的生产设备，如检修用的设备。

2. 按经济用途分类

按经济用途不同，可分为通用设备和专业设备。通用设备是制造和维修各行业技术装备的设备，分金属切削机床和锻压设备。专业设备是为完成各行业各种产品生产，专门设计制造的生产设备。

3. 按作用于劳动对象的方式分类

按作用于劳动对象的方式不同，可分为机械设备、热力设备、化学及光学设备、检测信息处理设备。机械设备是指对原材料进行机械加工的设备。机械加工的结果是改变劳动对象的物质形态。热力设备是对原材料进行加热处理的设备。化学及光学设备是指用化学或光电反应作用于劳动对象的设备。检测信息处理设备是指参与生产工艺过程，用于监测并处理生产过程信息的设备。

此外，还可按自动化程度、加工能力及来源等对设备进行分类。

（二）生产设备的利用情况统计

1. 生产设备数量利用指标

对生产设备数量利用情况进行统计，首先要弄清现有设备的技术状况，其具体构成如图 13.1 所示。

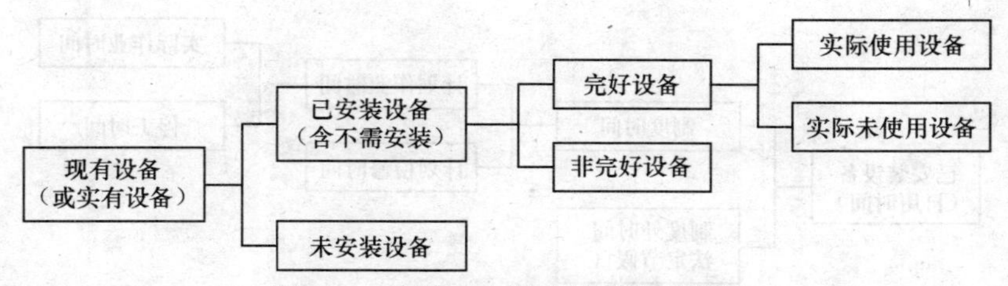

图 13.1　企业现有设备技术构成状况

根据图 13.1 所示状况，可计算下述生产设备利用指标。

（1）现有设备安装率。其计算公式为

$$\text{现有设备安装率}=\frac{\text{已安装设备数量}}{\text{现有设备数量}}\times 100\% \quad (13.39)$$

式中，现有设备数量是指企业实际拥有的可供企业调配的全部生产设备，包括自有、租用、借用的已安装及未安装设备，不包括已报废、租借给外企业和已购而尚未运抵本企业的设备。已安装设备数量是指已安装完毕或不需安装，经验收正式投入生产的设备数量。

（2）已安装设备完好率。其计算公式为

$$\text{已安装设备完好率}=\frac{\text{完好设备数量}}{\text{已安装设备数量}}\times 100\% \quad (13.40)$$

式中，完好设备数量是指正常开动、备用、封存保管的无故障设备数量。

（3）完好设备使用率。其计算公式为

$$\text{完好设备使用率}=\frac{\text{实际使用设备数量}}{\text{完好设备数量}}\times 100\% \quad (13.41)$$

（4）现有设备使用率。用以说明现有设备的利用程度。其计算公式为

$$\begin{aligned}\text{现有设备使用率}&=\frac{\text{实际使用设备数量}}{\text{现有设备数量}}\times 100\% \\ &=\text{现有设备安装率}\times\text{已安装设备完好率}\times\text{完好设备使用率}\end{aligned} \quad (13.42)$$

上述利用情况指标，根据具体需要，可按各种生产设备分别计算，也可按某一大类设备总数计算；可按期末设备数量计算，也可按报告期平均设备数量计算。设备数量一般用“台”、“套”、“部”、“座”等表示。

2. 生产设备时间利用指标

生产设备时间构成情况如图 13.2 所示。

生产设备时间利用情况指标的一般计算公式为

$$\text{生产设备时间利用率}=\frac{\text{实际作业时间}}{\text{最大可能工作时间}}\times 100\% \quad (13.43)$$

式中，最大可能工作时间，一般以小时计算，对于连续作业设备而言为日历时间（或日历时间扣除大修时间），指标名称为生产设备日历作业率；对于非连续作业设备而言为制度时间或计划作业时间，指标名称相应为生产设备制度时间利用率或计划时间利用率。

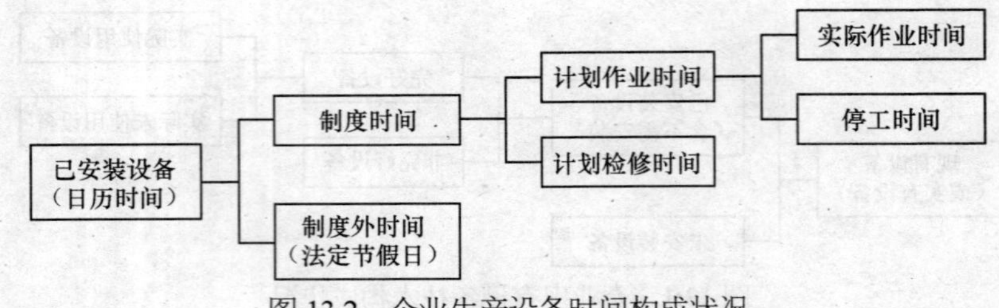

图 13.2 企业生产设备时间构成状况

生产设备时间利用率可按单项设备计算，也可就多项设备综合计算。

3. 生产设备能力利用指标

生产设备能力是指单项生产设备的能力，即每台设备在单位时间内的最大可能产量。生产设备能力利用指标的计算公式为

$$生产设备能力利用率=\frac{生产设备实际能力}{生产设备理论能力}\times 100\% =\frac{单位时间内的实际产量}{单位时间的理论生产量}\times 100\% \quad (13.44)$$

式中，生产设备的理论能力可按查定能力或设计能力计算，所谓查定能力是指企业根据设备实况重新确定的生产能力，所谓设计能力是指设备的铭牌能力；生产设备实际能力是指设备的平均实际能力，其计算公式为

$$生产设备实际能力=\frac{一定时期的实际产量}{同期设备的实际作业时间} \quad (13.45)$$

4. 生产设备综合利用指标

生产设备综合利用指标是同时考虑设备能力和时间两个因素综合利用情况的指标，其计算公式为

$$生产设备综合利用率=\frac{一定时期实际产量}{同期最大可能产量}\times 100\% =设备能力利用率\times 设备时间利用率 \quad (13.46)$$

五、产品品种和产量统计

（一）产品品种统计

（1）品种数。品种数是指产品的种类数。用以说明企业生产的产品种类的多少。

（2）计划品种完成率。计划品种完成率，是完成计划产量的品种数与计划生产的品种数的比值，用以概括地说明品种计划的完成程度，其计算公式为

$$计划品种完成率=\frac{完成计划产量的品种数}{计划规定生产的品种数}\times 100\% \quad (13.47)$$

（二）产量统计

1. 实物产量

实物产量亦称产品产量，是指企业一定时期内生产的按产品的种类与实物单位计量的，经检验合格已办妥入库手续的各种产品的数量。用以说明一定时期内每种产品的生产规模与成果。

2. 价值产量

价值产量是以货币形式表现的产品产量。常用的有如下指标。

（1）总产值。总产值是一定时期内以货币表现的产品生产总量，是生产活动的总成果，是计算增加值的重要依据。总产值以产品的生产为计算原则，只要是本期生产的，不论是已销售的还是尚未销售的都要计算总产值。

（2）增加值。增加值是指各生产单位在一定时期内以货币形式表现的生产经营活动的最终成果。从价值构成看，它包括全部新创造的价值和物质消耗中本期固定资产折旧。每个部门的增加值是该部门所有生产单位增加值之和，各部门的增加值之和为国内生产总值。

增加值指标具有不可替代的优点。从其性质而言，它是生产经营和劳务活动最终成果的体现，反映本单位在报告期内所创造的新成果，说明本单位对社会所做的贡献；从其价值构成而言，它只包括报告期内通过生产经营和劳务活动新创造的价值，而不包括中间产品和劳务的价值，从而避免了重复计算的问题；从其作用而言，它不受社会分工和协作程度的影响，也不包括中间消耗的价值，可直接表明本单位经济效益的大小。

（三）产品销售统计

1. 销售量

销售量是指企业在一定时期内已销售的按实物单位计量的产品数量，用以反映一定时期内各种产品的销售情况。

2. 工业销售产值

工业销售产值是以货币表现的工业企业在一定时期内销售的本企业生产的工业产品和提供的工业性劳务总量。包括销售的成品、半成品价值，对外提供的工业性作业价值和对本企业基建部门、生活福利部门等提供的产品和工业性作业及自制设备的价值。通过核算销售产值，全面反映企业的销售情况。销售产值以产品所有权转移为计算原则，不论是否为本期生产，只要是在本期销售的都应计算销售产值。

成品、半成品销售产值的计算公式为

$$成品（半成品）销售产值=\sum(某产品销售量\times销售单价) \tag{13.48}$$

式中销售单价为不含增值税的产品实际销售单价。

对外提供的工业性作业销售产值按其实际结算的劳务费计算；企业为本单位基本建设部门、生活福利部门等提供的产品和工业性作业及自制设备，可参照同类产品和设备的销售价格或实际成本价格计算其销售产值；对于生产周期较长且签有合同的，按本期实际完成的劳务量乘以合同价格计算销售产值。

3. 产品销售收入

产品销售收入是指企业在一定时期内销售产品和提供劳务等主要经营业务取得的业务收入总额，不包括向本企业内非物质生产部门提供的产品和劳务。

第三节　企业财务情况统计

企业财务统计是一种建立在企业会计核算基础上的价值量统计，通过一系列的财务指标，反映企业一定时期的经济状况，是考核企业经济效益、计算增加值、进行国民经济核算的基础资料。大多数财务统计指标可直接取自会计报表及附注中的对应项目，少数财务统计指标取自相应的总账或明细科目，或需要通过对会计资料进行加工整理后取得。

一、企业资产情况统计

（一）资产分类

资产是指企业过去的交易或事项形成的、由企业拥有或控制的、预期会给企业带来经济利益的资源。按其流动性，资产可分为流动资产与非流动资产。

1. 流动资产

流动资产是指符合下列条件之一的资产。①预计在一个正常营业周期中变现、出售或耗用。②主要为交易目的而持有。③预计在资产负债表日起一年内（含一年）变现。④自资产负债表日起一年内（含一年），交换其他资产或清偿负债的能力不受限制的现金或现金等价物。企业资产负债表中列示的流动资产项目通常包括货币资金、交易性金融资产、应收票据、应收账款、预付账款、应收利息、应收股利、其他应收款、存货、一年内到期的非流动资产及其他流动资产等。

2. 非流动资产

非流动资产是指流动资产以外的资产。企业资产负债表中列示的非流动资产项目通常包括可供出售金融资产、持有至到期投资、长期应收款、长期股权投资、投资性房地产、固定资产、在建工程、工程物资、固定资产清理、生产性生物资产、油气资产、无形资产、开发支出、商誉、长期待摊费用、递延所得税资产及其他非流动资产等。

（二）资产规模指标

1. 资产总额

资产总额是企业在报告期末所拥有或控制的，以货币计量的会带来预期经济利益的全部资源总量。其数值取自资产负债表中的“资产总计”项目的期末数。其计算公式为

$$资产总额=流动资产总额+非流动资产总额 \tag{13.49}$$

2. 流动资产总额

流动资产总额是企业报告期末流动资产的总规模，其数值取自资产负债表中的“流动资产合计”项目的期末数。

3. 非流动资产总额

非流动资产总额是企业报告期末各项非流动资产的总规模，其数值取自资产负债表中“非流动资产合计”项目的期末数。

4. 交易性金融资产

交易性金融资产是指企业为了近期内出售而持有的股票、债券、基金等金融资产。其数值取自资产负债表中的“交易性金融资产”项目的期末数。

5. 应收账款净额

应收账款净额是指企业因销售产品和提供劳务而应向购买单位收取的各种款项扣除坏账损失后的可变现净额。其数值取自资产负债表“应收账款”项目的期末数。

6. 存货

存货是指企业在日常活动中持有以备出售的产成品或商品、处在生产过程中的在产品、在生产过程或提供劳务过程中的材料和物料等。其数值取自资产负债表中的“存货”项目期末数。

7. 产成品

产成品是指企业在报告期进行生产并完成全部生产过程，可对外销售的产品。其数值取自会计“产成品”明细科目的期末数。

8. 长期股权投资

长期股权投资是指企业持有时间准备超过一年的各种股权性质的投资。其数值取自资产负债表“长期股权投资”项目的期末数。

9. 投资性房地产

投资性房地产是指为赚取租金或资本增值，或两者兼有而持有的能够单独计量和出售的房地产，包括已出租的土地使用权、持有并准备增值后转让的土地使用权及已出租的建筑物。其数值取自资产负债表“投资性房地产”项目的期末数。

10. 固定资产

固定资产是指为生产商品、提供劳务、出租或经营管理而持有的使用寿命超过一个会计年度的有形资产。

（1）固定资产原值。也称固定资产原价，指企业在购置、建造、安装、改建、扩建、技术改造某项固定资产时所发生的实际成本支出总额。其数值取自资产负债表附注固定资产披露中的“原价合计”期末数。

（2）累计折旧。折旧是指在固定资产使用寿命内，按确定的方法对应计折旧额进行的系统分摊。应计折旧额是指应当计提折旧的固定资产的原价扣除其预计净残值后的金额。已计提减值准备的固定资产，还应当扣除已计提的固定资产减值准备累计金额。累计折旧是指企业在报告年度内提取的历年固定资产折旧总额。其数值取自资产负债表附注固定资产披露中的“累计折旧合计”期末数。

（3）固定资产净值。是固定资产原值扣除已提累计折旧总额的余额。

（4）固定资产净额。是固定资产净值扣除固定资产减值准备累计金额后的余额。其数值取自资产负债表中“固定资产”项目的期末数。

11. 生产性生物资产

生产性生物资产是指为产出农产品、提供劳务或出租等目的而持有的生物资产，包括经济林、薪炭林、产畜和役畜等。其数值取自资产负债表“生产性生物资产”项目的期末数。

12. 无形资产

无形资产是指企业拥有或控制的没有实物形态可辨认的非货币性资产。包括专利权、非专利技术、商标权、著作权、土地使用权、特许权等。其数值取自资产负债表中“无形资产”项目的期末数。

二、企业负债情况统计

（一）负债分类

负债是指企业过去的交易或者事项形成的、预期会导致经济利益流出企业的现时义务。负债分为流动负债和非流动负债。

1. 流动负债

流动负债是指符合下列条件之一的负债。①预计在一个正常营业周期中清偿。②主要为交易目的而持有。③预计在资产负债表日起一年内（含一年）到期应予以清偿。④企业无权自主地将清偿推迟至资产负债表日后一年以上。企业资产负债表中列示的流动负债项目通常包括短期借款、应付票据、应付账款、预收账款、应付职工薪酬、应交税金、应付利息、应付股利、其他应付款、一年内到期的非流动负债等。

2. 非流动负债

非流动负债是指流动负债以外的负债。企业资产负债表中列示的非流动负债项目通常包括长期借款、应付债券、长期应付款、专项应付款、预计负债、递延所得税负债和其他非流动负债等。

（二）负债规模指标

1. 负债总额

负债总额是指企业在报告期末所承担的负债总和。其数值取自资产负债表中“负债合计”项目的期末数。其计算公式为

负债总额＝流动负债总额＋非流动负债总额　　（13.50）

2. 流动负债总额

流动负债总额是指企业在报告期末流动负债的总规模。其数值取自资产负债表中“流动负债合计”项目的期末数。

3. 非流动负债总额

非流动负债总额是指企业在报告期末非流动负债的总规模。其数值取自资产负债表中“非流动负债合计”项目的期末数。

三、企业所有者权益统计

（一）所有者权益分类

所有者权益是指企业投资者对企业净资产的所有权。企业净资产是企业资产扣除负债后的余额。所有者权益分为实收资本（或股本）、资本公积、盈余公积和未分配利润等。

（二）所有者权益规模指标

1. 所有者权益总额

反映企业投资者拥有净资产的总规模。其数值取自资产负债表中“所有者权益合计”项目的期末数。

2. 实收资本

实收资本是投资者按照企业章程、合同、协议的约定，作为资本实际投入到企业中的货币、实物、无形资产等各种形式的资产价值。其数值取自资产负债表“实收资本”项目的期末数。

实收资本按投资主体分为国家资本、集体资本、法人资本、个人资本、港澳台资本和外商资本，其数值取自实收资本相应明细科目的期末数。

四、企业损益统计

（一）收入

收入是指企业在销售商品、提供劳务、让渡资产使用权等日常活动中形成的、会导致所有者权益增加的、与所有者投入资本无关的经济利益的总流入，一般以营业收入表示。营业收入由主营业务收入和其他业务收入构成。

1. 主营业务收入

主营业务收入是指企业为完成经营目标所从事的日常主要生产经营活动实现的收入。其数值取自利润表附注营业收入中“主营业务收入”项目的本期金额。

2. 其他业务收入

其他业务收入是指企业为完成其经营目标所从事的与日常活动相关的其他经营活动实现的收入。其数值取自利润表附注营业收入中“其他业务收入”项目的本期金额。

（二）成本和费用

成本是指企业为生产产品、提供劳务而发生的各种耗费；费用是指企业在日常活动中发生的、会导致所有者权益减少的、与向所有者分配利润无关的经济利益的总流出。成本以营业成本表示，营业成本由主营业务成本和其他业务成本构成。

1. 主营业务成本

主营业务成本是指企业从事主营业务活动所发生的成本。其数值取自“主营业务成本”科目的本期发生额。

2. 其他业务成本

其他业务成本是指企业从事除主营业务以外的其他经营活动所发生的成本。其数据取自“其他业务成本”科目的本期发生额。

3. 营业税金及附加

营业税金及附加是指企业经营活动应负担的相关税费。其数值取自利润表中“营业税金及附加”项目的本期金额。

4. 销售费用

销售费用是指企业在销售商品和材料、提供劳务过程中发生的各项费用，包括企业销售商品过程中发生的包装费、保险费、展览费和广告费、商品维修费、预计产品质量保证损失、运输费、装卸费及企业发生的为销售本企业商品而专设的销售机构的职工薪酬、业务费、折旧费、固定资产修理费等费用。其数值取自利润表中“销售费用”项目的本期金额。

5. 管理费用

管理费用是指企业为组织和管理生产经营活动而发生的各种管理费用。包括企业在筹建期间发生的开办费、董事会和行政管理部门在企业的经营管理中发生的或者应由企业统一负担的公司经费（包括行政管理部门职工薪酬、物料消耗、低值易耗品摊销、办公费和差旅费等）、工会经费、董事会经费（包括董事会成员津贴、会议费和差旅费等）、聘请中介机构费、咨询费、诉讼费、业务招待费、房产税、车船使用税、土地使用税、印花税、技术转让费、矿产资源补偿费、研究费、排污费及企业生产车间和行政管理部门发生的固定资产修理费等。其数值取自利润表中“管理费用”项目的本期金额。

6. 财务费用

财务费用是指企业为筹集生产经营所需资金而发生的费用，包括利息净支出、汇兑净损失及相关手续费等。其数值取自利润表“财务费用”项目的本期金额。

（三）利润

利润是指企业在一定时期内进行生产经营活动所取得的最终财务成果。

1. 营业利润

营业利润是指企业从事所有生产经营活动所取得的全部成果。其数值取自利润表“营业利润”项目的本期金额。其计算公式为

$$\begin{aligned}营业利润 = &营业收入-营业成本-营业税金及附加-销售费用\\&-管理费用-财务费用-资产减值损失\\&+公允价值变动净收益+投资净收益\end{aligned} \tag{13.51}$$

2. 利润总额

利润总额是企业营业利润与营业外净收入的总和。其数值取自利润表“利润总额”项目的本期金额。其计算公式为

$$利润总额=营业利润+营业外收入-营业外支出 \tag{13.52}$$

式中，营业外收入是指企业发生的与其日常活动无直接关系的各项利得，营业外支出是指企业发生的与其日常活动无直接关系的各项损失。

3. 净利润

净利润是企业一定时期的利润总额扣除当期所得税费用后的净额。其数值取自利润表“净利润”项目的本期金额。其计算公式为

$$净利润=利润总额-所得税费用 \tag{13.53}$$

五、企业主要财务分析指标

（一）偿债能力分析

1. 流动比率

流动比率是企业一定时期内流动资产与流动负债的比率，用于评价企业偿还短期负债的能力。流动比率越大，说明企业偿还流动负债的能力越强，该指标并非越大越好，国际公认的标准比率为 2。其计算公式为

$$流动比率=\frac{流动资产总额}{流动负债总额} \tag{13.54}$$

2. 资产负债率

资产负债率是企业一定时期内负债总额与资产总额的比率，用于评价企业偿还长期负债的能力。国际上一般公认的资产负债率标准是 60%，保守标准是不高于 50%。其计算公式为

$$资产负债率=\frac{负债总额}{资产总额}\times100\% \tag{13.55}$$

（二）运营能力分析

1. 固定资产成新率

固定资产成新率是指企业一定时期内固定资产平均的新旧程度，用以说明企业固定资产的更新速度和持续发展的能力。其计算公式为

$$\text{固定资产成新率}=\frac{\text{平均固定资产净值}}{\text{平均固定资产原值}}\times 100\% \tag{13.56}$$

式中：

$$\text{平均固定资产净值}=\frac{\text{固定资产净值年初数}+\text{固定资产净值年末数}}{2}$$

$$\text{平均固定资产原值}=\frac{\text{固定资产原值年初数}+\text{固定资产原值年末数}}{2}$$

2. 流动资产周转率

流动资产周转率指在企业一定时期内流动资产完成的周转次数，反映流动资产的周转速度。其计算公式为

$$\text{流动资产周转率}=\frac{\text{主营业务收入}}{\text{流动资产平均余额}} \tag{13.57}$$

式中：

$$\text{流动资产平均余额}=\frac{\text{流动资产年初数}+\text{流动资产年末数}}{2}$$

（三）盈利能力分析

1. 总资产贡献率

反映企业全部资产的获利能力，是企业经营业绩和管理水平的集中体现，是评价和考核企业盈利能力的核心指标。其计算公式为

$$\text{总资产贡献率}=\frac{\text{利润总额}+\text{税金总额}+\text{财务费用}}{\text{平均资产总额}}\times 100\% \tag{13.58}$$

式中：

$$\text{平均资产总额}=\frac{\text{期初资产总额}+\text{期末资产总额}}{2}$$

2. 资本保值增值率

资本保值增值率是企业所有者权益的动态相对数，用以反映企业资本保全和增值的情况，是评价企业财务效益状况的辅助指标。其计算公式为

$$\text{资本保值增值率}=\frac{\text{期末所有者权益}}{\text{期初所有者权益}}\times 100\% \tag{13.59}$$

3. 成本费用利润率

成本费用利润率是指企业一定时期利润总额与成本费用总额的比率，用以反映单位成

本费用的盈利能力。其计算公式为

$$成本费用利润率=\frac{利润总额}{成本费用总额}\times 100\% \qquad (13.60)$$

4. *净资产收益率*

净资产收益率是指企业一定时期的净利润与平均净资产的比率，用以说明企业自有资本的盈利能力。其计算公式为

$$净资产收益率=\frac{净利润}{平均净资产}\times 100\% \qquad (13.61)$$

式中：

$$平均净资产=\frac{期初所有者权益+期末所有者权益}{2}$$

第四节　Excel 在统计竞赛成绩中的运用

一、快速获得选手得分

在演讲、小品、歌咏及各种表演类的竞赛中，竞赛成绩一般靠评委在现场即时打分获得，存在着一定的主观性。为使评价结果更为公正，通常去掉一个最高分，再去掉一个最低分后，取其平均值。竞赛成绩的计算越快越好，要尽可能达到“选手表演完毕，分数立马可见”的要求，利用 Excel 即可获得较好的效果。

图 13.3 就是一个自造运算器。图中虚线框内区域 B4：F13 为其入口，第 14 行至第 17 行为其出口，其构建及运用技巧如下。

（1）在 Excel 工作表中设计一个选手得分计算表。如图 13.3 所示。

B16　fx =SUM(B4:B13)-B14-B15

	A	B	C	D	E	F
1	选手得分计算表					
2	评委	参赛选手				
3		选手1	选手2	选手3	选手4	……
4	评委1	9.5				
5	评委2	9.7				
6	评委3	9.4				
7	评委4	9.6				
8	评委5	9.8				
9	评委6	9.7				
10	评委7	9.6				
11	评委8	9.6				
12	评委9	9.6				
13	评委10	9.3				
14	最高分	9.8	0	0	0	0
15	最低分	9.3	0	0	0	0
16	总分	76.7	0	0	0	0
17	最后得分	9.5875	0	0	0	0
18	说明：1）假设有10个评委；					
19	2）表中“总分”是去掉一个最高分和一个最低分后的总分；					
20	3）表中“最后得分”为最后平均得分。					

图 13.3　选手得分计算表

（2）确定最高分。选中 B14 单元格，录入“=MAX（B4：B13）”，按 Enter 键。

（3）确定最低分。选中 B15 单元格，录入“=MIN（B4：B13）”，按 Enter 键。

（4）确定选手应得总分。即去掉一个最高分和一个最低分后的选手得分总数。

选中 B16 单元格，录入“=SUM（B4：B13）-B14-B15”，按 Enter 键。

（5）确定选手最后得分。最后得分为选手应得总分除以去掉两个评委后的剩余评委数。选中 B17 单元格，录入“=B16/(COUNT(B4：B13)-2)”，按 Enter 键。

（6）完善本运算器的出口。选中单元格区域 B14：B17，按住填充柄右拖至最后一名选手所在列。至此，自造运算器构建完毕。

（7）自造运算器的使用。在各选手所在列中，依次录入各评委所打分数，即可从“出口”直接读出该选手的最后得分。

二、当选票数统计

在众多选民推荐各类代表时，其特点是“二项式”选举，即只有当选（√）或未当选（×）两种可能结果。在每张选票上有多个可供选择的候选代表时，统计“当选”票数工作量大，运用 Excel 可实现快速统计。

图 13.4 是一个自造的计数器。图中虚线框内区域 B4：F105 为其入口，第 106 行为其出口，其构建及运用技巧如下。

B106 ▼ fx =SUM(B4:B105)

	A	B	C	D	E	F
1		当选票数统计表				
2	选票排序	得票人姓名				
3		候选人1	候选人2	候选人3	候选人4	……
4	选票1					
5	选票2					
6	选票3					
7	选票4					
8	……					
102	选票99					
103	选票100					
104	选票101					
105	选票102					
106	合计	0	0	0	0	0
107	说明：假设共收到选票102张。					

图 13.4 当选票数统计表

（1）在 Excel 工作表中设计一个当选票数统计表。如图 13.4 所示。

（2）设计计数器出口。选中 B106 单元格，录入“=SUM（B4：B105）”，按 Enter 键，选中 B106 单元格，按住填充柄拖动至最后一个候选人所在列即可。

（3）自造计数器的使用。候选代表名字出现 1 次，计数为 1，把每张选票的计数结果，依次录入到图 13.4 中相对应的位置，每个候选代表所得总票数就会自动显示在第 106 行。

复习思考题

1. 人口统计指标有哪几大类？它们分别用于说明人口的何种特征？
2. 人口增长量和人口自然增长量有何不同？
3. 怎样理解劳动力资源总数？它与劳动适龄人口数、经济活动人口数、就业人数有何区别？
4. 怎样计算劳动就业率与失业率？二者之间有何换算关系？
5. 什么是国内生产总值？它与国民总收入有何关系？
6. 计算国内生产总值有哪几种方法？不同的方法所计算的结果相同吗？
7. 什么是劳动生产率的正指标？它与逆指标之间有何关系？
8. 实物劳动生产率与价值劳动生产率有何区别？
9. 怎样对劳动生产率指标进行分析？
10. 什么是原材料单耗？常用的单耗有哪几种形式？
11. 怎样对原材料的供应与利用情况进行分析？
12. 怎样理解企业现有设备的技术构成状况？
13. 怎样理解企业生产设备的时间构成状况？
14. 反映生产设备利用情况的指标有哪几类？各有何特点？
15. 什么是总产值？企业计算总产值的方法主要有哪几种？
16. 采用现行价格和不变价格计算的总产值各有何特点？
17. 什么是增加值？它与总产值有何区别？
18. 试比较总产值、销售产值与产品销售收入三个指标的异同。
19. 产品销售率有何意义？应如何计算？
20. 资产总额、负债总额、所有者权益总额，三者数值取自何处？
21. 什么是营业收入、营业成本与营业利润？
22. 营业利润、利润总额与净利润三者间有何关系？
23. 怎样分析和评价企业财务状况？

第十四章

统计分析报告

【学习目标】

通过本章学习，理解统计分析报告选题的意义和原则；掌握统计分析报告的特点、作用及分类；能够根据所掌握的不同资料，正确地选择统计分析报告的类型；会写各种类型的统计分析报告。

【案例导入】

佳木斯市正在向 2020 年全面小康的目标迈进

根据 2005 年国家统计局与中央政策研究室制定的我国农村全面小康的标准，从六个方面确定的 18 项农村全面建设小康社会的基本指标，我们综合评价出到 2005 年年底佳木斯市农村全面小康的实现程度为 34.6%。也就是说，佳木斯市农村自 2000 年总体小康向 2020 年的全面小康迈进过程中，经历 5 年的时间，走过了全面建设小康社会三分之一多一点的路程。

一、佳木斯市农村全面小康实现程度的测算

1. 农民人均纯收入

佳木斯市农民人均纯收入 2000 年为 2 605 元，2005 年为 3 327 元，年均增长 5.01%，如果按照这个发展速度，佳木斯市农村再用将近 12 年的时间，就可达到农民人均纯收入 6 000 元的目标，换言之，比全国预定的目标提前 3 年。目前实现程度为 27.1%。

2. 第一产业劳动力比重

2000 年佳木斯市农村第一产业劳动力比重为 59.7%，2005 年为 53.06%，年均递减 1.36 个百分点，按照这个转移速度，2020 年可转移出劳动力 19.06%，届时第一产业的劳动力比重为 33.94%，达到了国家规定 35%以下的标准。应当引起重视的是，佳木斯市是一个农业大市，滞留在农村的劳动力转移难度很大，特别是近两年取消了农业税，国家又发放了种地种粮补贴，相当多的农民一心盯在了土地上，加大了农村劳动力转移的难度。目前实现程度为 36.8%。

3. 农村小城镇人口的比重

2000 年佳木斯市农村小城镇人口比重为 10.8%，2005 年为 13.1%，年均递增 0.46%，按照这个速度发展，到 2020 年佳木斯市农村小城镇人口的比重为 20.23%，远远低于 35%

的标准，必须做到年均递增 1.33%。目前实现程度为 10.5%。

4. 农村合作医疗覆盖率

2000 年全市农村合作医疗工作还没有展开，2005 年年末，全市农村合作医疗覆盖率为 17.2%，要想达到 90%的覆盖率，必须年均递增 3.71%。目前的实现程度为 23.63%。

5. 农村养老保险覆盖率

佳木斯市要想实现以人为本的全面小康社会，就必须实现农村居民老有所养、病有所医、贫有所济的社会发展目标。2005 年全市农村养老保险覆盖率为 7.8%，要想实现覆盖率超过 60%，需要年均递增 2.84%。目前的实现程度为 14.9%。

6. 万人农业科技人员数

到 2005 年年末，全市拥有农业科技人员 562 人，乡村人口 129.8 万人，每万人拥有农业科技人员 4.33 人，已经达到全面小康社会标准。实现程度为 100%。

7. 农村居民的基尼系数

基尼系数是国际上衡量收入分配均衡程度的重要指标，是一个适度的指标，过高、过低都不好。取值为 1 时表示收入分配绝对平均。目前佳木斯市农村居民的基尼系数为 0.35，表明佳木斯市农村居民收入是有差距的，但差距不显著。该指标的实现程度为 100%。

8. 农村人口平均受教育程度

佳木斯市农村人口平均受教育程度 2000 年为 7.62 年，2005 年为 7.83 年，实现程度为 17.95%。

9. 农村人口平均预期寿命

2000 年佳木斯市农村人口平均预期寿命为 70.5 岁，2005 年为 71.9 岁。目前实现程度为 45.2%。

10. 农村居民的恩格尔系数

恩格尔系数是食品消费支出占生活消费总支出的比重，恩格尔系数越低，表明生活质量就越好。2000 年佳木斯市农村居民的恩格尔系数为 43.4%，2005 年为 38.5%，表明佳木斯市农村居民的生活质量较好，实现程度为 100%。

11. 农民居住质量

全面小康社会对农民居住质量总的要求是：人均要有一间高质量的住房，住房外要有硬质路面与村庄相连，多数人饮用清洁自来水，享有卫生厕所和使用清洁能源。佳木斯市农村居民的状况是，人均住房为 19.8 平方米，标准值为 25 平方米；钢筋混凝土结构和砖木结构住房比重为 33.4%，标准值为 95%；农民饮用自来水的比重达 55.9%，标准值为 80%；农民使用清洁能源占 6.7%，标准值为 70%；享有卫生厕所的农户占 25.2%，标准值为 70%；农户室外道路为硬质路面的占 3.3%，标准值为 80%。该项指标目前的实现程度为 18.5%。

12. 农民文化娱乐消费支出比重

2000 年佳木斯市农民文化娱乐消费支出比重为 5.3%，2005 年为 5.7%，实现程度为 30.77%。

13. 农民生活信息化程度

2005 年佳木斯市农村居民彩色电视机普及率为 89.5%，标准为 98%；电话普及率为 39.9%，标准为 80%；农村每百户计算机拥有量为 1.2 台，标准为 20 台。实现程度为 28.5%。

14. 农民对政务公开的满意度

全面小康社会是民主更加健全的社会，十六大以来，佳木斯市各地加大了基层政府改革和实行村民自治、乡村政务公开的力度，特别是取消农业税、两补以来，佳木斯市农民对乡村政务的满意度明显提高，根据农村抽样调查资料显示，2005 年佳木斯市农民对政务公开的满意度为 61.5%。实现程度为 28.9%。

15. 农民对社会安全的满意度

农村全面小康建设，必须保障绝大多数农村居民有稳定感和安全感。目前在佳木斯市农村，各种危害社会稳定和人民安全的不安定因素还存在，要求所有的人对社会安全都满意是不现实的，目前佳木斯市农民对社会安全的满意度为 75%，标准为 85%，实现程度为 53.2%。

16. 常用耕地面积变动幅度

2005 年年底，佳木斯市农村人均占有耕地 13.23 亩，由于人口的自然增长，人均常用耕地将呈下降的趋势。到 2020 年要想保持耕地面积不变，必须加强宏观经济调控，依法加强对常用耕地的管理，严格控制滥占滥用耕地，力保常用耕地面积动态平衡，实现增长率大于或等于零的目标。目前该项指标实现程度为 100%。

17. 森林覆盖率

2005 年佳木斯市的森林覆盖率为 14.4%，要想在 2020 年达到 23%的目标，必须年均递增 0.53%，该指标的实现程度为 16.3%。

18. 万元农业国内生产总值用水量

据佳木斯市有关农业和水利方面的专家论证，目前佳木斯市农村万元农业国内生产总值用水量为 1 485 立方米，基本达到了标准 1 500 立方米的目标。实现程度 100%。

二、佳木斯市农村全面小康社会的基本评价

尽管佳木斯市农村用了 5 年的时间走完了全面建设小康社会三分之一多一点的路程，但前景不容乐观，有些指标是很难按期实现的。另外，佳木斯市农村全面小康社会发展极不平衡，指标实现程度差异较大，主要表现为：①有五项指标已经达到了全面小康的标准，即万人农业科技人员数、农村居民基尼系数、农村居民恩格尔系数、常用耕地面积变动幅度、万元农业国内生产总值用水量；②有八项指标有望提前或届时达到全面小康的标准，即农村居民人均可支配收入、农村合作医疗覆盖率、农村养老保险覆盖率、农村人口平均受教育年限、农村人口平均预期寿命、农民文化娱乐消费支出比重、农民对政务公开的满意度、农民对社会安全的满意度；③还有五项指标按期完成的难度较大，即第一产业劳动力比重、农村小城镇人口比重、农民居住质量系数、农民生活信息化程度、森林覆盖率。

三、加快实现佳木斯市农村全面小康社会的对策建议

（一）千方百计增加农民收入

增加农民收入是建设我市农村全面小康社会的基础，结合佳木斯市的市情，我们认为可从以下几个方面着手。

1. 调整优化农业农村经济结构，增加农民收入

（1）种植业要优化区域布局，选育优良品种，提高优质、高效作物的栽培面积。

（2）以开发绿色食品为突破口，大力发展特色农业，加快优质生产基地建设。

（3）加快畜牧业发展进程，推进养殖业整体水平的提高。

2. 下大力气抓好农业的产业化经营

（1）把粮食产业做优。

（2）把畜牧业做精。

（3）把特色产业做活。

（4）把多种经营做大。

（5）把农产品加工业做强。

3. 加速农村劳动力转移的步伐，增加农民收入

（二）大力发展第三产业，加速城市进程，促进农村剩余劳动力转移

（三）强化农村教育事业，提高农村人口素质，造就一代新型农民

（四）重构农村合作医疗网，建立健全农村社会保障体系

（五）加快农村生活基础设施建设，改水、改电、改厕，建设现代化新农村

（六）加大扶贫力度，促进贫困地区农民收入快速增长

启发思考

（1）这是哪种类型的统计分析报告？

（2）这种统计分析报告与一般的工作报告有什么区别？

（3）假如让你给它换一个题目，你会换成什么？

从一项完整的统计综合分析活动看，总是包含着两个相互关联的过程。一是研究过程，即运用统计方法对反映分析对象数量特征的资料进行判断和推理，并由此得出结论的过程；二是叙述过程，即将研究过程的内容进行文字上的加工，撰写统计综合分析报告的过程。两者相互联系，又相互制约。长期以来，人们在叙述统计分析的研究过程中，不断地相互交流和借鉴，使得统计综合分析报告形成了一种较有特色的文体。它不同于一般的总结报告、议论文、叙述文和说明文；更不同于小说、诗歌和散文；它仍是运用统计资料和统计方法，数字与文字相结合，对客观事物进行分析研究结果的表现。

第一节 统计分析报告概述

在一定意义上，统计分析报告是统计设计、统计调查、统计整理、统计分析与统计分析写作全部工作水平的综合。在实际工作中，统计分析报告是衡量统计工作水平的综合标准，是传播统计信息的有效工具，是党政领导决策的重要依据，也是统计服务与统计监督的主要手段，同时还是增进社会了解，提高统计社会地位的主要窗口。所以，写好统计分析报告非常重要。

一、统计分析报告的特点

写统计分析报告是一项很有用的技能。统计分析报告是联结统计与社会的桥梁，是让社会认可统计和接纳统计的最好形式。但要写好统计分析报告，必须掌握统计分析报告的特点。

1. 运用统计指标和统计分析方法

统计分析报告就是对统计指标的分析，这就不可避免地要用到一整套统计特有的科学分析方法（如对比分析法、动态分析法、因素分析法、统计推断等），来全面、深刻地研究和分析社会经济现象的发展变化。

统计分析是统计分析报告写作的前提和基础。要写好统计分析报告，必须首先做好统计分析，所以说先有统计分析，后有统计分析报告。统计分析是统计人员运用统计语言（包括各种统计数字和统计方法）对统计资料进行分析所形成的过程和结果，但是它们只是统计人员所熟悉或能够看懂的东西。而统计分析报告，则是统计人员把统计分析的过程和结果，再用一般语言“翻译”过来，让群众、领导等非统计人员也能看懂和明白的一种文体。如统计分析的结果为 $P(3\,500 \leqslant \overline{X} \leqslant 3\,800)=0.95$，这一形式非统计人员是无法看懂的，只有用普通语言“翻译”过来才更有用。

2. 注重数字语言的运用

数字语言，也包括统计表和统计图。统计分析报告必须用数字语言来描述和分析社会经济现象的发展情况，让统计数字来说话，通过确凿、翔实的数字和简练、生动的文字进行说明和分析。

运用大量的统计数据，这是统计分析报告与其他文体最明显的区别。可以说，没有统计数字的运用，就不称其为统计分析报告。

3. 注重定量分析

利用统计部门的优势，从数量方面来表现事物的规模、水平、构成、速度、质量、效益等情况，并把定量分析与定性分析结合起来。

4. 具有很强的针对性

针对各级党政领导和社会各界普遍关心的难点、热点、焦点问题进行分析，只有这样才能有的放矢，针对性强。

5. 注重准确性

准确是统计分析报告乃至整个统计工作的生命。统计分析报告的准确性要求数字准确，不能有丝毫差错；情况真实，不能有虚假；论述有理，不能违反逻辑；观点正确，不能出现谬误；建议可行，不能脱离实际。

6. 注重时效性

统计分析报告具有很强的时效性，失去了时效性也就失去了实用性，统计分析报告写得再好也成了无效劳动。要保证统计分析报告的时效性，统计人员要有一叶知秋、见微知著的敏感，要有争分夺秒的时间观念，要有连续作战的工作作风。争取雪中送炭，避免雨后送伞，把统计分析报告提供在领导决策之前和社会各界需要之时。

二、统计分析报告的说理方法

统计分析报告是研究和反映社会经济情况的文章。这种文章的目的在于实用性，也就是让党政领导和社会各界采用你的文章，接受你的观点，采纳你提出的建议。但是统计分析报告中的情况、观点和建议，都不能强加于人，要让别人接受、采纳，唯一的办法就是说理。

统计分析报告的说理方法，主要有三大类：一是统计的方法；二是逻辑的方法；三是辩证的方法。

1. 统计的方法

在说理中运用的统计计算及统计分析的方法是很多的，主要有以下几种方法。

（1）总量分析法。总量分析法是指通过计算和分析总量指标（绝对指数）来认识社会经济现象的总规模或总水平的方法。

（2）比较分析法。比较分析法是指通过计算和分析比较指标（相对数指标），来认识社会经济现象的总体结构、比例、强度、速度及计划完成程度的方法。

（3）平均分析法。平均分析法是指通过计算和分析平均指标来认识社会经济现象的平均水平，并以此为依据与同类社会经济现象比较的方法。

（4）动态分析法。动态分析法是指通过计算和分析动态指标和动态相对数（时间数列），来认识社会经济现象的方法。

（5）因素分析法。因素分析法是指通过计算和分析统计指数，来认识社会经济现象的总体变动中，各因素影响程度和方向的方法。

（6）相关分析法。相关分析法是指通过计算和分析，来认识有相关关系的社会经济现象所表现的相关形式、密切程度及数量联系的方法。

（7）平衡分析法。平衡分析法是指通过计算和分析，来认识有平衡关系的社会经济现象之间的对应关系，数量联系及其综合平衡问题的方法。

（8）预测分析法。预测分析法是指通过数学模型或其他统计方法的计算和分析，来认识社会经济发展方向及其数量表现的方法。

（9）抽样分析法。抽样分析法是指通过抽样调查资料计算分析和推断，来认识社会经济现象总体情况的方法。

（10）重点分析法。重点分析法是指通过重点调查资料的计算和分析，来认识重点单位的社会经济情况的方法。

（11）典型分析法。典型分析法是指通过典型调查资料的计算和分析，来认识社会经济现象的典型情况，进而加深对总体情况认识的方法。

（12）分组分析法。分组分析法是指通过统计分组的计算和分析，来认识社会经济现象的不同类型，并在此基础上认识其不同特征、不同性质及相互关系的方法。

2. 逻辑的方法

统计分析报告的说理，离不开逻辑的方法。现将统计分析报告中常用的推理及论证的方法分述如下。

（1）归纳法。这是指从若干个具体事实中作出一般性结论的方法。

（2）演绎法。这是以一般性道理对具体事实作出结论的方法。

（3）类比法。这是通过两个或若干同类的具体事实进行比较而得出结论的方法。

（4）引证法。这是引用某些伟人、经典作家的言论或科学上的公理、尽人皆知的常理来推论观点的方法。

（5）反证法。这是借否定对立的逻辑来证明自己观点正确的方法。

（6）归谬法。这是顺着错误的观点、错误的现象继续延伸，进而引出荒谬的结论，以间接证明自己观点正确的方法。

3. 辩证的方法

这主要是运用马列主义哲学的唯物辩证法来说理的方法。如物质与意识、认识与实践、对立统一规律、质量互变规律、否定之否定规律等。

三、统计分析报告的选题

1. 选题的意义和原则

统计分析报告的写作，首先要解决写什么题目的问题，确定题目对统计分析报告写作很重要，第一，它关系到统计分析报告是否具有实用性，是否产品对路。如果没有实用性，写得再好，也是不会有人需要的。第二，关系到写作过程是否能顺利进行。如果选的题目难度超过了作者本身的能力和条件，写作也不会成功，不但不能实现写作目的，而且造成人力、物力、财力和时间的浪费。人们常说，选好了题目就成功了一半，这句话是很有道理的。

统计分析报告的选题，应遵循两个基本原则：一是要有创新;二是要深入透彻，也就是说不仅内容有新意，形式也要新颖，同时要达到对研究对象有深刻透彻的认识。

一般情况下，最好是结合自己的专业工作，选择自己熟悉的、适合自己业务水平的、各项资料也比较齐全的课题来写。这样，成功的把握较大。切不可眼高手低，选题过大过难，以致力不从心，半途而废，即使勉强写出来了，也不会有较好的质量。

2. 选题的内容

总体说来，统计分析报告的题目有三种：一是任务题，这是领导交办或上级布置的题目；二是固定题，这是结合定期报表制度进行分析的题目，这种题目，一般不变化；三是自选题，这是作者自己选择的题目。这里所说的选题就是针对自选题而言的。

在实际撰写统计分析报告时，可以参考以下内容来选题。

（1）围绕方针政策选题。研究社会经济发展中的新苗头、新动向和新情况；研究政策贯彻执行的新成就、新经验、新问题等。分析原因，提出建议，为检验和校正政策及制定新的政策提供依据。

（2）围绕中心工作选题。所谓中心工作，就是党政领导在一段时间内集中力量开展的某项工作。应该看到，在不同时期、不同地区、不同部门和单位，其中心工作是不同的。

（3）围绕工作重点选题。

（4）围绕经济效益选题。

（5）围绕人民生活选题。

（6）围绕民意选题。

（7）围绕差距选题。

（8）围绕较大变化选题。

（9）围绕薄弱环节选题。

（10）围绕形势宣传选题。

（11）围绕重要会议选题。

（12）围绕发展战略选题。

（13）围绕理论研究选题。

（14）围绕空白来选题。

3. 选题的方法

统计分析报告的选题范围很广泛，但不等于随便什么都可以写，而是抓住党政领导和社会各界想要知道且尚未认识或充分认识的社会经济情况。它常常表现为社会各界比较关注的热点、难点及最新出现的问题等。

统计人员在实际工作中要想抓住这些问题，可以采取以下一些做法。

（1）经常深入实际、深入群众、深入生产第一线。只有经常下到基层去，下到实际中去，才能掌握丰富、生动、真实、具体的第一手材料，才可以发现问题、研究问题。这样，脑子里积累的问题多了，材料多了，写起文章来就会深刻得多，不至于枯燥、空洞，没有说服力。

（2）经常了解党政领导的意图和工作动向。主要是向领导多请示、多汇报以及经常参加领导召开的有关会议，参看必要的文件。另外，同领导的秘书保持经常的联系，也是了解领导意图及工作动向的有效办法。

（3）经常走访有关主管部门。各主管部门由于分管具体业务工作，对其分管的某个领域的情况是比较熟悉的，经常走访这些主管部门，了解他们的业务活动，参加他们的有关会议，搜集有关资料、熟悉有关情况，从中得到启示并发现问题。

（4）经常研究统计资料。统计报表、统计台账、统计历史资料等，包含了丰富的社会经济信息。只要细心地研究这些资料，并有意识地进行一些纵向、横向比较，注意剖析其中的内部结构以及各种联系的变化等就会发现问题。

（5）加强理论学习，经常阅读报刊。

第二节　统计分析报告的撰写

统计分析报告的撰写，是一项非常实用的技能，也是一个非常复杂的问题。但无论如何复杂，最终总是要落实到如何拟定题目、如何写导语、如何安排主体、如何写结束语等结构性问题，以及确定拟定什么类型的统计分析报告等问题上来。

一、统计分析报告的结构

统计分析报告和所有的报告以及论文在结构上没有任何本质区别，其结构主要包括题目、导语、主体和结束语等。

1. 标题的拟定

标题就是统计分析报告的篇名。它是文章的基本思想、中心内容的集中体现。一篇好的统计分析报告标题要做到确切、简明、有吸引力。确切，即统计分析报告的标题要准确揭示综合分析的内容，题文相符；简明，即标题要简明扼要，高度概括，用简练的文字揭示全文内容，避免标题过长；有吸引力，是指标题要新颖醒目，扣人心弦，能吸引读者，避免过于平淡。

标题可以采用多种多样的形式，如论点题、事实题、设问题、加重语气题、对比题，以及运用比喻、警句、古语、诗词等。在统计分析报告中，比较常用的有以下三种。

（1）论点题。这种题目能揭示主题，摆明观点。如《我省在全国经济发展中的战略地位和作用》、《调整产业结构是农村富裕必由之路》等。

（2）设问题。这种题目能引起读者疑问、思考，刺激读者阅读欲望。如《住房为什么紧张？》等。

（3）比喻、对比、加重语气题。这种题目能够通过对比引人注意。如《“骨之不强”，肉将焉附？——谈投资结构问题》，显得新颖别致，醒目强烈。

2. 导语的撰写

导语是统计分析报告内容的引导，是整个分析报告的开头。它是关系到分析报告成效的一个重要因素。因此，对导语的基本要求，一是要能够吸引读者，使读者有读下去的兴趣；二是要为全文的展开理清脉络，牵出头绪，确定格局；三是要短、精、新。统计分析报告中常用的导语形式有以下几种。

（1）交待基本情况的导语。

（2）开门见山的导语。开门见山的特点是简明扼要，直叙入题。这种导语是统计分析报告最常用的形式之一。

例如，《什么制约了农村经济的发展？》的导语是：“目前我国有3.9亿农村劳动力，约占社会劳动者人数的3/4，由于近年来一些地区学龄儿童入学率下降，失学严重，出现了一大批文盲和半文盲劳动后备军。这种劳动力后备军素质低，制约了农村经济的发展。”

（3）提出问题，造成悬念的导语。它是在分析问题或阐述观点之前，先有意提出一个问题，以引起读者的注意和思考。

（4）交待分析动机的导语。这也是目前常用的开头方式之一。这种开头的主要特点是：起因线索完整，时间、地点俱在，分析动机清楚，命题明显自然。

此外，统计分析报告也可不写导语，直接进入主体部分。

3. 主体的结构安排

主体是统计分析报告的正文，即报告的主体内容，是统计的研究过程与叙述过程的主要表现载体。正文要求层次分明、条理清晰，这就需要对正文的结构进行安排，即对内容的先后次序、展开的步骤及论述的详略等，从全局的角度进行合理的组织。

长期以来，统计分析报告的主体结构是三段式。即“问题——原因——对策”这样一个基本框架。在实际应用中，这种递进式结构安排可以有所调整，如按照“现状——原因——结果”，“现状——问题——对策”，“历史——现状——未来”等进行安排，都是统计分析常见的整体结构。也可以是“现状——问题——原因——对策”四部分，还可以加预测部分。

结构的形式具体体现在层次、段落上。层次即指内容的先后次序，常见的有以下 5 种。

（1）序时连贯式。序时连贯式就是按事物发展经过和时间顺序安排层次，各层意思之间是连贯关系。

（2）序事递进式。序事递进式就是文章各部分内容，按事理的发展顺序排列。它可以是先因后果，或先果后因的因果序事式；也可以是按事理发展的连续性，每一阶段一个层次；也可以是按事理意义的一层进一层，层层深入的递进关系的递进式。

（3）总分式。总分式即先总起来说，然后分开说；或者先分开说，后总起来说；或者前后都有总说，中间分开说。因分述内容的不同，可以是平行总分式、递进总分式和序时总分式。

（4）平列式。平列式即各部分内容相对独立，各层意思之间是平行并列关系。这种结构形式可以是同事平列式，也可以是异事平列式。

（5）简要式。一般是篇幅短小，层次简单的分析报告，多用于快报、信息、简讯、小分析报告。

总体来说，统计分析报告主体结构虽有形形色色的差异，但是它们之间存在共同性和规律性，只要长期观察和实践，就能根据需要选择好的主体结构。

4. 结束语的撰写

结束语是统计分析报告的结尾。它是文章思想内容的必然归宿。一个好的文章结尾，可以帮助读者明确题旨、加深认识，引起读者的联想和思考。对结尾的要求是自然完满、简短有力。统计分析报告结尾常见的写法有：

（1）总括全文，照应开头。这种写法在论证观点、结束全文之时予以归纳总结，突出中心思想，呼应主题。

（2）强调看法和建议。这种写法以建议结束全文，也是统计分析报告常见的方式。它可以没有结尾段，以最后一个层次的若干建议来收笔，或专门有一个建议结尾段，用总结建议内容的方式收尾。

（3）对未来进行展望。对未来进行展望即以积极的心态提出新问题、展示发展前景与预测未来发展趋势。

二、几种常见的统计分析报告

统计分析报告的应用和题材是非常广泛的，因而其类型也多种多样。如按写作类型划分，可大致分为说明型、快报型、计划检查型、总结型、公报型、调查型、分析型、研究型、预测型、资料型、信息型、节微型、综合型、系列型、文学型等类型的统计分析报告。本章只就几种最常见的类型作以介绍。

1. 说明型统计分析报告的撰写

这是对统计报表进行说明的统计分析报告，亦称为文字说明或报表说明。这种说明，主要是对报表的数据作文字的补充叙述，配合报表进一步反映社会经济情况。这种补充叙述主要针对报表中某些变化较大的统计数字或者是某些专业性较强的指标（如基尼系数、恩格尔系数等），它可以帮助本单位或上级领导审查报表，以保证数字的质量，同时也能保证阅读者能够理解各个指标的含义。

严格地说，这种说明型统计分析报告不能独立成篇，也无完整的文章形式。但由于它也具备统计分析报告的基本特点，我们可以把它看成是统计分析报告的雏形。

写这种说明型统计分析报告，并没有严格的要求，但要掌握以下几个要点。

（1）要以统计报表为中心进行撰写。与报表无关的内容不应写进报告中。

（2）写文字说明时，既可以对整个报表做整体说明，也可以只对报表中的某一部分或几部分加以说明。

（3）在写文字说明时，应是简要分析，不宜论述过多。若要深入研究，应另写专题分析。

（4）说明型统计分析报告没有标题，一般也没有开头和结尾。文中的各个段落，相互独立，结构呈并列式。最好用一、二、三、四……来分段叙述，使说明更有条理、更清晰。

（5）文字要简明，直截了当。全篇文字一般以 500～1 000 字为宜。

2. 总结型统计分析报告的撰写

这是对一定时期社会经济发展情况进行总结分析的统计分析报告。通过分析总结，可以全面认识一个地区、部门或单位的社会经济形势，或某个方面的情况，以便发现优势和不足，为今后工作的开展提供借鉴意义。

总结型统计分析报告，一般周期较长，大多是半年、一年或三五年的统计分析报告。从内容上看，有综合总结、部门总结及专题总结。

总结型统计分析报告的写作要点如下。

（1）总结型的对象应是本地区、本部门或本单位的社会经济发展情况，并不是工作情况。

（2）一般有三个写作重点：一是分析社会经济发展形势，二是总结经验教训，三是提出建设性的意见。

（3）要注意运用统计资料和统计分析方法。主要采用定性与定量相结合的方法，从数量上分析社会经济的发展程度，即从定量认识发展到定性认识。

（4）正文结构大都采用总分式。开头是总体说明，段落不宜过长。先说明当前形势（包括成绩与问题），再写经验体会与教训，然后写今后的方向和目标，最后写几点建议，每个部分应设小标题，使层次更分明。

（5）标题可以适当变化，形式不拘一格。文字可以稍长一点，但语句要简洁精练，全篇文字宜在两三千字，地区与部门的也不应超过 5 000 字。

3. 分析型统计分析报告的撰写

这是通过分析着重反映社会经济现象具体状态的统计分析报告。它同调查型的主要区别，首先在于它既反映部分单位的情况，也反映总体的情况，并以总体情况为主。其次它的资料和情况来源是多方面的，可以是部分单位的调查资料，也可以是全面统计报表资料、历史资料的横向对比资料等，其中又以全面统计中的报表资料较多。目前，统计人员写作的统计分析报告，大多属于这种分析型。

分析型统计分析报告的写作要点如下。

（1）它的主要内容和写作重点是反映某个社会经济现象的具体状态，一般不涉及规律性问题，要做到具体事情具体分析。

（2）具体分析的主要方法：①从总体的各个方面来分解和比较。比如一个企业的产、供、销情况；居民家庭的收、支、存情况；一个地区的经济、社会、科技、环境情况等。②从结构上分解和比较。比如所有制结构、产业结构、产品结构、轻重工业结构、农民收入构成等。③从因素上分解和比较。比如影响农民收入增长的各种因素，影响工业增加值的各种因素等。④从联系上分解和比较。比如国内生产总值与发电量的联系，农民收入与社会消费品零售总额的联系等。⑤从心理、思想上的分解和比较。比如对改革的看法，对物价的看法，对婚姻的各种心理等看法。⑥从时间上分解和比较。如报告期与基期、十五时期与九五时期的比较等。⑦从地域上分解和比较。比如与别的地区之间的比较，与外省的对比等。

（3）标题应该灵活多样，结构也要有多种形式。整篇文章以 3 000 字左右为宜。

4. 预测型统计分析报告的撰写

这是预测社会经济发展前景的统计分析报告。它与研究型统计分析报告的主要区别在于：研究型着重对趋势性、规律性进行研究，而预测型是在认识趋势及规律的基础上，着重对前景进行具体的定向和定量的研究。通过预测，人们可以超前认识社会经济发展前景，对制定方针、发展策略、编制计划、搞好管理具有很大的帮助。因此，预测型分析报告的作用很大，它属于高层次的统计分析报告。

预测型统计分析报告的写作要点如下。

（1）全文要以统计预测为中心，其他内容都要为预测服务。

（2）写推算过程要注意读者对象。如果是写给统计同行或统计专家看的，可以写数学模型的计算过程。如果读者是党政领导和广大群众，数学模型和计算过程可以略写或不写。

（3）应注意预测期的长短。一般来说，中、长期的预测要体现战略性和规划性，不可能写得那么具体，文字可以概略一些。对近、短期预测（亦称预计），主要是具体地分析和估量一些实际问题，所提的措施和建议要有一定的针对性和现实性，不可写得太笼统，文字应详细、具体一些。

（4）可用课题或论点做标题，也可用预测的结果做标题。

5. 综合型统计分析报告的撰写

这是综合多项内容的统计分析报告。有情况、有分析、有预测、有建议等多项内容。

综合型又分为两种：重点式和并列式。重点式是在多项内容中有重点内容与一般内容之别；并列式无明显的重点内容，但要详略得当，结构均衡。重点内容虽详，也不可太繁；一般内容虽略，也不要太简，要做到简繁适度。

结构形式多为总分式与序事式。每项内容为一个大的层次，均设小标题。全文以 3 000～5 000 字为宜。

6. 系统型统计分析报告的撰写

这是运用系列形式而写作的一组统计分析报告。常用于反映和研究范围较广、层次较多、情况较复杂又很重要的社会经济问题。

系统型统计分析报告的写作要点如下。

（1）写作内容是同一总体有联系的事情。不能一篇说全县的总体，另一篇又把企业当成总体，一篇是说对外开放，另一篇又写离婚调查。

（2）既要有连续性和关联性，又要有相对的独立性。没有同一总体中的连续性和关联性，就不能成为系列，没有独立性，就不能单独成篇。

（3）写作的形式及风格要统一。不能一篇是调查型或分析型的写法，另一篇又是资料型、信息型或文字型的写法。

（4）要采用双层标题。每篇的正题可以多样化，但副题要一致，并写明之一、之二、……，以表明系列型。

（5）每个系列及每篇文字都不能过长。每个系列，一般以 3～6 篇统计分析报告为宜，每篇文字应控制在 2 000 字左右。在时间上要快，不能今天出了第一篇，过了十天半月才出第二篇，这就失去了时效性。

第三节　统计分析报告实例

北京地区科技实力综合分析

区域科技实力（the capability of S＆T）指的是区域在现有科技发展环境和条件下，进行科技投入，开展科技活动，并取得科技产出的总体水平与能力。其内涵主要有三：一是科技投入；二是科技产出；三是科技发展环境。由于现时的科技实力是构成未来科技潜力的重要源泉，因此科技实力实际上是一个动态的概念。

当前，全球范围内的经济增长比以往任何时候都越来越依赖知识的生产、应用和扩散。不论是国家还是区域，其自身的科技实力与发展潜力将直接影响到经济竞争力的强弱。同时，任何地区在经济发展的不同阶段，都有不同的支柱产业和主导产业，为了发展信息支柱产业和主导产业，就需要不失时机地调整产业结构。在此过程中，科技作为第一生产力的作用，不仅体现在科技发展带动生产技术水平的提高，从而推动经济的增长，而且体现在高技术的发展可以创造新的产品和新的消费需求，从而拉动经济的增长。

一、区域科技实力的评价指标体系

1. 评价指标体系

根据区域科技实力的内涵，我们设计了包括 20 个评价指标的区域科技实力评价指标体现，见表 14.1。

表 14.1 区域科技实力评价指标体系

一级指标	二级指标	三级指标	权重
科技投入（0.47）	科技人力投入（0.14）	科技活动人员总数	0.07
		科技活动人员中科学家和工程师比例	0.07
	科技财力投入（0.25）	研究与发展指数内部支出总额	0.07
		研究与发展指数经费占国内生产总值的比例	0.07
		企业科技开发经费占产品销售收入的比例	0.06
		地方财政科技拨款占地方财政支出比例	0.05
	科研物质投入（0.08）	科研仪器设备指数	0.04
		科研与综合技术服务业新增固定资产占全社会新增固定资产比例	0.04
科技产出（0.41）	科技直接产出（0.26）	万名科技活动人员科技论文数	0.07
		获国家科技成果奖系数	0.06
		每百万人口发明专利批准数	0.07
		每百万人口技术成果成交额	0.06
	科技产业化能力（0.15）	高技术产业增加值指数	0.06
		新产品销售收入占全部产品销售收入的比例	0.05
		高技术产品出口额占工业制成品出口额比重	0.04
科技支撑环境（0.12）	经济发展环境（0.03）	人均国内生产总值	0.03
	科技人力资源（0.03）	每万人口中科学家和工程师数	0.03
	环保水平（0.02）	环境污染治理指数	0.02
	社会信息化水平（0.04）	人均邮电业务量	0.02
		万人互联网用户数	0.02

2. 评价的实施

（1）权重的确定。由于各个指标对评估结果的意义和作用不同，对每项指标应加不同的权重。我们根据经验并参考了有关研究成果中的专家意见，给出了各指标的权重，然后进行综合评价与排序。（权重参见评价指标体系中的数值）

（2）指标数值的确定。评价指标体系中包括 20 个指标，均为客观定量指标，这主要是为了简便起见，同时也考虑到便于与其他省市的科技实力进行定量对比分析。指标数值主要从北京科委、北京市统计局等单位所编《北京市 R&D 清查数据汇编》（R&D，研究与发展指数）和科技部发展计划司所编《科技统计报告》中获取，每个省（市、区）的表现按评价指标体系逐项进行评估。

由于各指标值有不同的量纲，我们将这些数值转换为处于 0～100 的无量纲标准化数据，最后的评价结果是基于无量纲化处理后所得的末级指标的水平值，再经计算得到的。

（3）综合评价方法的选择。在综合评价计算时，我们采用了简单的加权平均法，将末级指标的水平值逐级向上进行加权求和，最后得到百分制的综合评价结果。

二、科技实力综合测评与区域比较

根据上述评价指标体系，我们选择了北京、上海、广东地区的科技实力进行综合测评，这 3 个地区 2000 年科技实力发展现状的末级指标评价得分（百分制）见表 14.2，经过加权计算可以得到 3 个地区的科技实力综合评价结果分别为：北京 89.95；上海 53.64；广东 53.29。

表 14.2　京、沪、粤科技实力比较（百分制）

一级指标	二级指标	三级指标	北京得分	上海得分	广东得分
科技投入（0.47）	科技人力投入（0.14）	科技活动人员总数	100	75.80	66.69
		科技活动人员中科学家和工程师比例	100	84.05	90.25
	科技财力投入（0.25）	研究与发展指数内部支出总额	100	47.40	68.79
		研究与发展指数经费占国内生产总值的比例	100	25.80	17.76
		企业科技开发经费占产品销售收入的比例	91.78	100	78.08
		地方财政科技拨款占地方财政支出比例	22.85	11.35	100
	科研物质投入（0.08）	科研仪器设备指数	85.37	52.19	100
		科研与综合技术服务业新增固定资产占全社会新增固定资产比例	100	11.29	8.40
科技产出（0.41）	科技直接产出（0.26）	万名科技活动人员科技论文数	100	63.73	57.61
		获国家科技成果奖系数	100	27.14	34.43
		每百万人口发明专利批准数	100	23.08	3.85
		每百万人口技术成果成交额	100	43.48	5.50
	科技产业化能力（0.15）	高技术产业增加值指数	35.43	22.69	100
		新产品销售收入占全部产品销售收入的比例	100	88.66	41.24
		高技术产品出口额占工业制成品出口额比重	100	58.30	55.61
科技支撑环境（0.12）	经济发展环境（0.03）	人均国内生产总值	65.39	100	40.63
	科技人力资源（0.03）	每万人口中科学家和工程师数	100	64.95	21.14
	环保水平（0.02）	环境污染治理指数	89.72	93.07	100
	社会信息化水平（0.04）	人均邮电业务量	100	86.87	56.19
		万人互联网用户数	100	59.79	12.49

三、结论

从表 14.2 中可以看出，与上海、广东相比，北京地区的总体科技实力稳居首位，但也在个别单项指标中显出弱势。

1. 科技投入

从科技人力投入的情况看，北京地区无论在拥有科技活动人员的绝对数，还是在科学家和工程师占科技活动人员的相对数上，都是最高的。北京地区多年来在科技人力资源方面所形成的优势毋庸置疑。

在科技财力投入方面，北京的研究与发展指数活动相对比较活跃，研究与发展指数内部支出额和研究与发展指数经费占国内生产总值的比重在国内都居榜首。但在其研究与发展指数内部支出总额中，企业所占比例仅为 31%；在企业内部，技术开发经费占产品销售收入的比例是 2.01%（世界 500 强企业一般占 5%~10%），低于上海。在北京创新体系中，本应作为创新主体的企业还未起到主导作用；同时，北京财政科技拨款占财政支出的比例与广东相比，还不到其 1/4，政府科技投入力度明显不足。

北京科研物质条件相对而言尚好，科研仪器设备指数不如广东的原因主要是传统工业企业中生产设备陈旧、老化的现象比较普遍所致。

2. 科技产出

在科技产出的 7 项指标中，北京除高技术产业增加值指数外，有 6 项都名列第一。与国内各地相比，北京地区在科技论文数量、科技成果获奖和发明专利批准情况，以及技术成果转化等科技直接产出方面遥遥领先；在科技产业化方面，北京地区的 3 项指标均好于上海，但高技术产业增加值指数与广东还有较大差距。广东省的科技活动直接产出虽相对比较落后，但高新技术产业发展较快，已形成较好的市场运行机制，并形成多种经济成分并存，共同推动高新技术产业发展的格局。

3. 科技支撑环境

科技的发展离不开强有力的支撑环境。北京在这方面除经济发展环境（人均国内生产总值）低于上海和环境污染治理指数略低于广东、上海外，其人力资源水平和社会信息化水平都是国内最好的。当然，如果加入对 3 个地区科技发展政策环境的对比分析，北京恐怕不占优势。为科技发展创造宽松、高效、透明的政策环境，长期以来一直是北京需要在观念上、行动上尽快解决的重要问题。

四、对加强北京科技实力的几点思考

1. 调整布局，提高科技在财政支出中所占份额

当前，世界各国都将科技投入作为提高国家竞争力的战略性投资。北京研究与发展指数活动人员中科学家和工程师比重高达 81.5%，与国际较为普遍的比例 65%相比显得过高，有可能会在一定程度上抑制科学家、工程师个体效能与潜力的发挥，宜在今后对北京研究与发展指数活动的人才结构与分布进行相应的调整。

北京地区的研究与发展指数经费占国内生产总值比重已经相当高，可以同发达国家和地区相媲美；在科技活动经费，包括研究与发展指数经费的筹集中，来自企业的投资已占

据了越来越大的份额，在科技经费来源中居主导地位。而与此同时，北京财政支出中，科技所占份额却显得过小，与目前北京科技发展的实力和北京创新系统在国内的重要地位不够相称，需要在今后的发展中更加注重对财政资金的合理配置。

2. 加快行业与产业结构调整，建设有利于企业创新的支撑服务体系

北京大中型工业企业拥有的科技活动人员占科技活动人员总数的比例为 12.3%，比上一年有所下降，同时此比例还大大低于全国平均水平；而大中型工业企业的科技机构数也比上一年下降了 46.9%，机构中的科技活动人员也比上一年减少了 511 人。由此可见，北京地区的企业科技开发经费占销售收入的比重相对上海市偏低也就不足为奇。

在当前北京正在加强区域创新体系建设之时，企业技术创新能力是重中之重，政府应在鼓励企业开展技术创新方面多下工夫。对于已有一定规模和市场的较大型企业集团公司，可通过实施同行归并整合，形成规模优势，在一些重要行业和关键领域形成支柱；对于量大面广的中小企业，要大力发展技术转让与转化服务基地，启动首都信息化工程，培育风险市场，为之提供多层次、全方位的服务。

3. 高新技术产业发展要上规模、上水平

在经济一体化、全球化的今天，要加速高新技术产业发展，必须加强与国内各省市和国外地区的合作，充分利用各地资源。北京的高新技术产业政策十分重视吸引国内外科技人员或企业来北京从事成果转化，这只是开放的一个方面；另一个方面，也可鼓励北京的企业到其他省市，甚至国外去建立自己的研发机构，利用当地资源和人才，从事新技术、新产品的开发和转化，这可能是一种比引进技术、人才、资金更有效、更直接的开放方式。

另外，还要加快以高新技术改造传统产业的步伐。这对于盘活北京地区现有的巨大经济存量，解决传统产业档次低、成本高、效益差、能源消耗大的状况，以及应对世界贸易组织（WTO）的挑战等有重大而深远的意义，还可有效地推动北京高新技术产业在总体水平与规模上产生较大幅度的增长。

4. 理顺科技经济大循环的运行机制，提高区域创新系统整合效率

虽然科技、教育、经济在现代社会中的结合日趋紧密，但社会系统的功能性分工协作机制并未消亡，专业化仍是提高社会整体效率的主要方式。

建立并完善区域创新体系，需要企业、科研机构和高校加强协调互动。但这并不等于要让大学和科研院所纷纷去办企业。在硅谷，60%～70%的企业都是由斯坦福大学的学生或教师创办的，但是斯坦福大学没有一个校办企业。现代社会分工很细，大专院校和科研院所办企业，不仅很难办得好，而且在这种特殊类型的国有企业中，发明家和企业家缺乏切身利益的联系，也使企业难于有效地经营。这些校、院、所通常只能从它们所办的企业中拿到有限的收入，可是由于精力和资源分散，却消弱了科研和教学的本业。

从长远看，高校还是应立足于教育和培养人才，提供技术，为企业输送人才。目前一些科研机构和大学在改革中只注重强化面向经济的微观动力机制，却弱化了科技与经济结合的宏观机制。这也许就是北京乃至全国 75%以上的科技力量已投入经济主战场，而科技

与经济结合的问题还未得到解决的主要原因。

摘自《北京市 R&D 资源清查分析报告集》

复习思考题

1. 什么是统计分析报告?
2. 统计分析报告有哪些特点? 有哪些作用?
3. 如何确定统计分析报告的标题?
4. 写统计分析报告时，如何开头? 如何结尾?
5. 统计分析报告的说理方法有哪几种?
6. 修改统计分析报告要注意哪些问题?

主要参考文献

[1] 崔奇，竟玉梅．2005．新编小企业统计实务．上海：立信会计出版社．

[2] 迟艳芹．2007．统计学原理与应用．北京：清华大学出版社．

[3] 国家统计数据库．国际比较．http：//219.235.129.58/[2010-3-29].

[4] 国家统计局．网上数据直报．http：//www.stats.gov.cn/sjzb/.

[5] 国家统计局．统计知识. http：//www.stats.gov.cn/tjzs/[2010-3-29].

[6] 国家统计局．统计数据. http：//www.stats.gov.cn/tjsj/[2010-3-29].

[7] 国家统计局．统计分析. http：//www.stats.gov.cn/tjfx/[2010-3-29].

[8] 国家统计局. 2008．中国统计年鉴．北京：中国统计出版社．

[9] 国家统计局．改革开放 30 年报告之一：大改革 大开放 大发展.http：//www.stats.gov.cn/tjfx/ztfx/jnggkf30n/t20081027_402512199.htm [2008-10-27].

[10] 黄国安．2006．新编企业经济统计学．上海：立信会计出版社．

[11] 湖南统计信息网．统计与生活．http：//www.hntj.gov.cn/tjabc/tjysh/default_2.htm [2010-3-5].

[12] 湖北省林业局．2009．林业统计报表制度．内部资料．

[13] 梁前德．2004．基础统计．北京：高等教育出版社．

[14] 全国专业技术人员计算应用能力考试专家委员会．2005．Word 2003 中文字处理．沈阳：辽宁人民出版社，辽宁电子出版社．

[15] 全国老龄工作委员会办公室．2006．中国人口老龄化发展趋势预测研究报告．http:\\finance.sina.com.cn/g/20060224/1620237119.shtml[2009-10-9].

[16] 王左军．2006．统计实务入门．上海：中国言实出版社．

[17] 徐义，李相伟，吴祖俊. 2004．中文版 Excel 2003 实例技巧教程．成都：电子科技大学出版社．

[18] 肖婷婷．2009．统计学基础．北京：清华大学出版社．

[19] 中华人民共和国国家统计局．中华人民共和国 2009 年国民经济和社会发展统计公报．

[20] 浙江统计信息网．统计知识. http：//www.zj.stats.gov.cn/art/2008-1-11 [2010-3-10].

配套资料索取说明

购买本书的读者可在 www.ptpedu.com.cn 注册后下载本书配套学习资料。

采用本书授课的老师，可发邮件至 wanguoqingljw@163.com 或 goodbook2010@tom.com 索取本书配套教学资料。

姓　名：________ 性　别：____ 职　称：__________ 职　务：__________

办公电话：________ 手　机：______________ 电子邮箱：__________

学　校：______________________________ 院　系：__________

通信地址：______________________________ 邮　编：__________

本课程开设学年/学期：________，原采用________出版社，________主编的《________》为本课程教材，________专业________个班共________人使用该教材。

证 明 人：________ 办公电话：__________ 手机：__________ 电子邮箱：__________

21 世纪高职高专财经类规划教材

专业基础系列已出版教材

基本信息	特点简介
管理学基础 主编：季辉 出版时间：2010 年 8 月 书　号：978-7-115-23521-3	提供课件、教案、习题答案、案例分析 以管理格言、导入案例增强读者学习兴趣，以课堂讨论、案例分析加深读者对所学内容的理解，以结构框图、章后小结方便读者把握内容线索，以管理一般规律为基本主线进行内容的阐述，力图使读者用最短的时间掌握管理的基本理论和技能
会计基础与实务 主　编：杨桂洁 出版时间：2010 年 8 月 书　号：978-7-115-23181-9	提供教案、课件、模拟案例和习题答案、案例分析，单独提供模拟案例原始凭证附册 本书是校企合作开发的基于会计工作过程的项目式教材，按照会计工作过程选取、序化教学内容，运用单一实例贯穿全书，采用仿真的凭证、账簿、报表组织教材内容，并安排相应的教、学、做一体化训练，突出仿真性和互动性，实现工学结合
财务管理 主　编：马红光 出版时间：2010 年 8 月 书　号：978-7-115-23114-7	提供教案、课件、习题答案、案例分析 理论与实践紧密结合，模块化编写，各模块相对独立，方便教与学 本书层次清晰、语言简明，力求开门见山，将知识点细分、归纳、精练，理论准确、言简意赅，最终落脚到该理论如何应用到现实层面
经济学基础 主　编：杨洁、方欣 出版时间：2010 年 8 月 书　号：978-7-115-23380-6	提供课件、教案、习题答案 采用案例导入教学，围绕现实生活中的经济现象展开基本理论的叙述，突出实践性、实用性及职业教育的特色，通过穿插示例、补充说明、探索与思考等形式多样的资料，使教材活泼生动、通俗易懂、可读性强

续表

基本信息	特点简介
统计实用技术 主　　编：胡宝珅、邓先娥 出版时间：2010年8月 书　　号：978-7-115-23366-0	本书根据省级精品课程教学成果开发，精品课程网站为本书提供教学支持，提供授课计划、教学大纲、试卷样本、实训资料、电子教案 大幅增加统计整理内容，压缩统计分析内容，突出技能操作性，尽量以简明扼要、通俗易懂的形式表现其能力点和技能点，让人一目了然 《统计实用技术实训》为本书配套学习用书
统计实用技术实训 主　　编：胡宝珅、陈娟 出版时间：2010年8月 书　　号：978-7-115-23355-4	本书分为三部分。第一部分“单项技能实训”主要包括知识目标、技能目标、本章基本架构、基本技能概述、技能实训资料及参考答案、复习思考题及参考答案等内容。第二部分“综合技能实训”含两套实训内容方案。第三部分常用数表包括“随机数表”和“累计法平均增长速度查对表” 本书为《统计实用技术》配套学习用书
国际贸易理论与实务 主　　编：康芳民、刘旨贤 出版时间：2010年8月 书　　号：978-7-115-23395-0	提供课件、教案、习题答案、案例分析 本书分为两篇。上篇为理论篇，从国际贸易的研究对象与内容出发，重点介绍国际贸易基本理论、政策、政策工具及国际贸易体制。下篇为实务篇，从国际贸易术语出发，重点分析国际贸易交易磋商、谈判、合同的主要条款、贸易方式的选择及贸易结算 本书案例丰富，凸显可操作性。章后设小结、习题与案例应用
经济数学 主　　编：郭欣红、姜晓艳 出版时间：2010年8月 书　　号：978-7-115-23290-8	提供教案、课件、习题答案 以授课学时分节，节后配备课后习题，章后设单元练习 力求简化繁琐的理论推导过程，突出重点、难点。例题的选择力争从现实生活中和经济活动中搜集教学素材，解决生活中的实际问题
经济法实务 主　　编：王琳雯　李良雄 出版时间：2011年2月 书　　号：978-7-115-24764-3	提供课件、教案、习题参考答案、案例分析 充分吸收最新经济法律法规，针对性地选择与财经专业最密切、最实用的法律法规 从职业岗位人才培养需求出发，高度结合会计从业资格、银行从业资格、证券从业资格的考试要求 彰显以学生为中心的教育理念，打破“法条罗列”式教材编写模式，利用“案例导入”、“社会热点”、“法律前沿”、“补充阅读”、“课堂讨论”、“专家说法”等栏目调动学生求知欲，增强可读性
商务谈判 主　　编：田玉来 出版时间：2011年1月 书　　号：978-7-115-24962-3	提供课件、教案、习题答案 突出趣味性，提升读者阅读兴趣。案例导入引起读者的学习兴趣；案例解析引导读者理论联系实际，增强学习效果；课堂讨论、案例、小资料和实训提高读者的阅读兴趣 着重商务谈判能力培养，提高实用性。丰富的习题方便读者对知识的消化和理解，精心安排的模拟实训着力于商务谈判能力的培养
市场营销理论与实训 主　　编：方凤玲　周博 出版时间：2011年8月 书　　号：978-7-115-25909-7	书中除提供习题外，还设置了实训项目，本书配套资料中提供实训支持材料，方便教学过程中实训环节的开展 每章前后加入了与内容紧密联系的营销案例，供教师课堂讲解或学生课后阅读分析，加强对理论知识的理解 提供课件、教案、习题答案、模拟试卷、教学案例、实训支持材料
金融基础知识 主　　编：韩宗英 出版时间：2011年7月 书　　号：978-7-115-25823-6	提供课件、教案、案例分析、实战演练答案、习题答案、模拟试卷 在内容上反映最新的金融实践发展 着重加强案例教学和技能实训，将学习、探究、实训、拓展有机结合 每章以通俗易懂的故事导入，正文中配以相应的案例和实战演练，尽可能采用活泼生动的语言，力图使阅读不再枯燥乏味

续表

基本信息	特点简介
保险基础与实务 主　　编：徐昆 出版时间：2011年8月 书　　号：978-7-115-25908-0	校企合作开发，与职业资格证书考核内容和专业岗位要求相衔接，满足多种岗位需要，简单易学，循序渐进 涵盖保险基础、保险实务、保险理财、保险实训 提供课件、案例分析、习题答案、模拟试卷、保险实训资料
演讲与口才实用教程 主　　编：蒋红梅　罗　纯 出版时间：2011年7月 书　　号：978-7-115-25935-6	提供课件、教案、整体设计、单元设计、课程标准、案例库和案例分析、检测标准 以“精讲多练”为原则，通过 100 多个训练步骤，攻难点、补薄弱，帮助读者达到敢说、能说、会说、巧说的语言表达要求 注重职场口才的技能培养，设计了虚拟求职面试和行业服务情境，强化岗位特殊口语能力，使读者在最短的时间内，最大限度的掌握特定的职业口语风范与从业规范
人际沟通艺术 主　　编：麻友平 出版时间：2012年3月 书　　号：	内容实用、针对性强。不进行系统的理论阐释，重点解决大学生在生活和工作中无法回避的具体的人际沟通方面的问题。 讲授与实践相结合。课外实践可操作性强，部分内容学生可独立完成，有效地弥补了课堂教学课时不足的问题；同时通过课外的实际训练能使学生真正掌握课堂所学的人际沟通知识和技巧。 提供教学配套资料。本书提供电子课件、电子教案、习题答案、模拟试卷等资料，读者可参照本书末页“配套资料索取说明”索取。

财务会计系列已出版教材

基本信息	特点简介
财务报告编制与分析 主　　编：赵威 出版时间：2010年12月 书号：978-7-115-24442-0	提供课件、教案、教学案例集、习题答案、试卷样本 理论精准够用、条理清晰，例题、案例选择贴近实际，注重程序、方法的实用性 每章“引例导读”可激发读者的学习兴趣，提升其学习欲望；“课堂讨论”促使读者进行思考并保持学习兴趣；“知识导航”、“案例”和“推荐阅读”介绍相关知识或实例，开阔读者的视野；“小结”和“习题”，进一步帮助读者巩固所学知识
财务会计 主　　编：贾永海 出版时间：2011年6月 书　　号：978-7-115-25428-3	提供课件、教案、教学做一体化训练参考答案 按照会计工作岗位选取、序化教学内容，以工作岗位为导向，工作任务为载体，融教、学、做于一体，突出仿真性和互动性，实现工学结合 理论知识够用，体例新颖，“知识目标”“能力目标”“导入案例”“考考你”“小知识”“学中做”等小栏目方便读者阅读和教师授课 重点突出实训环节，模块后配有“教学做一体化训练”项目
会计综合实训 主　　编：甄立敏　张亚兵 出版时间：2011年8月 书　　号：978-7-115-26146-5	提供课件、教案、手工会计处理参考答案、计算机会计处理备份文件、纳税申报纸质资料、电子报税系统备份 本书由校企合作共同开发，由会计、税务行业的企业专家、会计工作人员和会计专业的教师共同编写，实训素材仿真性强 实训项目根据企业会计的实际情况设置，将会计处理和纳税申报相结合，增加职工个人权益业务内容，全书由手工会计综合仿真实验、电算化会计综合仿真实验实训和企业纳税申报仿真实验三部分组成
成本会计 主　　编：徐晓敏　杨应杰　杨　建 出版时间：2012年2月 书　　号：978-7-115-27086-3	提供电子课件、电子教案、习题及实训答案、模拟试卷等资源，索取方式参见本书“配套资料索取说明” 以《企业会计准则》为依据，理论与实训相结合，着重培养学生的实际操作能力 习题、实训题目符合实际、可操作性强；理论内容实用、通俗易懂，有一定趣味性

财政金融系列已出版教材

基本信息	特点简介
金融法理论与实务 主　　编：罗艾筠　刘洁 出版时间：2010年2月 书　　号：978-7-115-24715-5	提供课件、教案、习题考答案、案例分析 基于对金融第一线岗位人才培养的要求和高职教学改革要以“开放思想”为指导，以“工学结合”为手段的理念，本着高职高专特色，淡化“金融法”课程的独立性，始终强调“金融法”课程与相关专业课程之间的联系和综合，体现了金融法课程结构的均衡性和实用性 努力贯彻“理论足够为度，着重培养应用能力”，在每一章穿插大量的同步、关联案例，以案例解读法律条款，强化对法律条款的理解与适用，在每一章后还设置了知识点测试和实践能力训练，以着重培养应用能力
证券投资理论与实务 主　　编：吴作斌 罗正媛 出版时间：2011年7月 书　　号：978-7-115-25960-8	提供课件、教案、习题答案 内容上借鉴部分国内外证券市场理论研究的最新成果，并力求贴近和反映我国资本市场近年来的发展实践 增加了证券投资实务尤其是基本分析部分的篇幅，并且努力营造有一定趣味性的阅读环境，使读者乐于阅读并能轻松掌握证券投资的方法、策略等内容

经济贸易系列已出版教材

基本信息	特点简介
国际贸易实务 主　　编：张燕芳　林卫 出版时间：2010年2月 书　　号：978-7-115-24747-6	提供课件、教案、习题答案、案例分析 基于国际贸易工作过程编写。教材的章节顺序即出口业务中的工作顺序，每一章均根据每一工作环节的技能需要安排理论内容和实践教学 突出国际贸易职业能力培养。教材的理论内容与国际贸易业务紧密联系，实践教学以一笔出口业务为主线，详述达成此笔交易和履行该合同的整个工作过程及所需的业务技能 理论与案例相结合，提高教学的生动性，加强对学生思维能力的培养
国际贸易单证实务与操作 主　　编：徐薇 出版时间：2010年5月 书　　号：978-7-115-25009-4	提供课件、教案、习题答案 与全国国际商务单证员考试内容相衔接，有助于读者考取单证员证书 上篇国际贸易单证实务结合实际外贸业务流程精讲相关知识；下篇国际贸易单证操作，精编了大量的各种类型的习题，分为基础知识部分与实训操作部分，是上篇的配套练习 突出商务英语与国际贸易专业知识结合。本书将英语与单证结合，将外语讲懂、讲通、讲透，提高学生的外语水平